读不够的
DU BU GOU DE

秦汉史
QIN HAN SHI

鸟山居士 ◎ 著

第六部 腐朽

中国文史出版社

图书在版编目（CIP）数据

读不够的秦汉史. 第六部, 腐朽 / 鸟山居士著. --
北京：中国文史出版社, 2023.10
ISBN 978-7-5205-4093-3

Ⅰ.①读… Ⅱ.①鸟… Ⅲ.①中国历史－秦汉时代－
通俗读物 Ⅳ.①K232.09

中国国家版本馆CIP数据核字（2023）第085700号

责任编辑：刘　夏
装帧设计：欧阳春晓

出版发行：中国文史出版社

网　　址：www.wenshipress.com

社　　址：北京市海淀区西八里庄路 69 号　　邮编：100036

电　　话：010-81136606　81136602　81136603（发行部）

传　　真：010-81136655

印　　装：廊坊市海涛印刷有限公司

经　　销：全国新华书店

开　　本：1/16

印　　张：22.5　　字　数：330 千字

版　　次：2024 年 1 月北京第 1 版

印　　次：2024 年 1 月第 1 次印刷

定　　价：60.00 元

目录　Contents

第三章　灭之不尽的异族人 / 135

终　章　未完结的陌路 / 275

第一章

近乎文景的盛世

1.1　烧当羌来了

光武帝驾崩以后，太子刘庄顺利地继承了汉皇之位，这便是东汉第二位皇帝——汉明帝。

汉明帝继位以后，首先为光武帝确立了庙号，然后尊阴皇后为阴皇太后。可就在汉明帝打算一展拳脚的时候，一场阴谋却在悄悄地酝酿着。

公元57年二月，也就是光武帝刚崩，汉明帝刚刚继位没几天，广陵王刘荆便有了别样的想法。

刘荆，光武帝的第九个儿子，这小子从小便喜欢权谋之术，经常通过第三方的手段暗害别人，自以为是皇位的有力争夺者。

可自从大哥刘彊"退位"，刘庄这个"铁腕"太子登上太子之位以后，刘荆就知道自己的太子梦完蛋了，起码在光武帝还活着的时候是没他什么事儿了。

但你就让他这样做一辈子的闲散王爷，他刘荆是不会甘心的。所以，当光武帝死后，刘荆立即命人冒充刘彊舅舅大鸿胪郭况的笔迹给刘彊写信："东海王你从为太子就没有犯过什么罪过，却被废受辱，郭太后从为皇后开始便本本分分，也没有犯过任何过失，但最后被废去了皇后之位，迁居北宫，孤独老死。这种事情太没有天理，太令人悲痛了。最近我甚至听说梁松和一干郎官都为大王悲痛叫屈。各个地方的官员百姓就更不用说了，全都握住了手中的兵器准备和大王做一番事业。在这种情况下，大王您只要振臂一呼便可拥有百万之众。我真诚地希望大王您去做高祖和先帝那样伟大的君王，而不要效仿将闾和扶苏那样白白死去的人啊。"

写完信后，刘荆一遍又一遍地观看，为自己能写出如此具有煽动力的佳作而高兴。他相信，只要稍微有点儿野心的人看到自己这封信以后都会有所反应。到那时候，汉明帝和刘彊闹得两败俱伤，他就可以坐收渔翁之利了。

可他刘荆聪明，刘彊也不傻。当他收到这封信以后当即便找来了自己的舅舅郭况，问明不是出自郭况之手，刘彊当即便将这封信原封不动地交给了汉明帝。

汉明帝收到这封信以后极为重视，立即动用全部力量暗中调查。

最后，终是查到了刘荆这个罪魁祸首。可查到以后汉明帝却没有声张，而是装作不知道一样将此事给略过去了。

为什么呢？因为这时候的汉明帝刚刚继位，他知道，现在的他人心归附并不是很稳定，所以这一段时间一定要以稳为主，千万不能捅什么娄子。如果他真的在一怒之下杀了刘荆，那很有可能就会背上一个残杀兄弟的恶名。这种事情汉文帝不干，汉武帝不干，更始皇帝不干，光武皇帝不干，他汉明帝也不傻，所以更不能干。

于是，这事儿就这样……不了了之了？

呵呵，当然不是。刘荆，等着吧，你的好日子不多了。

公元57年三月，由汉明帝亲自主持，光武帝正式被安葬到了原陵之中。

四月，汉明帝大赦天下，赏天下男子每人晋爵两级。身为三老、孝悌、力田的人则增爵三级。有爵位超过八级公乘的，则允许世袭（一级公士、二级上造、三级簪袅、四级不更、五级大夫、六级官大夫、七级公大夫、八级公乘、九级五大夫、十级左庶长、十一级右庶长、十二级左更、十三级中更、十四级右更、十五级少上造、十六级大良造、十七级驷车庶长、十八级大庶长、十九级关内侯、二十级列侯）。没有户籍而流浪的人，只要他愿意，官府可以让他入籍本地，并上爵一级。赐残疾人、寡妇、孤儿、孤老、无法生活自理者每人米十斛。

汉明帝此举可不仅是大赦天下了，同时还等于大赏了天下。可以说通过此举，整个天下的百姓们全都对汉明帝极为认可了。

可这时候问题又来了，他汉明帝这么赏，汉朝负担得起吗？

答案是，负担得起，并且绰绰有余。

同年九月，就在全国人民都沉浸在汉朝有一位明君给他们带来的欢喜的时候。西北方突然马蹄声阵阵。原来，烧当羌突然在这个月，突袭了陇西郡，和陇西郡国兵开启了直接冲突。

烧当羌，为羌族的一个分支，一直居住在现在青海贵德一带。这个部族本来只是羌族一个小小的支脉，可自烧当雄主滇良继位以后，不知用了什么办法联合众多羌族支脉共同对强大的先零羌发起了攻击。

先零羌不敌联军的攻势，被迫逃走，滇良将先零羌所有的物资牲畜全都给了其他部族，将他们打发走，自己则占据了原来先零羌所有的土地。

自此，烧当羌开始强大，并在新莽末年，中原大乱之际不断派兵抢夺汉朝资源。

然而，就在刘秀登基为帝前后，滇良突然病死，其子滇吾接替了他的位置。这滇吾也是一个不逊于老爹的人物，烧当羌在他的带领下越发强大，牛羊遍地。

可就在滇吾彻底巩固了自己的位置以后，汉朝也统一了天下，滇吾畏惧光武帝的军事才能，所以一直没有对汉朝进行寇掠，而是在不停地等，等待时机。

公元57年，光武帝驾崩，滇吾终于等来了这个机会，于是亲自率领训练多年的精锐骑兵突袭陇西郡。

陇西太守听闻有羌族来袭，当即率领郡国兵前往讨伐。可滇吾却提前判断出了陇西太守的意图，遂埋伏于陇西军必经之路的山野之中，待陇西中军路过之时突然杀出，将军团拦腰截断。

此举使得陇西军前后两军顿时指挥系统失灵，三军各自为战，毫无组织可言。在此种情况下，滇吾更是加快了进攻的节奏，使得陇西军迅速溃败。陇西太守不敌，率军狼狈而逃。

可滇吾根本不给他这个机会，他这次攻击陇西的骑兵皆为烧当羌最为精锐的部队，机动力极强，所以没等陇西军逃出多远便被滇吾追上，进而残杀殆尽。

消息传到洛阳，朝野震动，为避免陇西一带的百姓再受羌祸，汉明帝直接下诏，赦免了陇西所有囚徒，并命天水郡太守立即调遣三千郡国兵往陇西协防。

最后，汉明帝从中央调派张鸿为本次平羌的主帅，前往陇西平定此次羌祸。本次战役的过程史料无载，不过结果却是明明白白的，那便是汉军大败，所有的汉军都被滇吾残杀，包括张鸿也死于战阵之中。

连续两次的大败使得汉朝西北边境的控制力和威慑力大大减弱，那些摇摆不定的羌人皆在此后背叛了汉朝，进而投奔滇吾，和其组成联军继续向汉朝内部深入，但凡所到之地皆尸横遍野，火光一片。

连续两次的大败使得整个中原震动，关西一带的百姓更是恐慌至极，甚至有的百姓都已经收拾行装准备往中原跑路了。

汉明帝刚刚登基滇吾就闯这么大祸，怎么？当我刘庄好欺负？这时候的刘庄已经开始处于暴怒状态了。

此时，宣德殿，一名威风凛凛的老将军走了进来，面对汉明帝深深一拜，此人不是别人，正是追随光武帝南征北战的大将马武了。

见马武已到，汉明帝急忙上前将其扶起，然后道：“马将军年岁已高，以后见朕就不必如此了。”

马武道：“臣不敢。”

汉明帝道：“马将军可知这次朕找将军来所为何事。”

马武道：“可是羌祸之事？”

汉明帝道：“正是，说实话，朕万万没有想到，那个不会打仗的羌族战力已经强大到了威胁关西的地步。所以，这次朕打算派你为主帅，前往平定这次羌祸，不知马将军需要多少部众。”

马武道：“羌族实不足为患，具有绝对战力的只有烧当一部而已，但为了百分百平定这些祸患，臣最少需要中央野战骑兵五千，正规军一万。”

汉明帝想了一想，然后狠狠地一拍桌子怒道：“朕给你一万中央野战骑兵！一万乌桓骑兵！两万步兵！朕不求别的，只希望将军能给朕狠狠地教训这些蛮荒野人！将我大汉的威风给打回来！”

话毕，马武对汉明帝深深一拜，果断转身而去。

这之后，洛阳一带频频调动。士兵训练的喊杀声以及战马的嘶鸣声从来没有断过。

公元57年十一月，经过将近两个月的整备以后，四万多名汉朝士兵从洛阳出发，浩浩荡荡地杀奔陇西。

而此时的羌族联军也听说了汉朝大军正奔陇西而来，于是一众大人全都找到了滇吾询问他如何处理这次汉军来袭的事情。

针对汉军的来袭，滇吾也不敢怠慢，乃统率联军向后撤到了金城郡，在边境陈兵列阵，意图和汉军在此地决战。

滇吾此法可称得上是两全其美了。因为金城郡紧挨着羌族国境线，正是进可攻退可守，没有什么漏洞。

数日后，马武率领汉军来到了汉羌国境线之上，见羌族部队已经做好了迎战的准备，所以没有直接对羌人发动攻击，而是就地扎营，就这样安安稳稳地度过了一天。

第二天，双方各派出两三千人的小股部队进行攻击试探。结果，羌军被汉军打跑，死伤六百余人。

第三天，双方再派出数千人的部队进行试探性攻击，结果汉军被打跑，损失一千多人。

第四天、五天，双方又进行了数次不温不火的试探性攻击，结果互有胜负。但羌族联军所承受的压力却是汉军的好几倍。无他，西汉时候的汉朝实在是太过于强势了，他们的声威实在是太能震慑人心了。基于西汉给汉人积累的威望，并不是所有的羌族首领都和滇吾一样，敢和汉朝人对抗的。

一天两天，通过激励士气他们还能够提起勇气和汉军一搏。可这么长时间过去了，这些人的心态开始发生了变化。

等到第六天，羌族联盟军终于发生了质变。

那天夜里，一名头领带着自己的部众悄悄地离开了羌族联军的大营。有一个走了就有第二个。结果第七天、八天，相继有羌部大人带领部众离开。

这种情况使得羌族联盟人人自危，士气急速滑落。滇吾知道，在这种情况下根本战胜不了汉军，所以只能无奈解散了联军，并在第九天的夜晚悄悄地往领地撤退了。

可马武，等的就是这个机会！

就在羌族各部各回各家之际，马武立即率全军直奔烧当羌的归路追击而去。

因为滇吾这次带出来的士兵大部分都是骑兵，自认为机动力很强，马武不可能来追击他，所以撤退的时候也就没有怎么着急，而是慢悠悠地往回走。

可就在这时，一万中央野战骑兵团，一万乌桓骑兵突然从左右两翼杀来，直接合围了滇吾，然后对其发动了绝命袭击。

这一切发生得太过突然，烧当羌的士兵全无准备，再加上此地为羌族领地，那些士兵都认识回家的路，所以一触即溃，超过一半的士兵都各自奔逃。

滇吾这时候也慌了，他也不敢再和汉军抵抗，只能率领有限的心腹狼狈而逃。

本次战役，汉军大胜，斩杀烧当羌四千六百多人，活捉一千六百多人，这几乎是烧当羌一半的兵力了。

可本次的羌祸使得边地生灵涂炭，被这些羌族残杀抢夺的财物、人口根本无法以数计。所以总的来说，汉朝这次还是亏了。

1.2 汉明帝的小脾气（上）

公元57年十二月，汉明帝再次下诏天下，表示以身作则，从此节俭，并呼吁全国官民以节俭为美德。并且从此以后，各地方官府在秋收季节不要搞任何的活动来扰乱百姓的农事。

同时，天下逃亡者可以用财物来为自己赎罪。死罪等级的逃亡者需缴纳价值二十匹厚棉布的财物。肉刑等级的逃亡者需要缴纳十匹的财物。肉刑以下者皆缴纳三匹搞定。

最后，汉明帝宣布，从此以后设置专门的机构，严厉打击贪赃枉法的官员，对那些高高在上的官老爷，老百姓以后不必害怕，可以到京城来告他们，只要拿得出证据，就是一州刺史也给他分分钟拿下。而这一年，汉朝有户四百多万，人口两千一百万零七千八百二十。

十二月末，南匈奴丘浮尤鞮单于去世，其弟左贤王汗继承了单于之位，是为伊伐于虑鞮单于。

公元58年五月，最早跟随光武帝南征北战的云台二十八将之首——邓禹离开了人世。

同月，就在邓禹离开人世以后没几天，东海王刘彊也病死了，死前上奏遗言虽然说得感人肺腑，却没几个人认为刘彊真是那么想的。毕竟刘彊死的时候才三十四岁，如果不是因为太子之位被夺进而整日忧愁，怎么可能会死得那么早？

同年某月，乌桓中一个名为赤山乌桓的小种首领不听他人劝告，率领赤山乌桓侵犯寇掠辽东，抢夺了很多东西，杀了很多汉民，然后扬长而去。

针对于此，祭肜手下的将军们愤慨非常，一个个叫嚣着要率领汉军讨平整个赤山乌桓。可祭肜只是微笑着摆了摆手，并没有让他们出击赤山乌桓，只派了一名使者携带着他的信件前往了鲜卑，然后便撒手不管了。

几日以后，整个鲜卑突然人头攒动。然后，所有鲜卑士兵出动，浩浩荡荡地杀向赤山乌桓。

那赤山乌桓的首领都蒙了，他万万没想到，自己只不过打劫了辽东的几个县邑，怎么就遭到了整个鲜卑部族的攻击，这，这不科学啊。

惧怕至极的赤山乌桓首领赶紧向乌桓大人求援。可乌桓大人却没有派半个士兵来帮助他。原因很简单，你自己种下的恶果自己扛。

结果，赤山乌桓的首领没能抗住，整个赤山乌桓被鲜卑骑兵的马蹄踏平，赤山乌桓首领的人头在第二天就被鲜卑人送到了祭肜的手中。自此以后，东北边界哪怕是一个小小的部族都不敢再对汉朝起半点儿的心思，祭肜此时已经成为整个东北的无冕之王。

同月，汉朝名将、云台二十八将排名第四的建威将军耿弇去世。

公元59年正月，汉明帝祭祀光武帝。

十月，汉明帝亲自至长安祭祀汉高祖以及汉朝十一位皇帝，所过郡县皆有赏赐。

十二月，有人举报护羌校尉窦林运用手中职权贪赃枉法。现在这个时候，正是汉明帝抓贪污腐败最严厉的时期，所以当汉明帝得此实名举报以后极为重视，遂立即派人查处。

结果，人赃并获，汉明帝钦点处死了窦林。

窦林是什么人？那是之前能和西北王隗嚣相抗衡的窦融的堂兄之子，一直都被窦融庇护。当时的窦家，一个公、两个侯、三个公主、四个二千石高官。从祖父到孙子，皆为京城拿得出手的场面人，其势力甚至连皇亲国戚都无法相提并论。

可就是这样的家族，这样的势力，汉明帝依然说杀就杀，没有半点儿犹豫。

汉明帝的果断决绝使得窦家家主窦融非常恐惧，不久便上书汉明帝请求辞职。而汉明帝没有半点儿犹豫，当即批准！

这一番下来，几乎天下人都看到了汉明帝打击贪污腐败的决心，所以这些当官的开始变得谨慎，贪得也不像以前那样明目张胆了。

同月，就在汉明帝杀一儆百没几天，洛阳城又发生了一件超级"震撼"的大事，使得城中几乎所有的百姓都在以此为谈资。

什么事呢？那就是新阳侯阴就的儿子阴丰，一刀把自己的妻子、汉明帝的姐姐郦邑公主刘绶给刺死了。

阴家，自阴丽华当上皇后以后便一步登天，终光武帝一生都没人敢动阴家人一根汗毛。再加上阴家人的谨慎，更是得到了很多人的尊重。可一个庞大的家族，不管它有多的谨慎，都会出现那么一两个脾气暴躁的纨绔，而阴家的这个纨绔便是阴丰了。

同样，皇朝的公主，无论她受到过多么优良的教育，大部分都是刁蛮任性的。而在这些任性的公主中最为突出的，也正是这位郦邑公主刘绶。

《后汉书》载："公主骄妒，丰亦狷急。"那么这两个人碰到一起会燃起什么样的熊熊烈火呢？只能说，一开始，一切都很安静。

那郦邑公主不管怎么说都是汉明帝的姐姐或者妹妹，是天下最尊贵的几个女人之一，所以在婚姻最开始的时候，阴丰还是十分宠着郦邑公主的。可有钱有势的男人，难免会有个三妻四妾，估计是在外面有点儿什么"动作"被郦邑公主发现了，反正这郦邑公主在公元59年的某一天便和阴丰闹起来了。

当天，整个阴府都被郦邑公主的谩骂声所淹没，这哪里是什么公主，简直就是泼妇的始祖。那阴丰也不是什么脾气好的，说实话，能忍郦邑公主这么长的时间，早就已经超越他的极限了。今天，当着整个阴府人的面如此谩骂自己，阴丰再也无法忍受了。

多日隐忍的怒气在这一时候全面爆发。阴丰直接从自己的身上摸出一把装饰精美的锋利小匕首，就那么满眼杀气地望着郦邑公主。

不过阴丰还算是有那么一点儿理智，都已经愤怒到这种地步了，却依然没有去捅郦邑公主。也许，身为男人的他，现在只是想要一个面子、一个台阶。可郦邑公主，很明显连台阶都不想给他。

身为汉家公主的她不相信有哪个挨千刀的敢对自己动手。于是非但没有向阴丰服软，反倒是更加出言羞辱，硬刚阴丰！结果，阴丰脑充血了，他直接冲到了郦邑公主面前噗噗噗噗就是几刀，郦邑公主瞪着那不敢置信的眼睛直接命丧黄泉。

好了，这下阴丰过瘾了，可事儿也大了。

汉明帝听闻自己的姐姐（或妹妹）被捅死的消息以后出奇愤怒。他知道郦邑公主脾气刁蛮任性，可从古至今，哪个公主没有点儿脾气？怎么就没听过谁敢把公主给弄死呢？怎么就你阴丰有这个胆量，有这个气魄？就因为你有个强大的姑母？那还是我妈呢！你敢用这种手段来践踏我皇家的尊严，谁保你都不好使！

汉明帝也没有请示自己的母亲，直接处死了阴丰，同时因为阴就教子无方，也不能继续活在这个世界上，但因为他是阴太后的亲弟弟，所以可以留一条全尸，遂允许阴就在家中自杀。

就这样，强大无比的阴家又在汉明帝的打击下蔫儿了。从这以后，朝中大臣都知道了汉明帝的脾气。

1.3 聪明的小马皇后

公元59年十二月，也就是汉明帝发完小脾气没几天，南匈奴伊伐于虑鞮单于魂归西天，醢僮尸逐侯鞮单于继位。

公元60年正月，汉明帝再次对天下官吏强调农耕的重要性，希望所有的地方政府都能够将农耕放在第一要务上。

二月，汉明帝开启了大规模的人事任免。这个月，汉明帝将太尉赵熹和司徒李䜣全部罢免，并用左冯翊郭丹出任司徒，南阳太守虞延出任太尉。

（姓名：郭丹。字：少卿。籍贯：南阳穰县。特点：极为清廉，一生没有污点、擅长儒学、擅长治理一方。经历：孤儿—入长安学习—因学识而声名大噪—大司马严尤亲自请到朝中为官，可因为王莽是逆贼而被拒绝—为躲避新莽朝廷的征召而逃奔北地—更始政权三公共同邀请郭丹，这才投靠更始，被任命为谏议大夫—更始被灭，其手下全部投降，只有郭丹没有投降，后寻得更始妻室将更始赐予印绶交还才隐居山林—光武帝统一天下以后，吴汉推荐郭丹为并州牧—治理地方几年清廉公平，为百姓所称道，所以再升匈奴中郎将—左冯翊—司徒）

（姓名：虞延。字：子大。特点：极为清廉，执法六亲不认，犯法必究）

同时，在将三公其二都换上了清廉出名的官员之后，汉明帝又立贵人马氏为皇后，皇子刘炟为太子，大赦天下。

这个马皇后便是伏波将军马援最小的女儿。

马援"马革裹尸"后，马家遭逢大变，地位急转直下，虎贲中郎将梁松和黄门侍郎窦固等人还趁机落井下石，使得马氏一族更加失势，常被豪门贵族欺凌。

在这种情况下，马皇后又死了哥哥，母亲也因为悲伤过度而疯掉了。整个马家整日都被一种极为沉闷灰败的气氛所围绕。几乎所有的人都认为马家完了，再无翻身之日了，甚至包括他们马家自己人。

在当时，年仅十岁的马皇后就像没事儿人一样，处理着家中各种事务，将马家规整得井井有条。马皇后的堂兄马严因此断定自己的小妹定非池中之物，于是便想尽办法将自己的小妹弄进了太子宫中。

进入太子宫以后，马皇后对阴皇后极为孝顺，对其他的嫔妃们也是尊敬有加。大家都很喜欢这个年纪很小的小妹妹，于是规则完备，上下相安，大家都能够和谐共处。

而这些被当时还是太子的刘庄都看在眼里，所以对马皇后格外宠爱。最小的马皇后因此得以常伴刘庄左右。

等刘庄继位以后，马皇后立即被提升为贵人。可以说是当时汉明帝身边最受宠的妃子了。可马皇后却没有半点儿懈怠。为什么？因为她生不出孩子来。

其实早在马皇后入宫之前，就有一位医生给马皇后看过病，断言她这一辈子都生不出孩子。所以马皇后在成为贵人以后就希望汉明帝能在一众嫔妃的孩子中给自己过继来一个。正巧当时马皇后母亲的妹妹的女儿，也就是马皇后的表妹贾氏也被入选进入了后宫，并给汉明帝生下了一个叫刘炟的大胖小子，所以汉明帝便将刘炟过继给了马皇后。

这以后，马皇后亲自抚养刘炟，为了这孩子以后能将自己当作"亲妈"，所付出的母爱亲情完全超过了一般的母亲。

所以，刘炟也对马皇后极为孝顺，母子两人始终没有什么隔阂，完全像一对亲母子。

当时，汉明帝专宠马皇后，对她的爱简直无以复加。可马皇后知道，身为一个女人，不管她有多么漂亮，早晚会有容颜老去的那一天，所以一个女人不可能一辈子将皇帝捆到自己身上，那样只会起到反作用，最后甚至被打入冷宫。与其那样，不如现在就放开胸怀，让汉明帝雨露均沾。

基于此，马皇后以汉明帝专宠自己，皇子不多为由，经常向汉明帝引荐一些貌美如花的嫔妃。而这种举动非但没有让汉明帝慢慢疏远马皇后，反倒是更加喜欢。

于是，马皇后在汉明帝心中便更加不可替代。

直到公元60年这一年，有大臣上奏汉明帝，希望他能早立皇后和太子，以安天下臣民之心。可汉明帝却始终没有正面表态。为什么？因为马皇后虽然是自己最钟爱的女人，但她一直都没有亲生儿子，现在虽然有了一个过继的孩子，但毕竟不是自己亲生的，所以汉明帝害怕天下臣民反对，更怕真正的后宫之主、自己的母亲阴太后有什么想法，这才一直都没有表示。

可阴太后那是何许人也，自己儿子怎么想的她比谁都清楚，再加上那小马贵人从始至终对自己都非常孝顺，她是个聪明人，不可能在以后做变脸的事情，于是阴太后当即对汉明帝表态："马贵人德行举止在后宫中都属第一，无人可比，所以要立皇后就必须只有马贵人，其他的人，我是绝对不会认同的。"

就这样，马皇后顺利地成了皇后，而其子刘炟也随着马皇后的晋升而水涨船高，没过多久便被提升为了太子。

1.4 汉明帝的小脾气（下）

公元60年二月，汉明帝为证明自己没有忘记过去老一辈先烈的功劳，乃命画师在南宫云台绘制了帮助光武帝取得天下功劳最大的二十八人以为纪念。这便是东汉历史上鼎鼎有名的云台二十八将了。

他们分别是。

二十八将之首，角木蛟邓禹。

第二位，亢金龙吴汉。

第三位，氐土貉贾复。

第四位，房日兔耿弇。

第五位，心月狐寇恂。

第六位，尾火虎岑彭。

第七位，箕水豹冯异。

第八位，斗木獬朱祐。

第九位，牛金牛祭遵。

第十位，女士蝠景丹。

第十一位，虚日鼠盖廷。

第十二位，井木犴铫期。

第十三位，室火猪耿纯。

第十四位，壁水貐臧宫。

第十五位，奎木狼马武。

第十六位，娄金狗刘隆。

第十七位，胃土雉马成。

第十八位，昴日鸡王梁。

第十九位，毕月乌陈俊。

第二十位，参水猿杜茂。

第二十一位，觜火猴傅俊。

第二十二位，危月燕坚镡。

第二十三位，鬼金羊王霸。

第二十四位，柳土獐任光。

第二十五位，星日马李忠。

第二十六位，獐月鹿万脩。

第二十七位，翼火蛇邳肜。

第二十八位，轸水蚓刘植。

可在画完这二十八将以后汉明帝还觉得有些有功的官员没有画上，所以又在二十八将外围新加上了四个人，他们分别是王常、李通、窦融和卓茂。

这回，汉明帝满意了，非常满意。可他满意了，有人不满意。只见跟着汉明帝身边的一名官员随口问道："陛下，论军功，伏波将军马援并不次于上面的任何一位，为什么不把他画在上面呢？"

话毕，汉明帝只是轻轻一笑，并没有回答这名臣子的问话。那么汉明帝这神秘一笑又是什么意思呢？

《资治通鉴》说因为马援是马皇后的老爹，汉明帝不想授人话柄，这才没将马援画在上面。有这方面的原因吗？要我来说确实是有，不过只占了一点点的成分而已。最重要的原因还是汉明帝不想打他已经入土的老父的脸。仅此而已。

同年四月，为了巩固太子刘炟的地位，汉明帝接连将其他的儿子全部封王，让他们赶紧死了心中的那点儿小心思。

六月，突然有彗星从天空之中划过。彗星在古代的时候是不次于日食的"天神警告"。一旦有彗星划过，那不是有昏君当道便是有权臣独霸朝纲。

于是，汉明帝身边的那些贴身近侍可就遭了殃了。为什么这么说呢？因为汉明帝虽然在表面上看是一个忠厚的儒家皇帝，可和汉武帝一样，他内里却是一个彻头彻尾的法家主义者。在汉明帝为政时期，国家法度慢慢从宽变严，虽然犯罪率有了大幅度的下降，但也难免会遭人背后非议。

而在宫中，汉明帝更是将"法家精神"贯彻得淋漓尽致，身边但凡有近侍工作做得不到位，汉明帝就往死里打，并且行事乖张，变脸比翻书还快。

有一次，一个叫药崧的侍郎不知道办了什么事情使得汉明帝迁怒。可他却不顾及皇帝的身份，随手抄起一根廷杖对着药崧便狠砸下去。

这一下要是拍中了，这药崧不死也成植物人了。所以他快速一闪，躲过了汉明帝的绝命一击，然后直接逃到了坐床下面，死活不出来了。

汉明帝手拿廷杖，对着坐床下的药崧怒吼道："你给我滚出来！"

滚出去？滚出去就真死了。于是药崧在床下面哆哆嗦嗦地道："不出来，就不出来，天子穆穆，诸侯煌煌，从来没听过哪个君王亲自拿廷杖去打臣子的。"

见药崧如此，汉明帝竟然扑哧一下笑了出来，这才赦免了药崧的"罪过"。所以朝中的大臣们谁都猜不透汉明帝心中的想法，因此更加畏惧汉明帝，生怕一个不小心就被一顿毒打。

相信有人看到这一定会埋怨汉明帝吧，埋怨他是一个小肚鸡肠、心胸狭窄的暴君。可实际上还真就不是这么回事儿。《韩非子》说过，但凡一个英明伟大的君主都不能让手下的臣子猜透自己的心思，因为只有这样，才能完全掌握住手下这些人。

汉明帝行事乖张，喜怒无常，这不正证明了他驾驭臣子的手段吗？反正终汉明帝一世，东汉皇朝都在稳定的发展之中，这难道不能说明很多的事情吗？总之这些官员们都十分害怕汉明帝就对了，尤其是汉明帝身边的近侍们，侍奉汉明帝简直如坐针毡。

这次的彗星事件发生以后，那些近侍们更加害怕了，害怕汉明帝一个心情不好就毒打他们一顿。而他们的害怕也不是空穴来风的。果然，这次彗星事件以后，汉明帝每天都阴着个脸，时刻处于暴怒的状态之中。

绝大部分人秉着多一事不如少一事之理也都尽量避免在这一段时间和汉明帝有所交集。只有一个叫钟离意的，他实在是受不了汉明帝这种状态了，便上书汉明帝以鬼神喜欢仁者为由，规劝汉明帝施政仁政，不要再拿身边的这些近臣撒气了。

钟离意是一个非常正直的大臣，经常对汉明帝直谏规劝，汉明帝也知道他对汉朝的忠诚，所以虽然时常顶撞自己，但汉明帝也没有拿他怎么样。

可他不知道这不过都是汉明帝的一种统治手段而已，所以一而再再而三以后，钟离意终于被汉明帝"清扫"出洛阳，往地方为官去了。

不过经过这次以后，汉明帝虽然对手下臣子还是那么凶，但发火的次数确实要比以前少很多了。

1.5　莎车对于阗

公元60年八月，因为这次彗星事件，汉明帝特地下诏，希望天下臣民能够时刻监督自己，如果自己有什么不足，还希望百官能够及时规劝。

百官："哪敢呀。"

同年十二月，此时的西域。随着近些年来莎车国不断地武力扩张，于阗、大宛、妼塞等小国一个又一个被莎车吞并。可莎车王贤并不擅长经营，在吞并这些小国以后，对这些小国的民众肆意凌辱，简直不将他们当人来看待。

于是，一个又一个被吞并国家开始反对莎车王贤的统治。这其中，反抗最厉害的还要数于阗了。

于阗人集体造反，他们先是杀掉了驻守在于阗的莎车将军君德，然后拥立了首领休莫霸为王。

莎车王贤对于于阗的反抗极为重视，当即亲率数万兵众攻击于阗，不过莎车王贤的军队虽然庞大，却是由多个附属国所组成的"杂"军。这些附属国的士兵各有心思，没有一个人愿意为了莎车王贤卖命。所以联军虽然声势浩大，却没有什么战斗力，连续攻击于阗多日都无法攻破他们那不怎么坚固的城墙。

同时，联军本就不怎么高的士气更是下滑得厉害，于是军心懈怠，人人都想早点回到自己的家园。

休莫霸看准机会，在一天夜里率千名精锐突袭了联军大营。

一时间，联军大营火光漫天，相互逃亡踩踏而死者不计其数。

城中的将领见休莫霸偷袭成功，立即打开城门，率所有于阗士兵杀出城去支援休莫霸。

于是，联军大溃，莎车王贤只带残余的数百心腹仓皇而逃。

休莫霸怎能放过这一劳永逸的机会。便率部猛追莎车王贤。一直追到了莎车国的国都都不罢休，直接将莎车国的国都围了起来，然后亲自率领全军将士轮番攻城。

可悲哀的是，那休莫霸率军打仗实在是冲得太过靠前，竟在攻城的过程中被流矢射中，当场命丧黄泉。

主将一死，大军立即停止了进攻，于阗主将则在第一时间拥立了休莫霸哥哥的儿子广德为王，而新任于阗王广德也和休莫霸一样，坚决不肯放过莎车，遂继续对莎车国国都施以军事打击。

此时的莎车，被围多日而无人来救，不用说，这就是众叛亲离，被那些所谓的附属国给抛弃了。莎车王贤知道，如果继续这样下去的话，莎车早晚会被于阗所灭。

而这时候，于阗王广德的父亲还在自己的国中当俘虏，所以莎车王贤立即派人将于阗王广德的父亲送回了于阗国，并诚挚地请求和于阗王化干戈为玉帛。

最后，两国通过数日的商议，终于以和亲的方式结束了这次争端。

结束了？真这么简单？开玩笑，现在正是消灭莎车的最好时机，于阗王广德怎么会如此轻易便放过他们。于阗王广德之所以答应和莎车国结为秦晋之好，那完全是为了让莎车王放松警惕，进而让自己有机会吞并莎车国。

果然，几个月以后，于阗王广德偷偷带着三万部众进入了莎车国的境内，最后不知用了什么手段，竟然将莎车王贤给诱出城外杀死，然后全吞了莎车国。

此举使得于阗国在旬日之间成了西域众国中非常强大的存在。可就在这时候，北匈奴突然干预。蒲奴单于在听说于阗灭掉莎车以后，直接出兵突袭了于阗国。

因为于阗国现在所有的战力全都集中在莎车，所以根本没有任何反击之力，被北匈奴轻易拿下。于阗王广德当时就慌了，赶紧派出使者拜访蒲奴单于，问他到底是什么意思。

蒲奴单于的想法其实也很简单，他不愿看到身旁有一个强大的邻居，那样会严重地降低北匈奴在西域的威信。本来现在自己就被汉朝和南匈奴给逼到更北了，如果再把西域的地盘给丢了那自己就真不用混了。

基于此，蒲奴单于要求于阗王广德立即退出莎车国的领地，这样他也会率军撤退，不会动于阗国内百姓一人，不过他要是冥顽不灵，那结果就不好说了。

于阗王广德没得选，只能遵从蒲奴单于，率兵撤出了莎车国。

于是，蒲奴单于另立了前莎车王贤的儿子不居徵为莎车国王。

就这样，莎车国免于被灭国的厄运。可那于阗王广德也是一个相当有性格的人，回到于阗以后，他越想越来气，竟然没过多长时间以后再次以雷霆之势奇袭莎车国。

莎车国经过前一段时间的战争以后非常羸弱，正是发展国内经济的时候。再加上莎车王不居徵根本没想到他于阗王广德会（抑或敢）在这么短的时间内再次袭击自己，所以全无防备，莎车国都被轻易攻破。

攻进莎车国都以后，于阗王直接杀掉了不居徵。不过他并没有像上一次那样吞并莎车国，而是另立了不居徵的弟弟齐黎为莎车王以后就走了。其用意就是要恶心一下北匈奴，顺便确立自己在西域众国之中的地位。因为于阗王广德知道，现在北匈奴自身难保，怎么有时间来找他报仇？他难道就不怕陷入四面受敌的窘境吗？

而事实也确实如于阗王广德所料一般。这之后的北匈奴没有丝毫动静，蒲奴单于虽然愤怒，但毕竟于阗国没有真正地吞并莎车国，所以他也就忍了这一次。

1.6　狠辣的马皇后

公元61年二月，汉明帝亲自下地耕田，再次向天下臣民下诏，强调农业对于国家的重要性，并鼓励地方政府官员多多督促百姓耕田。

三月，汉明帝打算好好出去散散心，于是定下了一系列的游玩计划。可还没等实施便被弟弟东平王刘苍上书一顿谴责，于是郁闷的汉明帝就没有去成。

而后，不出十天，刘苍被强制遣返回封国。

公元61年十月，因司徒郭丹年老，司空冯鲂触犯国家法律，所以汉明帝将二人一一罢免，改用河南尹范迁出任司徒，太仆伏恭出任司空。

（姓名：范迁。字：子庐。籍贯：沛国。特征：极度清廉，治理地方，打坚壁清野的防守战。经历：镇守渔阳，使匈奴不敢侵入—雍州刺史—合肥太守—河南尹—司徒）

（姓名：伏恭。字：叔齐。籍贯：琅邪东武。特征：孝顺、清廉、儒家学

究。经历：普通县令—因为为官清廉被升为常山太守—太仆—司空）

同年十二月，之前陷害马援的虎贲中郎将梁松被打入了监狱，被硬生生折磨而死。马援的老朋友们听闻这件事以后无不拍手称快。那么梁松是怎么死的呢？

其实很简单，光武帝活着的时候，梁松仗着他的宠幸嚣张跋扈，谁都不放在眼里。可光武帝死了以后，小马皇后崛起，并通过种种关系将梁松贪污腐败的各种罪证全都收集了起来，然后托人在朝堂之上狠参了他一本。

因为小马皇后的关系，汉明帝也不是很喜欢梁松这种废物，如今又人证物证俱在，所以免去了他的职务，将其贬为庶民。

实际上按照梁松和马家的仇怨，除非杀了梁松，不然自己的小皇后是不可能痛快的。可梁松不管怎么说都是自己老爹生前的宠臣，所以也不好做得太过分，也就留了他一命。

可那梁松却自己找死。

自从被贬为庶民以后，梁松心中愤恨，竟一而再再而三地诽谤朝廷（一说梁松根本没有诽谤朝廷，这都是小马皇后通过关系给他安的莫须有罪名），结果被朝廷擒获，关进了监狱，后面的事儿就不用说了。三十年河东三十年河西那点儿事。

公元62年十一月，北方马蹄声阵阵，北匈奴在这个月突然有七千轻骑兵团突袭了汉朝五原，并大肆寇掠。

可就在他们袭击到云中的时候，南匈奴兵马突然来援，两军见面一句废话都没有，直接杀到了一起。

最后，北匈奴无法击退南匈奴骑兵，两军僵持在了一起。北匈奴将领怕时间拖长了汉朝边军会拍马赶到，便率军撤退了。

同年十二月，汉明帝为了增加边地的生产力，进而提升边地郡县的军备力量，乃号召全国，但凡祖籍在北地的居民全部遣返回北边境。当然了，汉明帝不可能就这样强制迁徙他们前往北边地，那样的话，他这个明君也就做到头了。

为了将百姓的抵触情绪降到最低，汉明帝特意下令，所有迁往边地者，每人赏搬装费两万钱。

基于以上政策，本次迁徙没有受到任何阻碍，非常顺利地迁徙完毕，北边境地区因此人口急速增长。

同月，马皇后的第二拨复仇行动开始实行。

遥记得当初陷害打击马家的那些人中只有梁松和窦氏一族跳得最欢。如今，梁松死了，下一个便是窦家了。

本来，因为窦氏一族是朝廷贵戚，所以马皇后想搞他们并不是那么容易。可无奈窦氏一族的人实在是太不争气。之前的窦林事件，实际上已经是汉明帝给这些窦氏子弟打了一剂预防针了。可这些窦氏子弟依然嚣张跋扈我行我素，好似完全没将汉明帝的警告放在眼中一般。

于是，马皇后开始运作了。

一时间，各种"证据确凿"的大罪全都安放在了这些窦氏子弟身上。只短短一个月的时间，所有窦家人皆被免官，并被赶出京城，遣返回原籍，只剩窦融老哥一个人在京城之中。

家中所有的人都被赶走了，只剩下一个风烛残年的老人独自留守，相信没有什么惩罚比这更残酷的了。

于是，没几天以后，曾经西北的第二号人物，安丰侯窦融郁愤死于家中。

其实，史料中不管是对之前的梁松还是现在的窦氏家族都给出了充分的犯罪证据，这其中没有一点说是马皇后授意的，但自从马皇后成为后宫小主以后，马家的仇人一个接一个地或死或贬，这难道还不能说明问题吗？

1.7　防备匈奴

公元63年二月，庐江太守在一座山中发现了一个大鼎，便派人送到了洛阳，并说这是老天认可汉明帝，从而献给汉明帝的"天赏"。

但汉明帝却拒绝用这个大鼎祭天，并在一次朝堂之上和所有官员道："朕自继位以来，国家虽然没有动乱，但国力较之文景相差实在太远。这样的朕有什么资格来接受上天的赏赐？现在，朕将宝鼎放入库中，等什么时候国家真正强大了，朕才会将此宝鼎取出。尔等勿要再言祭天之事。"

十二月，醯僮尸逐侯鞮单于归天，丘除东林鞮单于上位。可这新任单于在单于的宝座上屁股还没等坐热便归西了，于是丘除东林鞮单于的弟弟继位，是为邪尸逐侯鞮单于。

公元64年正月，大汉太后阴丽华魂归西天，死后与光武帝合葬于原陵。

阴丽华，共为后宫之主二十四年，其间勤俭节约，很少外出游玩，不喜嬉戏打闹之事，性格仁德孝顺，多有怜悯慈爱之心。

她从来不去掺和朝廷中的事情，不管是对自己的丈夫还是自己的儿子都是这样。

同月，也就是阴太后死去几日以后，北匈奴遣使汉廷，希望也能参与到北边境的边市之中。

汉明帝以为，和北匈奴互通有无以后北匈奴就会减少对汉朝边境的寇掠，于是欣然应允。

同年五月，通过对《浮屠经》的学习，汉明帝对佛学越发感兴趣。可各位也知道，《浮屠经》只不过是大月氏使者口述给汉朝的而已，并不权威，准确性也值得商榷，所以汉明帝要想对佛学继续深入研究的话，就必须从天竺取经才行。

基于此，汉明帝在这个月派出了一个叫蔡愔的郎中出使天竺，并命他无论如何都要将天竺的佛经取到汉朝。

蔡愔就这样出发了，带着汉明帝的期望前往了遥远的天竺取经。

从中原前往天竺去取经虽然没有十万八千里那么远，但最少也要三千多公里，路途艰辛不用说了，当初张骞耗时十多年才成功返回大汉，如今蔡愔要前往更远的天竺，那需要多长的时间？又需要遭受多少苦难呢？

可蔡愔只出去不到三年就回来了，也没有遭受多少苦难。

因为就在蔡愔到达大月氏的时候，正巧在大月氏碰到了天竺的高僧竺法兰和大月氏高僧迦叶摩腾。两人都是远近闻名的高僧，经书从不离手，他们的手中几乎囊括了当时所有的佛经典籍。所以蔡愔干脆不走了，直接将他们请到了汉朝，希望他们在汉朝传播佛教。

汉朝，在当时的亚洲绝对是最为强大的国家，没有之一。能在这么一个强大的国家里面传播佛教，这几乎是所有天竺高僧的梦想。所以两位高僧几乎想都没想便答应了蔡愔的请求。

一行人在公元67年回到了汉朝。

汉明帝极为高兴，因为一行人是用白马将佛教《四十二章经》运回洛阳的，所以汉明帝专门在洛阳建了一座白马寺，让两位高僧在这座白马寺里面传播佛教。

佛教，在这一年里正式入驻汉朝，甚至成为我华夏民族的文化之一。

公元65年二月，司徒范迁去世，汉明帝封太尉虞延为新任司徒，并用卫尉赵憙代理太尉之职。（姓名：赵憙。字：伯阳。籍贯：南阳宛县。特征：仗义、执法严明、有些军事才能、在治理地方方面拥有丰厚的经验。经历：更始皇帝刘玄手下的将军—昆阳之战抗击新莽军有功，被刘玄升为中郎将—更始被灭以后投奔刘秀，被封为简阳侯相—平林侯相—怀县县令—平原太守—太尉、关内侯—代窦融行卫尉—代理太尉）

三月，不知因为何事，朝廷派遣越骑司马郑众前往北匈奴。

要知道，自从南北匈奴分裂以后，因为怕刺激南匈奴，汉朝可是一次都没有主动派遣使者往北匈奴去过。所以这一次的事情绝对比较重要，甚至有可能是汉朝有什么事情要求到北匈奴。

而一直都想与汉朝和亲并建立良好关系从而分化汉朝和南匈奴的蒲奴单于这次竟然强迫郑众给他下跪。

郑众是汉臣，汉臣从来没有给其他国家统治者下跪的道理，所以坚持不跪。蒲奴单于因此大怒，直接将郑众囚禁了起来，且不给他饭食清水，什么时候他跪地求饶才允许他吃饭。

本以为使出这招就能轻轻松松地搞定郑众，岂料郑众软硬不吃，见蒲奴单于要搞他，竟然直接抽出佩刀要自杀。

这一出可给北单于吓坏了，他也就是吓唬吓唬郑众，怎么可能真的弄死他，那后果可不是他能承受得了的。

万般无奈之下，蒲奴单于还是服软了，只能派遣使者跟随郑众前往了洛阳。

可这次汉朝的出使活动却严重地刺激了南匈奴的一些人。南匈奴须卜骨都侯怀疑汉朝早晚要和北匈奴联手将南匈奴给灭了，所以打算在北匈奴和汉朝动手以前先行背叛南匈奴而投奔北匈奴。

须卜骨都侯这次的行动成没成功史书并没有记载，反正也不算什么大事，却让洛阳方面开始警惕起来。

之前大司农耿国就曾上书，希望汉明帝在南匈奴附近设置度辽将军，以防南匈奴和北匈奴相互联系。可汉明帝认为，对待南匈奴应该以诚相待，所以并没有批准这个建议。可须卜骨都侯事件发生以后，却使汉明帝产生了动摇。

见此，郑众直接上书汉明帝，请在边境设置专门看管南匈奴的大将，绝不能对这些异族轻易相信。

这一次汉明帝批准了。从此，汉朝开始在五原设置度辽营和度辽将军，以掐断南匈奴和北匈奴之间的联系。

1.8　刘荆之死

公元65年秋季，汉朝十四个大郡突然遭受水灾，汉明帝迅速行动，首先命受灾郡县周边的郡县进行粮食支援，然后从洛阳调派资源往各地补差，并让洛阳专业的工匠前往地方和地方的工匠共同将破损的大坝修理完毕。

与此同时，精美庞大的北宫也在这一段时间修建完毕。这也就是说，治理水灾和修建北宫是同时进行的。由此可见，汉朝现在已经相当富有了。

十月，北匈奴突然出动大量骑兵袭击汉朝边郡，使汉朝边城昼闭。

同月，蒲奴单于又派出了使者携带大量的北匈奴特产献给汉明帝。他蒲奴单于这是要干什么？

其实，并不是蒲奴单于有什么毛病，而是因为他想要强迫汉明帝与他和亲，这才一边给棍子一边给甜枣。

可汉明帝是绝对不会与北匈奴和亲的，只有南匈奴和北匈奴长期互掐下去才是他最想看到的结果。要是自己与北匈奴和亲了，那南匈奴的立场就尴尬了。

可同时，他又不想和北匈奴闹得太僵，那样的话不就要直面北匈奴人了吗？

可以说，现在的汉明帝已经变了，变成了一个既想吃鱼又想吃熊掌的家伙。于是，汉明帝打算再次派遣郑众前往北匈奴和稀泥。可这一次郑众却不想再去北匈奴了，于是上书汉明帝："陛下，臣认为蒲奴单于之所以这么来来回回地和我汉朝互通使节，完全是想离间我汉朝和南匈奴之间的关系，并坚定西域三十六国对北匈奴的忠诚（此时西域大多数国家已经臣服于北匈奴）之心。如果继续这样和北匈奴交往下去，南匈奴一定会产生动摇，甚至乌桓也有可能和我们离心离德。基于此，臣不建议再和北匈奴有任何牵扯。北匈奴如果要是再敢来侵犯我大汉边境，那就干他们好了！让他们有去无回。"

汉明帝最终没有答应郑众的提议，依然命其出使北匈奴。

岂料任命下去还不到一个时辰，郑众的上书又来了，而这次的郑众直接和汉明帝摊牌了：

"陛下，实话实说吧，臣之前出使北匈奴的时候和蒲奴单于闹得很不愉快，蒲奴单于甚至都要把臣给囚禁起来。要不是臣拼死抵抗，一定会使我大汉受到羞辱。如今，陛下再派我往北匈奴，想必一定会受到羞辱。我实在不想手持大汉的符节而受到羞辱，求陛下别派我去了。"

这话说得够明白了，但汉明帝不听，依然让郑众出使北匈奴。郑众这个郁闷，在出使的路上不断派使者往洛阳方向和汉明帝抗辩，甚至隐约表示蒲奴单于要再羞辱自己，自己就和他干一下子。

这回可真把汉明帝给惹怒了，他直接派人将郑众给追了回来，然后劈头盖脸就是一顿痛骂，最后直接将郑众给罢免了，这事儿也就这么不了了之了。

后来，不知过了多长时间，在一次接待北匈奴使者的时候，汉明帝无意中听北匈奴使者说了郑众当初出使匈奴时候的英姿，这才又重新起用了郑众。可自从这以后，郑众却再也没出现在史书之中（这个郑众和以后的郑众并不是一个人）。

公元66年三月，汉明帝下诏，将所有的死囚犯以及他们的妻子家人全都迁徙到五原和朔方，以增加两地的生产力和守备力。

同年四月，汉明帝下诏天下，命各个地方郡县将一部分公田赏赐给那些无法养活自己的贫困户。

六月，广陵王刘荆又开始无事生非了，最终是将自己送上了绝路。

刘荆在上次的阴谋事件失败以后老实了不少，可登基称帝的心却一直都没有改变，非但没有改变，反倒是野心越来越大。

可他既没胆量造反，又不死心，所以在某一天直接将一个在本地比较有名望的神棍请到了府中，上来就问他自己还有多长时间才能当皇帝，什么时候才能起兵发动武装政变。

这神棍当时就蒙了，他行走江湖不过是想混口饭吃而已，可不想把命丢了，所以勉强应付了刘荆以后，直接将这次的对话上报给了地方官府。

而地方官府也不敢轻易处理刘荆，便将这事儿上报到了洛阳。

按说预谋造反这事儿哪怕是皇亲国戚也得弄去半条命才是，可汉明帝却没有这样做，只不过下诏他从此以后不准管理封国内的百姓和官员而已。他封国内的税收则还是他本人所有。至于汉明帝为什么这么干，很简单，和当初的汉文帝存的一个心思。

不过汉明帝却没有汉文帝的耐心，他想要一个人初一死，这个人就一定躲不过十五。因为就在这件事以后没几天的时间里，又从广陵传来消息，说刘荆请了不少巫师，整日诅咒汉明帝，希望将汉明帝给咒死。

可这一次呢？汉明帝还是没有处罚刘荆，因为他知道，这种事情有一有二没有三，第三次的时候，都用不着他出手便会有人替他出手。

果然，就在汉明帝再次原谅刘荆没几天以后，长水校尉樊儵便联合一众官员找到了汉明帝，要求汉明帝无论如何都要处死刘荆。

而汉明帝呢，却故意装作生气的样子道："你们因为广陵王是朕弟弟的缘故才让朕杀死他，可如果刘荆是我的儿子，你们敢这样做吗？"

樊鲦却有条不紊地回答道："陛下，说句大不敬的话，这天下是高祖的天下，并不是陛下您的天下，您不过是代替高祖来管理而已。根据《春秋》大义，君王至亲不得有篡夺天下的图谋，有则必杀！我们正因为刘荆是陛下的弟弟才一而再再而三地容忍他，如果刘荆是陛下您的儿子的话，我们甚至连请示都不会请示，直接就杀了！"

汉明帝："你们！你们！唉，你们这是逼着朕杀死自己的弟弟啊。"

公元66年六月，刘荆被迫自杀，封国被取消。

1.9　波及全国的大案

公元66年秋季，汉朝迎来了百年难得一遇的大丰收，据说全国超过一半州郡的粮食产量都远超往年。至于歉收的州郡则一个没有。

同年八月，汉明帝为进一步宣扬儒家文化，乃于洛阳城中开设儒家学校，专为樊氏、郭氏、阴氏、马氏这些皇亲国戚们学习所用。甚至匈奴派来汉朝担任人质的王子都会被送到此处学习，所以当时的人都称这所学校为"四姓小学"。

公元68年某月某日，不知哪位大大在汉朝发明了区种法，使得汉朝往后的粮食产量更进一步得到提高（区种法，简单来说就是综合运用精耕细作，密植全苗，增肥灌溉等方法创造相当产量的一种手段）。

公元69年正月，益州境外夷——哀牢王柳貌率民五万依附汉朝，汉明帝将其收纳，并在其土地之上建立了哀牢、博南两个县。

遥记得西汉平帝时期，黄河、汴水曾经决口，但当时西汉皇朝正是多事之秋，所以也就没管这档子事儿。等光武帝统一天下以后，曾经有一段时间想修复大坝。可当时正是用钱之际，外加也有人阻止，这事儿便就这样拖延下来了。

后来灾难越来越大，兖州、豫州的百姓皆受波及，他们既埋怨光武帝，又埋怨汉明帝，认为这些所谓的明君将所有的钱都忙在别的地方而不去管他们的死活。

这种埋怨的声音在民间越来越大，最后甚至都传到了洛阳的宣德殿，汉明帝这才派人将此条大坝修好。

七月，司空伏恭因为年老多病而退休，大司农牟融代替其出任司空。（姓名：牟融。字：子忧。籍贯：北海安丘。特征：学问渊博、极擅长治理地方。经历：做县令时政绩全国第一——被推荐至朝廷任职——因能力出众品学兼备被提拔为司隶校尉——成为司隶校尉以后被百官敬畏，乃再升大鸿胪——大司农——司空）

据《后汉书》所载，这时候的东汉王朝人人各司其职，且大多都是清廉的官员。天下人无徭役，岁比登稔，百姓殷富，粟斛只三十，牛羊遍野，很有些文景之治时候的样子。

公元70年二月，汉明帝再下耕于籍田，向天下官民表示对农业的重视。

十月，日食来临，三公在朝会之上向汉明帝请罪，请求自动离职。可汉明帝却没有这样做，而是将罪责全都归到自己一个人身上，如同当初汉文帝故事。反正现在天下也是五谷丰登，百姓们丰衣足食，就是再来一百个日食，老百姓也是不会反对汉明帝的，所以汉明帝也就无所谓了。

十一月，一个叫燕广的年轻人来到了洛阳。他进入洛阳以后没有观看都城的美，没有去吃都城的菜，也没有去调戏都城的小妹妹，而是直奔洛阳皇宫而去。

这之后，整个洛阳官场都震动了。因为燕广竟然举报楚王刘英暗通渔阳王平、颜忠等人准备编造谶图，进而起兵造反。

按说举报这事儿也没什么新鲜的，查出来处理，查不出来拉倒。可就这么一查，还真就查出了让汉明帝震惊的事了。

首先，洛阳官员在刘英的府中查出了皇帝用的金龟、玉鹤，并在上面刻上了文字，算是自己身为皇帝的一个证明。

之后，也是最重要的，朝廷的官员竟然在刘英的府中发现了一个大木箱子，那大木箱子里全都是一摞摞的竹简。而在竹简上面，则是密密麻麻的官员名单。这些官员有地方的，有中央的，最要命的是还有皇帝身边的人。而且，每一个名字后面都标有收取了刘英多少好处，有什么把柄掌握在刘英手中。

汉明帝见此竹简以后暴怒！直接下令廷尉署、三公府以及司隶校尉府联合办案，有一个算一个，但凡和刘英有所牵连的，统统抓到大狱之中，一个不留！

一时间，整个洛阳鸡飞狗跳，什么皇亲国戚，什么诸侯大将，什么州郡恶霸，统统拿下。

据《后汉书》和《资治通鉴》所载，本次汉明帝的超大型拘捕活动连审讯带逼供的一共牵扯出来好几千人。

诸位，这好几千人可不是什么平民百姓，而是货真价实的王公贵胄，最差也是一方豪杰啊。汉明帝用如此大的力度来抓获这些人，由此可见他愤怒到了什么程度。

可实际上，这一大堆人有好些都是被冤枉的，他们经受不住严刑拷打，最后屈打成招，憋屈地承认了自己的"罪过"。

那么怎么不把刘英给抓来对质呢？那样的话不就能免去冤枉好人的嫌疑了吗？他汉明帝倒是想，可这时候已经无法对质了。因为楚王刘英早在得知汉明帝发现他的图谋以后便自杀了，所以来了一个死无对证，汉明帝便只能宁可错杀一千也不能放过一个了。

可这些人中冤屈而死的人实在是太多，很多官员都看不过去，但因为汉明帝这时候正处于暴怒状态，所以他们也不敢多说，只能听之任之。只有一个叫寒郎的侍御史，见汉明帝杀得没完没了，便找到了汉明帝：

"陛下，通过这一段时间的审查，臣觉得有很多官员都是没有罪过的。"

汉明帝："不可能！没有罪过别人供他们出来干什么？"

寒郎："非也！微臣认为，颜忠、王平这些大逆不道的罪人自知犯下了滔天大罪，所以虚招了很多人，企图以罪不加于众来减轻自己的罪名。"

话毕，汉明帝低头沉思了好一阵，这才语气不善地道："既然如此，你为什么不早对朕讲，你知道现在已经死了多少人吗？"

褰郎："陛下恕罪，臣也是担心有漏网之鱼会蒙混过关，这才一直没有上报。如今，见死去的人越来越多，这才不得不对陛下坦言。"

汉明帝："胡扯！朕看你就是个滑头！来人！将这不知死活的东西乱棍打死！"

话毕，一众膀大腰圆的侍卫提了大廷杖就奔褰郎而来。

可褰郎没有半点儿惊慌，只对汉明帝说："陛下想打死臣可以，不过能不能再让臣说一席话再死。"

汉明帝："你说！"

褰郎："臣审理此案已经有好一段时间了，在这之前一直不能彻底查清奸邪的阴谋，理应该死，所以这一次来就是抱着必死之心前来觐见陛下的。如此，陛下说微臣滑头就不太合适了。"

汉明帝："说下去。"

褰郎："关于反叛的定罪，从我大汉建立至今都是从重处罚，所以如今审判的官员都是不判人无罪而是判人有罪。这样以后可以免受追究。因此，往往审判一人就能牵连出十人，而审判十人又能牵扯出一百来号人。这便是为什么之前只有不到一千人受牵连，现在已经狂涨到数千人的缘故。陛下您在上朝的时候经常会问一些有关官员审理案件的进度如何了。那些官员都会跪在您面前虔诚地道：'按照以往的制度，大罪是要诛九族的，而陛下您仁慈无边，只处决当事者，不涉及家人！这真是天下人的幸运。'可陛下您知道吗？这些在您面前跪拜的官员，他们回到家里以后经常会仰天长叹！因为他们知道，自己每一天都会杀死无数的清白之人！但陛下您的脾气实在太暴，所以这些官员根本就不敢和您说实话！臣要说的就是这些了，死而不悔！来吧！动手吧。"

汉明帝："……行了，滚吧！"

褰郎："啊？"

汉明帝："滚！"

骞郎："哦。"

这一场对话下来，汉明帝这心里也不是滋味了，毕竟杀人太多有伤天和，谁也不想在以后的史书中被后人称作暴君。基于此，汉明帝象征性地释放了后供出来的一千人左右。

当时汉朝正在大旱，而当汉明帝将这些人都释放以后，正巧赶上了雨天，使得农民得以丰收。于是，汉明帝更加怀疑这是老天给自己的提示，同时也证明自己在事前的做法是错误的。而这时候汉明帝的枕边人，聪明的马皇后也看出了汉明帝有不再追究此事的意思，便也劝汉明帝及时收手，并将当初光武帝烧毁信件的典故拿了出来。

此举使得汉明帝"幡然醒悟"，没过多久便将现在还在监狱中的囚犯全都放了，本次楚王谋反事件便这样虎头蛇尾地结束了。

不过纵观整次事件，汉明帝来来回回所杀的人也不下一千之数了。这又让天下人见识到了汉明帝的凶狠手段。

1.10 东汉第一次征讨北匈奴之战

公元71年五月，感觉自己身体一天不如一天的汉明帝开始建造陵墓了，并向修建陵墓的人道："朕的陵墓不要豪华装饰，也不要堆高坟丘，只需能让水流进出，有一个祭祀之坛，一碗水、一碗米、一碗肉就可以了。"

二月，汉明帝开始东巡，他要好好看一看自己这一生到底有没有让老百姓过上安定的生活。

结果，逛完一圈之后汉明帝非常满意，因为他并没有发现过于落魄的百姓。这虽然和当地官府有直接的关系，但不可否认，汉明帝治下的汉朝确实相当富庶，饥民很少。

回到洛阳以后，汉明帝将自己的儿子一个不剩地全部封了王，断了他们争夺太子的心思。与此同时，为了彻底熄灭这些皇子心中微弱的火焰，汉明帝给他们的封地都极小，有的皇子甚至只有两三个县的封地。这哪里还叫一个王，就是一些侯也比他们强吧。甚至心思缜密的马皇后最后都看不下去了，她语重心长地对汉明帝道：

"陛下，您给这些皇子们的封地还不及先帝子嗣的一半，这实在是太少了。"

汉明帝却道："我的那些儿子怎么能和先帝的儿子相提并论，说句不好听的，给他们一年两千万钱的收入就已经不错了。至于他们的后人，那就看有没有能力和福气了。"

公元72年四月，谒者仆射耿秉（耿弇的侄子）上书汉明帝，多言此时汉之强大，北匈奴之衰弱，正应趁此天赐良机彻底消灭北匈奴这个心腹之患。

实际上，汉明帝是不想攻击北匈奴的，因为在他心中，只有让南匈奴和北匈奴之间相互较劲才是真正的国策。可自己这一生的国家治理中，文治虽然可以排在整个汉朝前五之列，但武功方面却一直是他的短板，连一场像样的战役都没有，这不得不说是汉明帝的一个遗憾。毕竟有条件的话，谁不想做高祖和光武那种文武双全的圣君呢？

最重要的是，像北匈奴这种游牧民族是绝不可能一击致命的！到时候给他打残了，让他既能牵制南匈奴，又没有能力打击汉朝边境，那不是一石二鸟的绝佳计谋吗？

基于此，汉明帝批准了耿秉的奏请。于是乎，汉朝边境开始了频繁调动，无数的士兵从四面八方向北边境聚集！

公元73年二月，汉朝集团军正式集结完毕，汉明帝将大军分四路呈碾压之势向北推进。

第一路，汉与鲜卑混合联军。

兵种：鲜卑精锐突骑一万一千多。汉太原、雁门、代郡、上谷、渔阳、右北平郡国兵两万余人。

主帅：护乌桓校尉文穆。

作战意图：出平成塞（今山西省大同市一带），向匈河水（今蒙古翁金河）进击，在消灭北匈奴兵团的同时掩护祭肜二路军侧翼。

第二路，羌、胡、匈三部精锐骑兵作战集团军。

兵种：羌族精锐突骑五千、胡种近战骑兵五千、南匈奴射雕者两千出头。

主帅：东北无冕之王祭肜。副将：吴棠。

作战意图：以五原为策源，出高阙塞，以奔袭之速突击涿邪山（阿尔泰山东脉），与耿秉等合力打残北匈奴。

第三路：汉、羌、胡联军。

兵种：汉陇西、天水、武威临募之士万余、羌族突击骑兵五千、胡种轻装骑兵五千。

主帅：耿秉。副将：秦彭。

作战意图：以张掖、酒泉为策源，出居延塞（今甘肃省鼎新镇北），向居延及三木山（涿邪山以西）进击，消除涿邪山外围势力以后和祭肜合力攻击涿邪山。

第四路：汉、羌、胡联军。

兵种：张掖、酒泉、敦煌郡国兵一万五千余人、羌族轻装骑兵六千人、胡种近战骑兵三千、胡种突击骑兵三千。

主帅：窦固。副将：耿忠。

作战意图：以酒泉、敦煌为策源，出酒泉塞，向天山（今新疆维吾尔自治区西县之白山）进击，切断北匈奴与西域三十六国之联系，使其独立面对大汉的讨伐。

以上，便是本次汉朝的全部军力，兵卒粗略估算在九万一千多人，且除三路汉军为临时招募以外，其他兵种皆为精锐。

可以说，这么庞大精锐的战力，哪怕是武帝时期的汉军精锐都可以拼一下了。

可本次的战果却实在让人不敢恭维。先说二路大军。

那祭肜率军出高阙塞九百多里以后抵达一座小山，因为祭肜长期活动在大汉东北边境，所以对匈奴的地界不怎么熟悉，便询问南匈奴左贤王信。

左贤王信和祭肜不和，所以欺骗了祭肜，告诉他这座小山便是北匈奴的重地涿邪山了。祭肜见"涿邪山"空无一人，料定北匈奴不敢和汉朝硬干，已经撤离了。而本次汉明帝给他定下的基本任务便是攻下涿邪山。

基于此，见作战意图已成，祭肜便引军撤退了。而负责掩护二军侧翼的一军见二军撤退，认为也没有继续进军的必要，于是也引军撤退了。其间两军没有碰到半个北匈奴人的影子。所以本次一、二军团在浪费了国家大量的粮草和军费以后无功而返。

三军耿秉在行进的过程中遭遇北匈奴一个小王，于是引军突击。可这小王自知不是汉三军的对手，于是率军急退。

耿秉见匈奴不战自退，遂引军狂追六百余里。可无奈北匈奴人的机动力太过高超，虽奋力狂追六百多里，但依然失去了这些匈奴人的踪影。

当三军进至三木山以后，耿秉下令全军驻扎原地养精蓄锐，等待一军和二军到达以后再对涿邪山发动总攻击。可等候多日，始终不见两军前来，最后耿秉一打听，人家一军和二军早就班师回朝了。耿秉虽然愤怒至极，但就凭一军之力对抗整个北匈奴，他还是没有这个胆子的。虽不甘心，但耿秉也只能无奈撤退。

再说四军。那窦固出击以后，直奔天山北匈奴所部，以摧枯拉朽之攻势将镇守于天山的所有北匈奴所部全都打跑，然后迅速占领了伊吾庐（今新疆维吾尔自治区哈密市西北四堡）一带，彻底断去了西域和北匈奴之间的联系。

这还不算，为了断绝西域援助北匈奴的那点儿小心思，窦固还派遣手下心腹班超率三十六个精锐战士出使西域三十六国，让他们不要援助北匈奴。

从派出的人来看，窦固实际上是没对班超这次的行动抱有什么太大的信心的，可谁能料到，这个毫不起眼的班超却即将在整个西域刮起一股庞大的汉朝旋风，成为整个西域的无冕之王。不过这都是后话，我们后面逐一细说。

鉴于以上，本次汉朝的大规模攻击行动除了窦固的四路军以外，其他三路均以全面失败而告终，虽然没有损失一兵一卒，但也没有哪怕一点点建树。而这一切的责任，毫无疑问，都出在第二路祭肜的身上。

虽然祭肜是被南匈奴左贤王给欺骗的，但他偏听偏信，没有做进一步确认却是铁一般的事实，所以哪怕是汉明帝极为器重祭肜，也要让他到牢房里面待两天做做样子。

可令汉明帝万万没想到的是，这一待却是将祭肜给待死了。

那祭肜进入监狱以后愤恨懊悔，想他一个东北之王，竟然犯下了如此滔天大罪，被抓进了监狱，一世英名毁于一旦。虽然没几天以后汉明帝就将他给放出来了，并让他继续镇守东北（毕竟东北一带没有谁比祭肜更适合镇守了），但祭肜越想越郁闷，越想越愤恨！最终竟然没过了自己这一关，出狱几天以后便狂吐鲜血。

他儿子祭逢此时正在祭肜身边，见父亲如此模样，吓得六神无主。可还没等祭逢说话，祭肜便死死地抓住祭逢，边吐鲜血边赤红着双眼道："我祭肜身受陛下厚恩，却没能完成任务，致使全军任务失败，我没脸再见陛下，没脸再活在这个世上。我祭肜是罪人，是罪恶滔天的罪人，不配得到国家的赏赐。你小子给我记着，我死以后，国家赏赐的所有财物都要还给国家，你小子也要做一名普通的士兵给我战死在沙场替我赎罪！不然我死也不会放过你！"

话毕，祭肜一翻白眼，直接死在了满身是血的祭逢身前，一直到死都没说自己被骗之事。因为他认为，这一切都是自己的过错，自己的愚蠢，和别人没有半点儿关系。

当祭逢将老爹的临终遗言上报给了汉明帝以后，汉明帝沉默了，坐在原地久久不能言语。他实在无法想象，竟然有人爱国爱到如此程度。

02

西域无冕之王——班超

2.1 服鄯善

公元73年五月，也就是祭肜死去三个月以后，淮阳王刘延假做谶图，并邀请众多巫师诅咒汉明帝，希望能将其咒死夺位。

可不料此消息泄露，不久便传到了洛阳。

此时的汉明帝正因为祭肜之死而郁闷异常，正赶上这些不要命的狗东西往枪口上撞。那还有什么说的，除了刘延一人以外，但凡和这事儿有牵连的人全部处死！

这其中，甚至连司徒刑穆都受到了牵连。至于刘延，汉明帝恨不得杀了他，不过前一段时间刚刚因为这档子事死了楚王，这时候要是再杀了刘延，那自己有可能就会被套上一个残杀兄弟的罪名，所以汉明帝只能将其迁徙至阜陵，并终生派人严加看管，禁止他和任何官员有往来。

六月，汉明帝任命大司农王敏出任司徒。

十月，在班超的作用下，和汉朝断绝联系长达六十五年的西域终于和汉朝恢复了交往。使得东汉朝廷的威望逐渐向西汉追赶。那这一段时间班超在西域都干了些什么呢？在这之前，让我们来好好认识一下班超这个大人物吧。

班超，字仲升，扶风平陵人，是班彪最小的儿子，班超从小便不拘小节，胸有大志！

班超为人孝顺，因为一家人都是文化人，父母也都希望他读书学习，所以哪怕班超喜爱军事，也将此念隐藏在了心中，进而一边学习军事学，一边学习儒家学问。

永平五年（62年），班超的哥哥班固被提升为校书郎（掌管宫廷典籍，校正错误，时常会回答皇帝一些学问上的问题），班超便和母亲一起随哥哥来到了洛阳（班彪死于54年）。

因为大哥的关系，班固也在宫廷中谋了一个负责抄抄写写的小职位。虽然这并不是班超的志向，但因为想让母亲开心，便也允了这个公职。

可一天，正在班超和其他刀笔小吏在一起抄抄写写的时候，班超突然把手中的刀笔扔到了地上，直接站起来愤恨地道："大丈夫即便没有什么大的志向，也应该向博介子、张骞那样，在异国立功，取得封侯奖赏才是，怎么能长期在这里浪费光阴？"

班超这突然的举动吓了旁边的同事一大跳，可一愣之后，紧接着的便是哄堂人笑。有一个和班超平时处得不错的同事走过来拍了拍班超的肩膀道："唉！我说仲升兄，可得了吧啊，这活咋了？就这也是多少人羡慕不来的！你赶紧消停吧！"

岂料班超一把将同事的手打掉，然后指着周围的同事道："哼，你们这些小子怎么能了解雄鹰的心思？"

众人都习惯班超这般德行了，见他又发神经，也不再说什么，嗤笑了一下便继续手中的工作了。就连和班超平时比较要好的那名同事也无奈地摇了摇头，然后微笑着回去了。

而班超并没有甩袖子不干了，而是杵在原地默默地想了一会儿，然后无奈地捡起了刀笔，继续做那抄抄写写的工作。

可他并不甘心！

于是，在下班以后，他将所有的积蓄都拿出来，找到了洛阳城中算命最准的大师给他算命。

那算命大师见了班超的面相以后明显一愣，想了想以后，并没有将班超的钱收起来，而是问道："你想算什么？"

班超："事业！"

算命的："文还是武。"

班超愣了一下，想了好一会儿，这才颓废地道："文。"

话毕，那算命的将班超的钱往自己这边收了收，然后道："呵呵，你走文路的话以后最高只能当一名祭酒而已，终会默默无闻。"

班超又想了一会儿，然后皱着眉头道："那武呢？"

这话说完，算命的一下子将所有的钱都推到了班超那一边，然后相当郑重地道："如果是武，那小人可就不敢收大人的钱了！大人您天生就是一副雄鹰饿虎之相，将来必遨游万里之外，噬尽天下恶鬼，最次也一定会封侯爵之位！"

此时的班超已心飞万里，早就将那刀笔小吏的活给扔到了九霄云外。如果不出意外的话，他第二天便要将此工作给辞掉了。可巧的是，意外却发生了。

此时的皇宫内院，班固正恭敬地站在汉明帝身边，汉明帝一边看书一边满意地点着头说："真没想到，朕的官中还有你这等有才之人。"

班固马上下跪道："谢陛下夸奖，臣诚惶诚恐。"

汉明帝道："不，朕是真的感觉你这个人很有些才华。对了，朕听说你还有个弟弟也在洛阳，不知道现在做什么呢？"

班固道："回陛下，舍弟现正在做些替官府抄写文书的工作。"

汉明帝道："哦？那不是屈才了吗？你现在就回去传朕的旨意，从现在开始，朕钦点你的弟弟为兰台令史，协助你的工作。"

一听这话，班固乐得不得了，对汉明帝千恩万谢以后便回去将这个天大的好消息告诉了自己的弟弟。

可当班超听到这个消息以后直接如同五雷轰顶，当时便愣在了当场。

"怎么办？怎么办？大师都和我说了，我如果从武的话以后必定封侯，我绝不能走文这条道！可，可这是陛下钦点，还是大哥的一番好意，我怎么能拒绝？怎么敢拒绝？哎？有了！"

想到这儿，心中的阴霾之气一扫而空，班超非常"欢喜"地接受了这个官职。可没过多长时间，这班超竟然在宫廷之中犯了一个不大不小的罪，进而被免除了官职，贬为平民。

这之后，班超如同疯了一般精研军事学，还通过种种关系往军界发展。

时光匆匆而走，转眼间便到了公元73年。

这一年，已经做到了代理司马的班超也随同窦固的第四军向西北出征。在和北匈奴人的交战之中，班超所率领的小队极为耀眼，杀死了很多北匈奴骑兵。

窦固早就听说过班超的军事才华，如今见实战也如此强悍便更加器重班超，乃遣班超率一队精锐前往西域诸国游说，希望他们能够重新回到大汉的怀抱，不要再去搭理什么劳什子的北匈奴。

班超得到命令以后立即出动，第一站便来到了鄯善国。

鄯善国的国王一听说汉朝打算重新收回西域高兴得不行，当即便答应了班超，并用隆重的礼仪招待了他们。

可班超在鄯善国刚待没几天，鄯善王对班超一行人突然就开始变得冷漠了，从原来的一天一见变成了不再搭理，甚至连汉使一行人的伙食都变得差了起来。

精明的班超通过这种种迹象便断定一定是北匈奴人收到了消息，进而派人来威胁鄯善王来了。

于是，他和自己的一个心腹官员道："你不觉得鄯善王对我们的态度不如以前了吗？"

心腹："感觉到了，我到现在都不知道他的态度为什么转变得那么快。"

班超冷笑道："哼！这有什么难的，鄯善王态度转变得如此之快只有一种可能，那就是北匈奴的使者到了！所以他才开始惧怕，进而犹豫不决。"

那心腹一听这话有些慌张："那、那怎么办？"

班超："呵呵，英明的人善于……"

没等班超说完，砰砰砰的敲门声响起，紧接着便传出了鄯善侍者的声音："使者大人您好，今日的饭食送来了，还请汉使享用。"

一听这话，班超直接将门打开，一把抓住侍者的衣服将他拽了进来。

哐当，伴随着饭菜撒了一地及大门紧闭之声，那侍者吓得大呼小叫："汉使大人您要干什么？您要干什么？"

啪！班超一个耳光将啰唆的侍者打倒在地，然后抽出宝刀架在他的脖子上阴狠地道："再叫唤直接把你的脑袋切下来！"

冰冷的刀贴在自己的脖子上，阴狠狠如同吃人野兽一般的眼神不断地盯着自己，侍者吓得六神无主，赶紧把嘴闭上。

班超："我问，你答，敢有半句谎言，明年的今天就是你的忌日！"

侍者点头如鸡啄米。

班超："我问你！匈奴使者来了几天了，他们现在在哪里？"

侍者不敢有半点儿隐瞒，赶紧将这段时间匈奴使者的事老老实实地交代给班超。

话毕，班超将这侍者的嘴堵得严严实实，并将其五花大绑地藏到了地窖里。然后，班超命自己的心腹去周围酒店买了一大堆酒肉摆在府中，之后将三十六个精锐士兵全都召集在了一起请他们吃食。

酒过三巡，三十六名士兵已经面色潮红，说话也开始爆粗口了。班超见时机已到，便和这些士兵道："咳，咳，都安静一下，我现在有事要和你们说。"

班超："什么大人不大人的，现在各位都和我班超一样出使西域，属于同生共死的兄弟，是一荣俱荣一损俱损。我想各位已经发现了，之前对我们非常恭敬的鄯善王现在对我们已经冷淡了。你们知道为什么吗？"

一众士兵："不知道，还请大人明示。"

班超："那是因为匈奴的使者来了。"

一听这话，下面一众士兵不见半点儿慌乱，不过眼中的怒火却是无论如何都掩饰不住的。

见此，班超极为欣慰，不愧为中央野战军出身的精锐，遇事不慌，只想砍人。

于是，班超继续道："各位想一想，现在北匈奴的使者只不过来鄯善国几天，那鄯善王就对我等如此冷淡。照这种事态发展下去，我想不过几天他就会派人把我们全部抓获了。到时候我们只能落下一个葬身狼腹的下场，你们甘心吗？"

"怎么可能甘心？他鄯善王敢这么干我就冲上去砍死他！"

"大人你就说吧！你让我们怎么干？"

班超："不入虎穴，焉得虎子！现在已经入夜，正是那帮匈奴狼崽子入睡之时，我们现在便提着钢刀，拿着火把冲过去屠尽这些狼崽子！他们不知道我们有多少人，一定会吓得魂飞魄散，进而造成四散混乱的结局，那时候别说是一百来号人，就是三百人我们也都给他们宰了！一旦这些狼崽子被杀，鄯善王也就等于被我们拖下了水，到时候他就是不从也得从了。"

话毕，一众大兵直接抽出了腰中首环刀，哐哐地拍打着桌子以表决心。

不过这其中也有冷静的，只见一名士兵犹豫再三和班超道："大人这话说得不错，我是赞同的，不过是不是要先和郭从事商量一下呢？毕竟郭从事也是窦将军手下的红人，这事儿不经他的同意是不是不够妥当啊？"

班超："错了，这事儿恰恰就是不能让郭从事知道，郭从事是一个文官，没有经历过大世面，一旦听闻我等图谋必会反对，到时候消息泄露，我们必死无疑！"

刚才那名士兵想了想好像是这么回事儿，于是对班超深深一拜："大人说得在理，既如此，小人再无疑问。"

月黑风高夜，三更杀人天。

此时，北匈奴使者正在自己的营地之中呼呼大睡，不知死神已经一步一步地向他们逼近之中。

在他们的营地之外，班超一行人已经将其团团围住。班超却没有在第一时间动手，而是在等，一直在等。

突然，一股大风刮过，班超双眼一瞪，立喊"动手"。

他手下的那些大兵在这一声大吼之下以极为熟练的动作点燃了火把，然后嗖嗖嗖地扔向了北匈奴使者的营地。

一时间，在大风的带动之下，火焰迅速蔓延，一座又一座帐篷被火焰所焚烧。那些在梦中的北匈奴人皆被惊醒，一个个光着身子争相往帐篷外逃窜。可他们刚出帐篷，等待着他们的便是汉人手中的首环刀。

一个时辰以后，看着堆积在一起的人头，班超笑容绽放，衬托着此时血腥的景象，哪怕是见惯了大生大死的中央野战军士兵也不禁一个个直哆嗦。

第二日清晨，郭从事客馆。

咚咚咚，咚咚咚。

伴随着急切的叩门声，郭从事老大不乐意地从温暖的被窝中爬起："谁呀？这么早！"

门外声音响起："郭从事，是我呀，班超。"

一听是班超，郭从事虽心中不喜，但也只能前去开门。可当他看到满身是血的班超以及其身后满身挂着头颅的士兵的时候，他脸色瞬间大变。而等班超将事情的经过从头到尾告诉他以后，郭从事的脸色更是从震惊变成了阴沉。因为他知道，一旦杀死这些北匈奴的使者，鄯善王肯定不敢再和北匈奴有任何牵连，他们的任务就算完成了。可问题的关键是这一次行动和自己一点儿关系都没有，从头到尾全都是班超一人策划的，到时候自己岂不是一点功劳都没有？

想到这儿，郭从事的脸色才阴沉下来。

那班超岂能不知郭从事此时的想法，所以只是微微一笑，然后开门见山地道："郭从事，有一点我必须和您说明，之前行动不召唤您并不是瞧不起您的意思。那是因为您是文官，所以动手杀人这档子事儿并不适合您干。但我们都是一个团队，一荣俱荣，一损俱损，所以此次行动您也是占很大功劳的，我班超断不会独占此功，还请郭从事以后继续辅助我在西域的行动。"

这话一说，郭从事的脸色才逐渐舒展，然后和班超一行人一起面见鄯善王了。而当鄯善王看到满地的北匈奴头颅以后，再也不敢对班超一行人有半点儿不敬，当即宣誓从属于汉朝，并将自己的儿子派往洛阳为人质。

消息很快传到了窦固那边，窦固对班超此次的行动极为满意，当即上表朝廷，请赏赐班超。

汉明帝也非常高兴，如果能在有生之年将西域收回，那么自己这辈子文治武功就全齐了！

于是，汉明帝当即命班超为汉朝特使，全权负责此次出使西域的任务。

这还不算，汉明帝还让窦固全力支援班超，给他一定的士兵参与此次行动。

班超却不要这些士兵，用他的话来说，只要有"大汉使者"这个身份在，就抵得上千军万马，完全不用再行支援。

这话说得虽然提气，但是不是太猖狂了？用三十六个士兵就能收复整个西域？真的吗？我们拭目以待。

2.2 镇于阗、袭疏勒

收服鄯善以后，班超马不停蹄，继续前往本次出使西域的下一个目标——于阗。

那于阗王广德自从打败了莎车以后便称雄于西域南道，使得蒲奴单于大为恐惧，所以派兵至于阗国境线一带监视，以避免广德生出什么其他的心思。

广德非常张狂，根本就不理北匈奴士兵，在他心中，自己既不得罪北匈奴，也不得罪汉朝，就当一个中立户，你们俩谁也别想收服我。谁来我就和谁拼命。

基于此中心思想，他对班超一行人也非常冷漠，根本就没想归附汉朝。

于阗信奉巫术，不管决定什么都需要先问过巫师才行。广德也不能免俗，便将此决定告诉了巫师，让他请示神明，看看自己的决定是对还是错。

那巫师一顿跳大神，然后竟然抽搐在地，口中不停地吐白沫。

广德什么时候见过如此行径？当时就吓着了，赶紧派人给巫师治疗。

不一会儿，那巫师恢复了正常，然后极为惊恐地对广德道："大王！大王！神明震怒了！他要我问你，为什么要归附汉朝？"

广德赶紧道："哎呀，神明误会了，本王并没有想归附汉朝，只不过是问一问罢了！怎么会惹得神明生气呢？"

巫师："大王，您就是有这种想法都不行啊！难怪神明会生气。"

广德："那，那怎么办？如何才能哄好神明？"

巫师："这事儿好办！将汉朝使者团负责人的胯下坐骑杀了献给神明。那样的话就能表明大王的心智，神明就不会生气了。"

广德觉得有些道理，便派人前去管班超要马。不过他也不会失心疯地去抢，毕竟汉朝并不是他能得罪得起的，于是便让人去班超处好生劝导，如果能用一些财宝换过来就更好了。

就这样，那下人匆匆来到了班超处，将广德的意思和班超说了一下，希望班超能将胯下坐骑贡献出来。

班超手下那些人一听这话直接就炸毛了，班超却拦住了他们，并微笑着询问那下人事情的来龙去脉。

那下人不敢隐瞒，遂将事情的始末一股脑地全都告诉了班超。班超听完只是冷笑，然后对那下人客气道："请这位兄弟回去禀告你们大王，想要我的马没什么问题，不过需要那名巫师自己来取。"

那下人听后转身去了，广德沉思一阵后亲自去找了巫师，并将事情告诉了他，问他去还是不去。

巫师冷笑一声，然后直接带着一百来人去找班超了。

开玩笑，有什么不敢去的？我这么多人还怕他班超能翻起什么浪花来？

半个时辰后，巫师一行人来到了汉使团居住的客馆。本以为这些汉人会严阵以待，岂料班超却一脸微笑地牵着马在客馆门前等待。他后面的士兵也只有十多个，并且个个面带微笑，一点儿都没有要动手的意思。

见此，巫师放心了，便上前取马。

班超依然微笑着牵着马走向巫师。

可就在将马绳递交给巫师的那一刹那，班超迅速抽出手中短刀，银光闪烁，噗的一声，鲜血如泉涌外流，巫师的头颅直接飞上了天空，继而被班超一把抓住。

与此同时，在这些于阗士兵的后方突然冲出二十多名手持兵刃的汉兵，他们和班超身后的汉兵将这些于阗士兵团团围住，喝令他们放下手中的兵器。

结果，丧失领头人的一百来号于阗兵竟真的放下了手中的兵器。

见此，一身是血并提着巫师头颅的班超对这些于阗兵道："你们也不用想太多，我不会动你们，更不会出城逃走。"

话毕，班超竟提着巫师的首级直奔王宫而去。

这之后，班超见到了于阗王，其间和于阗王到底说了什么史无记载，但就在这次对话以后，于阗王彻底归附了汉朝，并派遣士兵攻击了边境的北匈奴兵，将他们全都打跑了，以此向汉朝投了投名状。

从此，班超一行人便驻扎在于阗，准备下一步行动。

公元74年三月，通过这一段时间在于阗收集的情报，班超已经对整个西域形势了如指掌，于是，他将下一个收服的目标定在了疏勒身上。

为什么是疏勒呢？因为这时候的疏勒国王并不是一个疏勒人。

前一段时间，龟兹王仗着有北匈奴撑腰（此龟兹王就是北匈奴拥立的），遂出兵攻击疏勒。最终将疏勒击败，并斩杀了疏勒的国王。

可因为有莎车的前车之鉴，他们也没敢吞并疏勒，不过却立了一个叫兜题的龟兹人为疏勒王，意图慢慢同化他们，多年以后再彻底统一。

基于以上，疏勒国人对这个叫兜题的"疏勒王"非但没有半点儿认同感，还充满着仇视。

班超就是抓住这一点，这才将下一个目标定为疏勒。

三月，班超一行人抄小路进入了疏勒境内，当他们行至距疏勒都城九十里的时候却停住了脚步。

班超对一名叫田虑的心腹道："你现在就率十人进入都城，以我副使的身份招降兜题，兜题不是疏勒人，还和北匈奴有所勾结，铁定不会投降，到时候你就给我擒住他，然后派人前来禀告我，我去善后！"

这任务是一个极为艰难且危险的任务，稍有不慎便会命丧黄泉。可田虑却没有半点儿犹豫，对班超深深一拜便带人前往疏勒都城了。

此时，疏勒都城之中，兜题很明显正在和下面的臣子争论着什么。可就在这时候，一名下人跑了进来："禀大王，汉朝使者来了。"

一听这话，兜题大惊，慌忙问道："来了多少人？"

下人："只有十一人。"

一听这话，兜题很明显松了口气，继而问："领头的是谁？可是那班超？"

下人："并不是，领头的是一个叫田虑的人，据他自己说是班超的副使。"

不是班超带队，兵力还只有十个人。听到这儿，兜题彻底地放下心来，带着一行人前往迎接田虑。

毕竟不管如何这都是汉朝使节，能不得罪还是不要得罪。

可让兜题崩溃的是，这田虑根本就不按常理来，双方坐定以后还没等交谈，田虑和其手下便砰的一下冲了过来，在众人全无防备之下冲到了兜题面前，直接将钢刀架在了兜题的脖子上。

蒙了，田虑突然的行为让全场皆蒙。

可过了一会儿，一众人都恢复冷静以后，兜题料想的场面并没有出现。除了几个从龟兹跟过来的心腹以外，其他人的眼神中并没有多少紧张。相反地，还伴随着无尽的兴奋之意，好像是抓到了救命的稻草一般。

见此，田虑笑了，他对着场下众人（尤其是那几个龟兹人）道："各位不要紧张，我们既然身为汉使，就不是什么草菅人命之辈，如果能和平解决问题当然是最好的，不过如果你们敢妄动的话，你们的国王什么下场我就不敢保证了。"

话毕，手中钢刀更是往兜题的脖子上紧了几分。

场下的疏勒人没有一个作声，只有那几个龟兹人赶紧道："上使慢来，上使慢来，我们绝不动，绝对不动。"

田虑微笑着点了点头，然后对手下的一名士兵道："去，赶紧告诉大人，就说已经得手，让他马上前来善后。"

"是！"

那士兵匆匆而去。然后，只半天多的时间，班超一行人便风尘仆仆地赶来了。

此时的会场人声鼎沸，几乎所有的疏勒官员都在当场。班超笑着走到了田虑身边，然后对场下的疏勒官员们诉说着兜题那不怎么合法的身份以及他统治期间的种种无道行为。

这兜题的身份是绝对"不合法"的，所以当班超提议立已故疏勒国王哥哥的儿子忠为疏勒新任国王时，满场上下的臣民全都高举双手欢呼。

两个时辰以后，在班超的亲自主持下，忠被立为新任的疏勒国王。

这时候，忠和在场诸位大臣除了对汉朝表示忠诚以外，还请求班超将伪王兜题当场斩杀。

可班超严词拒绝了。非但拒绝，还当场将兜题释放并备足路上干粮。因为班超觉得，现在汉朝唯一的敌人只有北匈奴而已。至于西域诸国，则只要求他们归附，所以不宜多树敌人。

况且那兜题在龟兹也是相当有身份的人，将其释放足以对龟兹表达自己的善意，为下一步收复龟兹做准备。

同时，有龟兹在疏勒身边还能使疏勒更加紧抱汉朝大腿，让它对汉朝更加服从。所以班超此举属于一石二鸟之计，不可谓不高明。

至此，鄯善、于阗，以及一些依附于他们的小国再次投入到大汉的怀抱，大汉，正一步一步重夺西域的控制权。

2.3　重建西域都护

同年三月，也就是班超刚刚平定了疏勒之后，西南夷白狼、槃木等诸多种部皆遣使者前来洛阳拜见汉明帝，并献上供品表示对汉朝的臣服。

同月，汝南太守鲍昱进京任司徒一职。（姓名：鲍昱。字：文泉。籍贯：上党屯留。特征：清廉、擅长治理地方、以仁政爱民著称。经历：上党太守亲自登门请求他担任高郡县令—调任沘阳县县令—因为前两地治理得相当不错，所以被升为汝南太守—政绩突出，仁政名声传遍全国，所以被任命为司徒）

五月，天降祥瑞，全长安的官员皆在朝堂之上向汉明帝歌功颂德。可汉明帝不敢居功，认为这并不是自己的功劳，而是天下百姓和臣子们共同努力的结果，乃对朝中臣子大加赏赐，并赐予天下百姓粮食。

八月，诏令武威、张掖、酒泉、敦煌及张掖属国的一众地方，凡有在押犯肉刑以下之罪者，统统释放，让他们到军营里面去充当士兵守边。

十一月，见西域方面的局势在班超的处理下越来越好，汉明帝决定派遣大军攻击身在西域的北匈奴军队以及现在还附属于北匈奴的车师王国。

于是，在这个月，汉明帝派奉车都尉窦固、驸马都尉耿秉及骑都尉刘张率一万四千正规军出敦煌昆仑塞，向西域进发。

部队首先在蒲类海一带打败了驻守白山的北匈奴军，然后一路进发，大军顺利地抵达了车师国领土。

那车师国共有前后两个王庭，相距五百里。

窦固认为后庭之地路远，山谷险要，便打算步步为营，先拿下前庭以后再攻后庭。但耿秉却不这么认为，他对窦固道：

"将军！如果先攻前庭，势必会耗费相当的时间和粮草。并且，在我们耗费心力攻下前庭以后，这些车师人也会撤退到后庭继续和我们顽抗。到时候想要拿下车师国将会更加艰难。最重要的是，车师国为北匈奴在西域的死忠，蒲奴单于必会对其力保，援军也会源源不断地过来。到时候，别说拿下车师国，我们汉军都有可能会折在这里。所以，末将建议，只留一部分部队围困前庭，其他的部队则直接绕到后庭去！只要后庭被灭，前庭守军必士气溃散，不战而降！"

耿秉说得振振有词、气势汹汹，很有些当年耿弇的风采，可窦固是一个老成持重的将领，对于耿秉这种冒险一般的打法是很不赞同的。可人家耿秉说的也确实有几分道理。基于此，窦固默然当场，一时间左右为难，不知如何是好。

见窦固如此模样，耿秉很是愤怒，当场便站起来吼道："将军若质疑本将的决定，那么就请在前庭继续等待吧，本将去也！"

说完，根本不等窦固回答便带着所属部队奔向了车师后庭。

见耿秉所部不经自己同意便愤然出发，窦固虽然生气，但也只能按照耿秉的谋划派一部主力跟着他往车师后庭而去，反正最后要是失败也全都是耿秉的责任，怎么都赖不到自己身上。

可出乎意料的是，那车师后王根本就没想到耿秉会越过车师前庭直奔他而来，所以全无防备，直到汉朝大军已经进入自己的国境线以后才突然知晓，所以仓皇集结军队前往迎击。

汉朝的正规军，不管是西汉还是东汉都是当时世界上最强大的作战集团之一，根本就不是谁都能抗衡的。他车师后王因为自己的不谨慎，已经丧失了地利的主动权，这时候不打坚壁清野的战斗，反而在野外和汉军较量，那结果我也就不多说了。

全歼了车师后庭的部队以后，车师后王吓蒙了，当即率全城官员出迎耿秉，向汉朝投降。

耿秉派一部分驻军驻扎车师后庭后，直接率部队原路返回。

当耿秉和窦固重新会师以后，车师前王也听说了车师后王投降的消息。此消息一到，不仅仅他崩溃了，全城的士兵和百姓也崩溃了。于是，车师前王放弃了抵抗，直接向汉军投了降。

至此，北匈奴在西域的绝对死忠车师国也重新回到了汉朝的掌控之中，现在西域还依附于北匈奴的城邦国已十不存一。

汉军归去以后，汉朝在西域的掌控力绝对超过了百分之五十，基于此，窦固上书洛阳，请求在西域重新设立西域都护一职。

汉明帝当即批准，并任陈睦为西域都护，将司马耿恭为戊己校尉。

此举让天下人都看出了汉朝今后的意图，那就是要再次全面性地掌控西域。

2.4 金蒲城奇袭战

公元74年十二月，汉朝改天水郡为汉阳郡。

公元75年二月，窦固等得胜之师归还洛阳，全城人民夹道欢迎。可就在大军刚刚返还洛阳之时，北匈奴蒲奴单于突然聚集两万轻装骑兵攻打车师国。北匈奴军团迅如疾风，只几天的工夫便攻破车师后庭，并将后王杀死，一顿疯狂掳掠之后便冲向前庭。

前庭国王大惧，急速遣使往西域都护处寻求庇护。

这一次，陈睦收到消息便派耿恭前去救援了。那么耿恭带了多少人呢？

三百人！

三百西域都护驻军对两万匈奴骑兵，不敢想象战场上到底发生了什么，史书上也没有对此次战役有什么记载。只知道最后耿恭所带领的部队除了他自己带着几个士兵逃亡以外，其他的士兵全部战死沙场。

耿恭成功逃脱以后却没有直接逃回西域都护府，而是进入了北匈奴进攻车师前庭的必经之路——金蒲城里面（今新疆维吾尔自治区吉木萨尔县北）。

进入金蒲城以后，耿恭以大汉戊己校尉的身份动员整个金蒲城的百姓抵抗匈奴的进攻。

也许是耿恭的动员太煽情了，也许是想要保护自己的妻儿和财产，金蒲城中全城百姓在耿恭的动员下一个个积极备战，誓死和金蒲城共存亡。

公元75年十二月下旬，轰隆隆的马蹄声将大地震得咚咚作响，马蹄所踏起的沙尘遮天蔽日，无数的匈奴骑兵好像蝗虫一般，直接将金蒲城团团围住。

那些在城上手持兵刃的百姓们不自觉地双腿打战。有的百姓甚至一边哆嗦一边尿湿了裤子。可他们的眼神却异常坚定，双腿虽然在不停地发抖，双手却死死地攥住兵刃不肯松手。

就在这时，耿恭死死地抓着一把大弓，一步步走上了金蒲城的最高处。他慢慢从背后抽出一支箭矢，然后死死盯着这支箭矢默默地道："就看你的了！"（注：箭矢上面涂满了汉朝新近研制的毒药，此药无色无味，毒性极其霸道！实乃杀人越货之神器）

话毕，耿恭直接将箭矢上弦，然后对一旁的传令使了一个眼色，那传令将手中帅旗举起！紧接着，早已经得到命令的全金蒲城百姓拼了命地狂喊："天赐神箭，中者必死！大汉神威，与天同齐！"

嗖！

伴随着一声破空之声，此箭矢直接射中了城下一名匈奴将军的肩膀，那北匈奴将军一声冷笑，直接砍断了箭支。

可就在他想让人给自己治疗的时候，却发生了让人极度惊恐的一幕。只见这匈奴将军的伤口越来越大，之后，里面的血肉好像开水一般沸腾。

最后，这种沸腾开始扩散，北匈奴将军的脸、大腿、身体都开始出现一个个小泡，这北匈奴将军直接跳下了战马。一开始疼得满地打滚，后来，这种疼痛转化为奇痒。他不停地挠不停地抓，直到将自己抓得皮开肉绽，直到不再动弹。

此种情景太过于瘆人，一旁的北匈奴人全都傻了，不知道是何种毒药如此霸道。更吓人的是，经过匈奴医生的诊断以后竟然没有发现箭矢上有任何毒药，这不禁让北匈奴人浮想联翩，难道汉人真的有天神相助？

只这一下，北匈奴士气暴跌。与此相反，金蒲城上的百姓则是大声喊叫，如同疯了一般。

北匈奴将军大怒，令全军对金蒲城展开潮水一般的进攻。

但金蒲城在耿恭的指挥下固若金汤，那些老百姓又一个个地拼死作战，最重要的是匈奴人不擅长攻城。所以综合以上，人数上占据绝对优势的北匈奴人竟然一连几天都没有丝毫建树。

而几天以后，突然天降大雨，此大雨一连几日不绝，北匈奴人只能被迫扎营，进而让金蒲城中的百姓得以喘息。

这不禁又让北匈奴人感叹："汉朝真的得到了老天的帮助。"

此时，大雨连天，如同瀑布一般疯狂向下灌浇，甚至连五米开外都看不到实景。北匈奴人正百无聊赖地待在温暖的帐篷里。

可这时候的金蒲城，一个又一个手持兵刃的老百姓却在耿恭的带领下集结于城门之下。

慢慢地，金蒲城的城门被悄无声息地打开。然后，这些百姓如同幽灵一般悄无声息地向匈奴人的中军大帐靠近。

而这时候，几名北匈奴士兵冒着大雨，正一边站岗一边骂骂咧咧。可就在这时，突然在前方的暴雨之中冲出了数十名壮汉，他们拿起手中兵器就是噗噗噗噗地一顿狂捅。

那北匈奴士兵还没等喊叫便已经被捅成了马蜂窝，一命呜呼。

之后，耿恭率领这些士兵直接冲进了北匈奴的大帐，见到帐篷就往里冲，见到北匈奴人就是一顿狂砍。一时间，整个北匈奴大营哭喊声一片，顿时乱作一团。因为有大雨阻挡视线的关系，人踩人、人伤人更是不计其数。

耿恭见计划已经成功，不敢继续深入，便带领着部队趁乱悄悄溜回了金蒲城。

第二日，当匈奴主帅清点人数的时候惊讶地发现，自己的士兵竟然损失了数千人之众。这让他简直不敢相信自己的耳朵，而其他的匈奴将军听到了这个数字以后更是吓得哆哆嗦嗦。剩下的士兵就更不用说了，士气已经低得不能再低。如果这时候有其他的西域国家趁机从后面偷袭他们，那北匈奴的这支部队就完了。

基于以上，那北匈奴将领虽不甘心，但也只能带领士兵撤退了。

金蒲城奇袭战，这场史诗般以弱胜强的战役就这样告终了。此战以后，汉朝的威名更是响彻西域，当时的西域人都认为，曾经那个冠绝天下的汉朝又回来了。

2.5　第五伦

公元75年三月，因为近一段时间不停地对外用兵，使汉朝国库的储蓄逐渐减少，汉明帝乃下诏天下，允许在逃的罪犯缴纳财物来抵消自己的罪过。犯有死罪的，缴纳布匹三十便可；犯有肉刑的，需缴纳十匹。至于肉刑以下则为五匹。

同年六月，一颗彗星从天空中划过。

八月，汉明帝崩于东宫前殿，享年四十八岁。

汉明帝在位期间，国家经济稳定增长，百姓吃得饱、穿得暖，每天都小心翼翼地活着，生怕触犯了法律，而葬送自己的幸福生活。

汉明帝在位期间，国家法律虽然逐渐严苛，但很少有人去质疑汉明帝的决定，因为他在位的时候，国家富裕，百姓幸福。

汉明帝在位期间，北面边疆极少发生动乱，高句丽、鲜卑、羌族、南匈奴等少数民族全都对汉朝俯首称臣。

汉明帝在位期间，已经和汉朝断交多年的西域也一点一点回归汉朝的掌控之中。

汉明帝，他虽然喜怒无常，但那都是害怕被臣子抓住心理而伪装出来的假面具。

汉明帝极为勤政，每日的奏折都要批复完毕才会安心睡觉，有的时候和臣子一讨论政事就会从早到晚。

汉明帝虽然没有光武帝那样光芒万丈，但真正为汉朝所做的事情，比较光武帝也没有太大的差距，这就是汉明帝，一个值得被后人称赞的皇帝。

汉明帝驾崩以后，十八岁的太子刘炟正式继承了皇位，这便是人们所说的汉章帝，是为东汉第三任皇帝。

汉章帝继位以后，册封后母马皇后为皇太后。可还没等他展开下一步动作，洛阳皇宫的门口突然乱作一团。

原来，自汉明帝的死讯传出来以后，马氏那些和马太后血缘比较近的兄弟们便直奔后宫而去，希望在汉章帝官场大换血之前拜见马太后，能给他们马家留几个重要的位置。

那汉章帝对于马太后的感情整个洛阳谁不知道？所以众人都认为马家的春天来了。马家人自己也是这么认为的，所以他们肆无忌惮地往皇宫里面闯，自认为没有人敢拦他们。

可还真就有人敢！其中有一个叫杨仁的就死活不让这些马家子弟进入皇宫之中。

那些马家人多放狠话，可没有什么用，杨仁油盐不进，就是不让进，要是敢硬闯，一个首环刀便砍下来人的头。

无奈，这些马家人只能恨恨而去。

当时，杨仁的同人们都认为杨仁完蛋了，可让众人大跌眼镜的是，杨仁非但没有完蛋，反倒是被汉章帝器重，进而派到地方充当县令历练。

其实这并不是汉章帝不想提拔马家中人，而是他知道，现在自己刚刚继位，这时候就提拔母亲的氏族不但不是帮他们，反而是害了他们。所以，在一段时间以内，汉章帝都没有提拔马氏一族。

而马太后呢？也对汉章帝的这种行为非常满意。

同月，汉章帝安葬了汉明帝。

十月，汉章帝大赦天下。

同月，汉章帝任命赵熹为太傅，司空牟融为太尉，并让二人辅助自己掌管尚书台诸多事务。这也就是说，东汉皇朝从汉章帝这时候开始便已经放权了，皇帝已经不是将一切都抓在手中了。这对皇权的集中是一个非常大的打击。不过说实话，这也不能全怪汉章帝，毕竟这世界上并不是所有人都是光武帝和汉明帝那样的劳模。

十一月，汉章帝又任命蜀郡太守第五伦为司空，让他辅助自己工作。

第五伦这个人，在汉章帝一代具有相当足的戏份，我们以后还要多次提及，所以先详细地介绍一下。

第五伦，字伯鱼，京兆长陵人，为战国时期齐国田氏的后裔。因为战国结束以后，很多田氏家族的人都迁徙到其他地方去了，为了以后能够辨认支脉族人，这些田氏族人便以次序为姓氏。

第五伦从小的时候就非常聪明，难能可贵的是他还意志坚定，专一而有义行。

王莽末年，天下大乱，宗族之人都争相去投奔有实力的割据政权，只有第五伦带领着自己的族人统领本地的百姓，在本地构造营垒，安心种田。一旦有武装政权前来抢夺他们的财物，第五伦就会带领百姓和族人坚壁清野，奋勇抵抗。

在长年累月的战斗中，那些本来不会打仗的百姓们也学会了拉弓射箭，学会了如何才能将那些爬上壁垒的敌人捅下去。

久而久之，第五伦所驻守的壁垒竟然守出了名堂，连铜马和赤眉这种大势力都争相拉拢。

可第五伦认为这些人都是一些趁天下大乱祸国殃民的贼人，根本就不认同他们，所以严词拒绝。

此举将两大势力激怒，进而派出士兵对第五伦进行征讨。

可让人大跌眼镜的是，这两股势力接连不断对第五伦发动狂攻几十次，却没有一次杀进壁垒之内，全都被第五伦给怼了出去。

当时天下大乱，每个人身边都有不少敌人，更别说铜马和赤眉这种大势力了。他们根本就没有时间继续和第五伦扯皮，所以也就不再去找第五伦的麻烦。

可经此一役，第五伦之大名却响彻东方，这以后竟再没有一个人敢去攻击第五伦的壁垒。第五伦和他的族人以及百姓得以安然避过乱世。

后来，天下大统，光武帝力图中兴，经常颁布一些利国利民的诏书。第五伦每次阅读光武帝诏书的时候都会感叹地道："这真是一名圣明的皇帝啊，假如能让我见他一面，就能决定天下大事！"

第五伦的朋友听到这种言论，都被逗得哈哈大笑："你小子连一郡之长都见不到，上哪儿去见当今圣上？"

面对着朋友的嘲笑，第五伦并没有发怒，只是轻轻一笑，一句"道不同"便挥袖而去了。

公元51年，第五伦以孝廉的身份入京，进而被任命为淮阳国医工长，随淮阳王一起就国。在临走之前，淮阳王携一众官员共同拜见了光武帝。其间第五伦并没有任何机会能和光武帝对上话。

可就在淮阳王一行人离去以后，光武帝却挥挥手将身边的一个官员叫了过来，然后询问道："淮阳王左手边第三个人是谁？"

那人赶紧道："启禀陛下，这人是淮阳王的医工长第五伦。"

光武帝点了点头，默默地道："第五伦吗？这不是个简单的人啊。"

公元55年，经过了四年的时光，第五伦已经成了淮阳王手下的第一心腹。

而就在那一年，也只有第五伦一个人随同淮阳王往洛阳向光武帝述职。

光武帝这个人，他有可能不记得自己的一些小事，但有关国家和人才的事，他没有一件是不记得的。

这不，当看到第五伦的第一眼，他便认出这就是四年前的那个小子。于是，光武帝饶有兴致地询问他一些政治问题。

那第五伦一旦讨论起为政之道便滔滔不绝，并且所说之事皆直击要害。光武帝因此大悦，独留第五伦与自己商讨政事，并且这一聊就是整整一天。

次日，光武帝立即任命第五伦为一县之长，让他脱离了淮阳王。可就在任命状刚刚发出去没多长时间，第五伦还没等赴任的时候，光武帝又后悔了。因为他觉得，凭第五伦的聪明才智，只当一个一县之长实在太屈才了，便马上否决了之前的任命，改任第五伦为会稽太守。

汉朝的官员，基本上都是从一县之长开始慢慢干起，像第五伦这样直接一步到太守的不能说没有，但实在是太少了。由此可见，光武帝对于第五伦是相当器重的。

会稽太守，一郡之长，在本地有着不可动摇的权威。特别是在会稽这种山高皇帝远的地方，说是一方土皇帝也不为过了。可第五伦上任以后，非但不贪污半块铜板，每次发放俸禄都只留自家一个月的伙食，剩余的粮食全都发放给了本地那些穷苦大众。那么第五伦为什么要这样做呢？难道是为了收买民心，进而为自己的仕途做铺垫？

不对，收买民心是真的，但他最主要的目的却是要改变会稽郡的一些恶劣风俗。

会稽郡，位于我国东南浙江、福建一带，占地面积虽然很大，可那时候的"浙江"和"福建"可不是像现在这样富庶，而是瘴气遍地，各种蛮荒，那里的百姓也是文化极低，如同野人一般。

在会稽郡，人们不管做什么都会请示上天、占卜问卦。百姓们哪怕自己饿肚子也会拿出大量的粮食来祭祀天神恶鬼。如果有谁胆敢为了填饱自己的肚子而不祭祀天神，那么他就将受到所有人的制裁。

这种恶劣的风俗让本就不富裕的会稽郡越发穷苦，可因为本地的百姓们实在是陷得太深了，所以历代会稽郡的太守们根本就管不了也不敢管。

所以这事儿也只能一点儿一点儿地拖着。

可第五伦却不这样想，他不想拖，他一定要将这种恶劣的风俗改变过来，要让会稽郡的百姓们吃得饱、穿得暖。可同时他也知道，想要杜绝这种风俗，绝不是靠武力能成功的。

所以，当他成为会稽太守以后，拼了命地收买人心。

果然，一段时间以后，整个会稽郡的百姓都对第五伦爱戴有加，每个人见到第五伦的时候都会真诚地对第五伦深深作揖。第五伦知道，时机到了。

于是，在某一天，第五伦突然向整个会稽郡的百姓发布告示，禁止巫蛊之术，并狠狠限制了百姓祭祀鬼神所用的粮食数量。至于牛羊肉，那就更不用说了，一律禁止拿来祭祀鬼神。

一开始，第五伦受到了很大的阻力。那些曾经爱戴他、尊敬他的人都变成了他的敌人，甚至有的人都开始恐吓他并试图暗杀他。但这一切都没有阻挡得住第五伦的改革，反倒是让第五伦的改革之心更加坚定。

最后，也不知道用了多少年，第五伦将会稽郡的这些恶俗彻底地清除掉了。从这以后，会稽郡百姓的生活水准大大提高，他们也没有受到所谓鬼神的报复。直到这时候，这些老百姓才真的知道了第五伦的好。

于是，会稽郡的百姓更加爱戴第五伦，说把第五伦当成父母来看待都不为过了。

可这种好日子没有持续多长时间便被打破了。

公元62年，第五伦不知道犯了什么事情，被朝廷召回洛阳并关到了洛阳的大狱之中。

会稽郡的老百姓们听说了这件事情以后非常伤心。他们组团而行，不远千山万水前来洛阳为第五伦喊冤，廷尉府门前每天都蹲着一千多人哭天喊地。这事在洛阳一时间成为佳话。

可让汉明帝就这样放了第五伦那是绝对不可能的。当时汉明帝正在查处梁松的案子，也有很多人为梁松上诉。所以汉明帝干脆谁也不管，就是不放人。

后来，梁松被处死。第五伦因为罪责不是很大，所以被削为平民，放回原籍。

但那第五伦并没有像梁松一样怨天尤人，反倒是一副不在乎的样子。回到原籍以后一天到晚地种着他那点儿田，不和任何人交往。

几年以后，大概是因为汉明帝也觉得就这样放弃有才的第五伦实在太浪费了，便又任命他为宕渠县的县令。结果第五伦到宕渠县没多久，宕渠县便教化大兴，百姓丰衣足食。

四年以后，因为第五伦政绩卓著便又被提拔为蜀郡太守。其在蜀郡任职七年，其间罢免贪官污吏，致力于民，蜀郡在他的带领下经济年年向上蹿升。

基于此，汉章帝上任以后没过多久便将第五伦提拔为司空，让其协助他处理日常事务。

可谁知第五伦一上任便对马氏一族极为鄙视，认为这一族之人尽是朝中的蛀虫，便上书汉章帝，希望汉章帝能够大削马氏之权势，不要重蹈前朝王氏之覆辙。

虽然汉章帝最后并没有答应第五伦的奏请，其不畏权贵的名声却在第一时间便响彻朝廷。

第五伦奉公尽节，议论国事从来都是直来直去，毫不兜圈子。不管皇帝是爱听或是不爱听。

他的儿子们经常因为这档子事劝第五伦，让他拣好听的说，以免遭受杀身之祸，可每次都被第五伦骂得狗血喷头。

朝中很多清流都对第五伦极为敬佩，甚至有一名官员在一天询问第五伦，问他到底有没有私心。由此可见这个第五伦到底清廉到了一种什么样的地步。

2.6 顽强的耿恭

公元75年十一月，也就是第五伦就任司空几日以后，焉耆和龟兹两个西域邦国突然对大汉西域都护府发动袭击。

陈睦事先全无准备，遂被焉耆、龟兹联军成功突入，以致全军覆没。

与此同时，北匈奴也在同一时间配合两国出兵。

蒲奴单于分兵两路，一路在柳中城包围了己校尉关宠，另一路则在某城包围了戊校尉耿恭（史料未载此时的耿恭到底是在哪个城池之中）。

关宠和耿恭听说西域都护府的驻军被全歼以后极为惊慌，所以一边抵抗北匈奴的进攻，一边派遣使者往洛阳请求援军。

而这时候汉明帝刚刚死去还不到一年，汉朝国丧未过，不宜出兵，便将此事暂且放下。

结果西域那边，车师王见汉朝没有援兵，惧怕蒲奴单于砍掉他的脑袋，当即便投了降，重新回到了北匈奴的怀抱中去。

于是，北匈奴部队攻击关宠和耿恭更加紧迫。关宠是如何防守柳中城的史料并没有记载，不过耿恭是如何防守此城的，史料可是记载得真真切切。

为了守住自己的城池，耿恭亲自登上城墙，率领为数不多的汉军拼死抵抗北匈奴人如同潮水一般的猛攻。

一日、两日……两个月。

两个月以后，某城的粮食已经被吃尽了，汉军没有兵粮，耿恭便带着士兵们用水煮铠甲弓弩，吃上面的兽筋皮革。

又是几日以后，某城的汉军们饿死的饿死，被射死的射死，现在跟随耿恭守城的士兵只有将近一百人而已。蒲奴单于非常喜爱耿恭这等有能力并且有气节的人，所以派遣使者前往面见耿恭，希望耿恭能够投降北匈奴。岂料耿恭誓死不从，还反过来将那个北匈奴的使者给绑到架子上烤了。

蒲奴单于因此大怒，当即命令全军继续对某城发起猛攻。

而耿恭真就用这将近一百名士兵死死防住了北匈奴的进攻。就这样，一天，两天……终于，这该死的公元75年过去了，时间来到了公元76年正月。

此时，国丧期已过，洛阳宣德殿正展开一场激烈的争辩，其论题自然是该不该去救援关宠和耿恭。

第五伦认为，现在北匈奴数倍于汉军的部队已经攻击关宠和耿恭两个多月了，这么长的时间，哪怕是天神在世也已经失败了。而汉军劳师动众地前往西域必定耗费巨资，所以真的没有必要再去救援。

可司徒鲍昱却站出来闷哼哼地道："第五伦司空这话说得不对，关宠和耿恭是我们汉朝派到西域的脸面，我们将人家送到了危险艰难的地方，如今发生了紧急事件就弃之不顾。这叫什么？这对外叫纵容异族暴行，对内叫弃我朝臣子于不顾。如果这样的话，以后异族再犯边境，还有谁敢出兵打仗？还有谁敢替我大汉卖命？这简直太荒谬了。"

话毕，第五伦沉默不语，好像是在低头思考着什么。过了一会儿，第五伦对鲍昱深深一拜，郑重地道："受教了。"

见此，鲍昱一愣，接下来要说的话直接憋到了肚子里，反倒是又对第五伦一拜，表示自己刚才的语气也有些重了。

汉章帝则道："司徒说得很有道理，那依司徒之见，我们应该如何救援呢？"

鲍昱继续道："我建议，立即派遣敦煌、酒泉两郡精锐骑兵两千人，每人多带旌旗，造成数万士兵的假象，然后加快速度日夜兼行，前往西域救援关宠和耿恭。这时候的北匈奴部队已经攻击两地多日，料想必定人困马乏，一战便可定之！"

话毕，汉章帝当即批准，并于当日任段彭为援军主帅，征发张掖、酒泉、敦煌三郡精骑七千人前往西域救援。

援军第一站，车师国。

此时，车师前后两王听说汉朝的援军已经兵临城下的消息后非常害怕，当即前往拜见，跪地痛哭诉苦，重新投降了汉朝。

段彭兵不血刃地收复了车师以后继续向柳中城挺进，打算率先救援关宠。

可让人无奈的是，此时的柳中城已经成了人间炼狱。里面的百姓、汉军，连同关宠都成了干瘪的死尸。见整个柳中城都已经成为人间炼狱，段彭眉头紧锁，一脸的阴云，不知道他现在心中到底想的什么。

其谒者王蒙见段彭开始犹豫不决，便在一旁道："将军，据我所知，据守某城的耿恭兵力还不如关宠，现在关宠都已经被杀死了，耿恭还能好得了吗？试问如果现在耿恭都被歼灭的话，北匈奴的部队还能是疲劳之师吗？恐怕早就养精蓄锐好了，并布置好陷阱，就等着我们往里面跳了吧。"

段彭道："那你的意思是？"

王蒙道："小人的意思是，反正我们这次救援已经重新夺回了车师，算是完成任务了，不如就此东返，这样……"

"胡扯！"

没等王蒙这话说完，曾经担任耿恭手下将官的范羌便跳将起来指着王蒙骂道："陛下这次派我等前来是为了救援关宠和耿恭两位将军！并不是平定什么劳什子的车师！你小子根本就不了解耿将军的实力，凭什么在这儿大放厥词？信不信我现在就致信陛下参你一本？让你现在就死在军营！"

这话说完，范羌双眼杀气腾腾，好像一句话不对便要举刀砍人一般。

本来还想反驳两句的王蒙见范羌如此样子，当即便将肚子里的狠话憋了回去。见此，段彭打圆场道："好了好了，两位都不要再行争吵了，现在不是内讧的时候，既然如此，那我们就按照原计划，向某城行进，不过行军过程中要减慢速度，避免中了北匈奴人的埋伏。"

一听这话，范羌又跳将起来，一脸不乐意道："将军此言差矣，现在正是危难之时，时间更比金钱，这种时候怎么能缓慢行军？将军要知道，朝廷的命令可不是让我们缓慢前行，而是日夜兼程！"

话毕，段彭的脸色开始变得阴沉了，不过朝廷的命令确实是这么下的，他又不能说什么，于是对下面的将领道："既如此，我可给诸位两千精锐先行前往，我则率主力在后接应，不知谁愿意前去打这个前锋呢？"

场下诸多将领你看看我我看看你，谁都不敢打这个前锋。

见此，范羌直接揽下了这个极为艰难的活，当即便率领两千精锐前往救援耿恭。为了能够节省时间，范羌特意走的山北之路。此路常年被大雪覆盖，异常难走，可援救之军不畏艰难，硬是在满是积雪的道路中闯了出来，以最快的速度到达了某城的外围。

此时，某城中，天色已晚，本来还有将近一百人的汉军现在只剩下可怜的二十六人。他们饿得皮包骨头，好像骷髅一般。主将耿恭也和这些士兵一样狼狈，可他那双眼睛却异常坚定，始终警戒着城外的动静。

可就在这时，远处一团黑影正慢慢向某城接近，这团黑影越来越大、越来越大。拥有丰富作战经验的耿恭一看就知道这是一支不下千人的骑兵部队，于是马上向全城士兵下令警戒。

可这些骑兵在即将进入汉军射程之时却停下了脚步。不一会儿，一名看似是将领的人单骑走到了城下，然后带着哭腔对城上的耿恭喊道："大人！是我！我是范羌啊！"

一听这话，耿恭全身狠狠一颤，然后迅速将一旁士兵手上的火把抢了过来。经仔细辨认，确认城下之人确实是范羌以后，耿恭近乎嘶吼地对一旁士兵道："快！快开城门！快开城门！"

刺啦，伴随着城门打开的声音，两千汉朝骑兵缓缓进入了某城中，他们倒是没什么心理波动，要说有，也就是终于到达目的地了。可当他们看到城中那残留的二十六名士兵的时候，他们被震撼得无以复加。因为这些士兵现在的状态连乞丐都不如。天知道这些日子他们经历了什么。更让这些士兵感动和震撼的是，城中这二十六名士兵看到他们以后直接冲了上来，抓住一个士兵便紧紧拥住，如同嘶吼般地哭泣："你们终于来了，你们终于来了，我们以为你们不要我们了。"

此情此景，使得那两千多士兵无不潸然泪下。而范羌更是直接走到瘦得已经不成样子的耿恭面前，哐当一下跪下道："末将来晚了，将军您受苦了。"

就这样，耿恭终于迎来了他们的救星。但现在还不是高兴的时候，要知道，范羌一行人是趁着夜色偷偷潜入的某城，他们必须在北匈奴人发觉之前撤出某城，和段彭的主力部队会师，那时候才能算是真正的安全。

于是，这些人只稍微休息了半个时辰便策马而去了。

第二天一早，正当蒲奴单于打算继续对某城发动攻击的时候，却见此城已半个汉兵都没有了。于是大怒，立即率军追击落跑的汉军。

那汉军虽然比北匈奴人早走了好几个时辰，却已疲惫不堪，所以就在他们即将到达段彭处之时，被北匈奴的骑兵给追上了。

史料上没有记载这场惨烈斗争的过程，只说汉军边走边打，历经千辛万苦终于和段彭的部队会师了。蒲奴单于见前方还有五千多整装待发的汉朝精锐，不敢和他们硬拼，这才带着部队不甘地撤退了。

而此时，原本有二十六人的耿恭所部，现在只剩下寥寥十三人而已。

那天，段彭亲率五千多士兵迎接耿恭和他的十三名士兵。而现在这十三名士兵已经变成了什么样子呢？《后汉书》载明晃晃的八个大字："衣屦穿决，形容枯槁。"

见此，所有的汉军都沉默了，甚至连段彭都对耿恭一拜再拜。中郎将郑众更是眼含泪水，当即往洛阳献上了奏书："耿恭以微弱之兵固守孤城，抵抗北匈奴数万大军的不断侵攻数月有余，在这期间，他们耗费了全部的心力、粮食、淡水！可他们依然没有放弃，而是凿山打井，煮食弓弩，先后杀伤敌人数以千计！他们忠勇无双，没有给汉朝丢哪怕半点儿脸面。所以，我请朝廷给这些勇士应有的赏赐，以激励我大汉的将帅们！"

公元76年正月，历尽了千辛万苦的耿恭终于回到了洛阳，被汉章帝封为了骑都尉。他所带领的士兵也统统得到了应有的奖赏。而战死西域的士兵们的家属终生为朝廷所供养。

2.7 雷霆回归

公元76年二月，就在耿恭成功回到汉朝的一个月以后，汉朝突然暴发超大型牛瘟、地震以及旱灾。

一时间，无数的存粮从各个未受灾的郡县运送了出去，洛阳国仓的粮食以肉眼可见的速度疯狂减少。为此，校书郎杨终在朝会之上当着满朝文武的面和汉章帝道："近年来，我大汉在北匈奴和西域方面用兵不断，国家财政因为这两个地方被消耗不少。如果要是平时也就算了，可现在国家正经历天灾，所以微臣觉得，我汉朝是不是不应该再在这两个地方有所投入了呢？"

话毕，第五伦也站出来道："陛下，微臣也和校书郎持同一想法。臣认为，西域三十六国的含金量是随着时间的推移而产生变化的。如今，所谓的西域三十六国对我们大汉不能起到任何作用，反而因为北匈奴的关系不断派兵出击，不断耗费国家财物。长此以往，国家必入不敷出，所以微臣希望陛下能够撤销西域都护府，不再去管西域的事情。"

可就在这时，鲍昱却站出来道："司空的说法微臣并不认同。我汉朝以儒家治天下，正所谓'孝子无改为父之道'。讨伐北匈奴，在西域设置都护府，那都是先帝所决定的事情，绝不应该改变。"

这一次，第五伦没有再次向鲍昱低头，而是反过来道："非也，当初秦始皇修筑长城，大建阿房宫，消耗了无数的人力物力。秦二世继位以后，非但没有及时制止改正，反倒是过分扩建阿房宫，以至于秦朝丢了天下。这都是有前车之鉴的，所以国家的治理，不能只遵循无为和孝道，应该随着事态的变迁而不断变化。现在，国家正是危难之时，天灾频频，人祸不断，使得国家财政不断紧缩，这个，司徒大人您不会不知道吧？"

鲍昱："这……"

第五伦："所以，臣也和校书郎一样，建议陛下撤销西域都护府，不再去管西域的事情，而是全力发展本国内政，让百姓过上幸福的生活。"

话毕，场下众多官员皆频频点头。

最后，第五伦和杨终的说法得到了大多数臣子的支持，所以汉章帝在本月决定罢掉西域都护府，并招尚在西域的班超立即回国。

话说那班超自从在疏勒定下国王以后，为了避免龟兹复仇，便一直屯驻在疏勒国中。同时，他还致信于阗王广德，希望广德能派出一些士兵支援他。

那广德也真够意思，收到班超的信件以后二话没说，当即分出了数千士兵往疏勒协防，并下令一切都要听从班超的指挥。

后来，龟兹和焉耆两国突袭了汉朝驻西域都护府，并斩杀了西域都护陈睦，然后调转枪头，直奔班超而来。

然而，在班超的指挥下，于阗驻军和疏勒军队众志成城，一次又一次打败了来犯的龟兹、焉耆联军，使得两军只能仓皇回国，不敢再攻班超。

　　可几个月以后，正当班超带领一众士兵屯田之际，朝廷的召回文书突然来到。班超虽有不甘，但这毕竟是汉章帝的诏令，再加上第五伦说得也确实有道理，便只能带领心腹准备返回汉朝。

　　可班超一行人要返回汉朝的事情却被疏勒王所知晓。他听说班超要走，吓坏了。要知道，现在自己的国家之所以能抵挡得住龟兹的进攻，完全是因为有班超这个定海神针在这儿镇着，他不但指挥作战能力超强，最重要的是还拥有相当强悍的凝聚力。如果班超回国了，自己国家和于阗的同盟关系百分百会破裂。更狠的是，因为班超是汉朝亲派的大使，只要有他在，那就证明汉朝没有抛弃自己，士兵作战的时候士气也会相当高涨。

　　基于以上，班超绝不能走，就是撕破了脸给他捆起来也绝对不能让他走！

　　于是疏勒国王亲自带臣子拜访班超，拼了命地挽留他。更狠的是疏勒都尉黎弇，他见自家国王怎么劝都劝不住班超，干脆抽出腰中的佩刀，在众目睽睽之下对班超嘶吼道："汉使你要是抛弃我们，那我们疏勒的结果一定是被龟兹所灭。我不想看到成为亡国奴的那一天，所以，对不起各位了，我先走一步！"

　　说完，直接将自己的脖子给抹了。

　　班超虽然震撼，心中虽然纠结，但他真的不敢也不能违抗汉章帝的诏令，便只能痛心离开了。

　　可无奈，就在班超路过于阗的时候，于阗王广德竟亲自带领文武百官堵住了班超，让那些身份尊贵的大臣们死死拽住班超，说什么也不让他离开。

　　基于此，广德是绝对不会让班超就这样回国的。哪怕是绑，也要把他给绑到于阗。

　　班超一看这阵势是真走不了，再加上你就让他这么回去，他是真的不甘心，一万个不甘心。所以，他直接给洛阳方面写了一封信，除了将他回不去的客观原因里里外外说了一遍之外，还着重强调自己在西域发展不会动用汉朝的一名士卒、一粒粮食。

　　话都说到这个份儿上了，汉章帝要是再不答应真就说不过去了。所以汉章帝直接批准了班超的请求，让他代表大汉屯驻于西域，有什么事情皆可先斩后奏，不过事后一定要向朝廷做汇报就是了。

等身在于阗的班超确实接到了汉章帝的回复以后，差点儿高兴得跳起来，便赶紧带着于阗的援军返回了疏勒。

可当他到了疏勒以后，一切都变了，变得不怎么美好了。

原来，班超离开疏勒的第二天，龟兹国王就派遣了部队对疏勒发动了攻击。此时的疏勒军队士气极低，所以连番失败。等班超重新回到疏勒以后，疏勒已经丢失了两座城池。

不，与其说丢失，倒不如说是两个城池的守将害怕被处死，直接向龟兹投降了。

班超听后大怒，当即率于阗援军和疏勒王城的部队突击两城。

班超这个定海神针一回来，一切都不一样了，并且，那些士兵一听说班超这次回来就决计不走了，便和打了鸡血一样，拼了命地战斗。而两城投降的士兵一听说这次攻城是班超亲自统率，直接尿了，还没等开打就开始逃亡了。

于是，班超以雷霆之势、兵不血刃便拿下了投降的两座城池。

而龟兹王那边一听说班超回来了，吓得直接撤回了攻击疏勒的部队。这场危机就这样被轻易解除了。

通过这次事件，班超在西域更加声名大噪。盟友一提起班超这个名字，无不对他竖起大拇指。类似于龟兹和焉耆这些敌人一听说班超的名字，无不恨得头痛欲裂。

2.8 马太后

公元76年七月，汉朝开荒之地减少，越来越多的农民失去了土地，汉章帝乃用部分上林苑之田赐予穷人耕种，并下诏各个地方，抓紧组织没有土地的穷人开荒种田，让这些人拥有土地。

九月，永昌太守郑纯去世，朝廷新派去了一个不知名的官员接替了郑纯的位置。可这名新任太守和郑纯根本不是一个等级的。当初郑纯在永昌担任太守期间，政治清明，教化频繁，本地的汉朝百姓和周围的夷族人处得就和一家人一样。

可这名太守到位以后，根本无法安抚夷人。非但如此，他还将永昌夷人和汉人区别对待，使得这些夷人对汉朝越发不满。

于是，就在这个月，夷人中的哀牢种部反汉，并攻击永昌一带的村邑。虽然最后是被平定了，但这个头开了，以后就不好办了。

同月，之前为了躲避汉朝侵攻而向更西北迁徙的蒲奴单于感觉没事儿了，汉朝不能再进攻他们了，便带领着所有的族人往涿邪山方面回迁。可那边刚刚入驻涿邪山，这边南匈奴和乌桓人便组成联军对北匈奴发动了猛攻。

蒲奴单于不敌，只能率部撤退，准备瞄准时机再重回涿邪山。

十月，南匈奴发生大型饥荒，老百姓难以温饱，蒲奴单于得以重占涿邪山一带。

同月，继永昌夷反叛之后，武陵夷相继反叛，可反叛行动并没有成功，没过多长时间便被郡国兵所击灭。

十一月，阜陵王刘延意图谋反，没等实施便被告发，遂被汉章帝贬为阜陵侯，终身受监视，不得与任何政府官员交往。

十二月，南匈奴灾情继续扩大，不得已向汉朝请求援助（因为现在汉朝也正在闹灾荒）。汉章帝权衡再三，最终援助了南匈奴，使得南匈奴安然度过了这次灾荒。

同月，朝廷遣秦彭至重灾区山阳担任太守。结果秦彭到任以后，在山阳大兴农业，不过多久便使山阳多出稻田数百顷，以极快的速度解决了山阳的灾荒。

还是同年，汉朝人向西北和西南的少数民族学会了皮船的制作技术，只不过汉朝人经过层层改良以后制造出来的皮船质量更高、效果更好，在激流浅滩作战相当生猛灵活。

公元77年三月，因为汉朝驻西域的部队已经全部撤出，所以北匈奴再度派兵开始入驻西域伊吾庐（今新疆维吾尔自治区哈密市），增强自己在西域的威慑力。

随着时间的流逝，现在的汉章帝已经在皇位之上越坐越稳了，为了报答马太后的养育之恩，汉章帝便想大力提拔马氏族人。

可当马太后知道此事以后却极力反对，说什么都不同意汉章帝之举。

汉章帝没办法，只能暗示麾下臣子上奏朝廷，想以众人之力"压倒"马太后。

而那些身在朝廷的官员都是官场上的"老油条"了，那边汉章帝一暗示，这边一众大臣便联名上奏朝廷，说现在汉朝之所以灾害不断都是因为朝廷不立外戚所导致的。

汉章帝收到联名上奏以后当即就要大封马氏一族。可谁知道马太后比汉章帝更快。因为就在汉章帝收到联名上书的第二天，马太后就向整个朝廷发布了诏书："老身听说前些时日有人以灾祸为由向皇帝建议大封马氏一族。我很想知道，这些向皇帝献媚以谋求功名的人到底是谁！有关部门要在短时间内给我把名单报上来！昔日之汉，王氏一族一日之内被封五侯，可当时根本就没有降下甘露，驱除灾祸，反倒是各种预示、警告接踵而来。可当时并没有引起他人的注意，最终使前朝灭亡。老身只知道，一个国家，如果外戚过分强盛，那么最终一定会导致灭亡。所以先帝对他的外戚从来不加提升。老身更不能因为一己之私而做那祸国殃民之事。老身只是一个妇道人家，没有什么才干，因此日夜恐惧不安，生怕做了什么有损于国家的事情。然而我的亲属们却仗着我的地位不断触犯法律，这真让老身感到悲哀。老身身为天下之母，然而却只穿粗布之服，饮食也不求香甜，平时更不用金银等华贵之物。这是为什么？难道是老身用不起吗？不是这样的，因为老身想以身作则，给下面的族人树一个好榜样。可他们呢？却没有一个人懂得我的良苦用心，衣食住行都极尽奢华。之前老身为什么没有管他们，只不过削减了他们微末的俸禄呢？那是因为老身想让他们自行悔改。可如今一看，他们根本就没有半点儿改过的心思，所以今日老身以马家家主的身份宣布，从此以后，马氏家族及其亲属，如有敢和官员勾结，干扰中央和地方行政的，依法处置！马家人的坟墓规格胆敢超标的，依法处置！那些整天衣着光鲜、胡吃海喝而不从事劳动的马家族人，一律删除他们的宗籍，给他们一定的安家费，让他们滚得远远的。"

这是要全面打压马氏一族啊。看到这个诏令，汉章帝当时就蒙了，他亲自找到了马太后，据理力争道："母亲，自汉朝建立，大封外戚乃是定制。您谦让这自然能体现您的博大胸怀，可也不用做到这个地步吧？"

这话一说，马太后直接怒了："你说的这叫什么话？难道在你心中，你母亲就是一个博取声名的人吗？我之所以下之前的诏书，那是因为只有这样才能对朝廷和马家都有益处，而不是博取什么名声。再者，你刚才说什么？大封外戚是国家的旧制？我问你，这天下是谁的天下？"

汉章帝："这，这天下是高祖打下来的。"

马太后："没错！这天下就是高祖皇帝的！高祖在世时曾经说过，'无大功者不得封侯'，这才是真正的制度，而不是你所谓的'定制'！你睁大眼睛仔细看看，我马家除了我父亲以外，谁真正为国家立哪怕一点儿的功劳了？都是一些纨绔罢了！这种人凭什么给他们封侯？凭什么让他们享尽荣华富贵？所以你不要再说了，我意已决。"

本以为这个一向听自己话的"孩子"这一次也不会再说什么了，岂料汉章帝的"个性"却被马太后激出来了，竟一反常态地蛮横道："我不管，我现在是皇帝，我就要封马氏族人！"

这话一说，马太后直接气抽了过去，坐在原地上气不接下气，一副马上就要归西的样子。

这一幕可把汉章帝给吓坏了，他赶紧冲到马太后的面前，给马太后不断拍打后背，口中还惊慌地道："母亲，母亲，您怎么了？不要吓我。"

过了一会儿，马太后气息稳定住了，她却一把推开了汉章帝的手臂，满眼含泪地道："儿女孝顺，最好的体现便是让父母顺心。可你却干了什么？现在我朝灾祸不断，谷价上涨数倍，我因此日夜惶恐不安，总是在想如何才能让百姓过上温饱的生活，可你却不思进取，只想着册封我的家族，违背我的拳拳之心，这难道就是你的孝道吗？我胸部患有气痛之症，不可以不顺气，这你是知道的，你难道想整死老身吗？老身不想死，老身还想多活几年，所以以后你的事情老身不管了！"

这话说完，汉章帝算是彻底没招了，再也不提大封马家之事了。

2.9 蝴蝶效应

公元77年六月，汉朝的最西面。在那儿，有一个紧挨着羌族的小县叫安夷县。此时，在这个小县内，有一名衣着华丽的汉朝官员，正带着几名小吏急切地往县内闹市中走去，一边走还一边询问身旁的跟班："是不是真的？那小妞真像你说的那么漂亮？"

跟班："嗜！大人您就跟我走吧，这么多年了，我的眼光什么时候让大人您失望过？"

大人："好，如果真像你所说的那么漂亮，这次好处少不了你的。"

半个时辰以后，一行人来到了安夷县闹市，并直奔羌人交易货物的区域而去。

又是半炷香后，一行人来到了一个摊位。摊主是一个年轻的羌族青年，见迎面来了一个衣着华丽的汉朝官员，直接站了起来，满脸堆笑着向那官员介绍着自己的摊位物品。

可那官员看都没看一眼这个羌族青年，而是直勾勾地盯着摊位后面帮着忙活的一个羌族女子。

这官员纵横花丛这么多年，还从来没见过如此貌美的女子。此女子皮肤白皙，五官极为精致，不断忙活的她，浑身被汗水浸湿更勾人心魄。

这官员痴痴地走到那女子面前，正想伸手去轻柔抚摸。可就在这时，那青年突然拦到了官员面前，用生冷的口音道："大人还请您自重。"

"大胆!"

见羌族青年出面阻拦,官员身后的几个跟班直接跳将出来,指着羌族青年就是一顿痛骂:"我家大人看上你的女人是你的福气!你一个小小的贫民,拿什么来养活如此漂亮的尤物?与其以后和别人跑了,倒不如成全了我家大人,保管你会得到无尽的荣华富贵。"

这话说完,本以为此羌人会乖乖地献上自己的女人,岂料这羌人极为爷们,生冷地道:"我是来卖货的,不是卖女人的,几位不买货就赶紧走,不要耽误我做买卖。"

听了此话,那官员怒了,直接对手下的官吏吼道:"还废什么话,直接给我抢过来。"

话毕,那几名官员撸胳膊挽袖子便要去强抢异族民女。可就在这时,那羌族年轻人一声怒吼,抽出腰中弯刀便噗噗噗地一顿狂砍。结果不到半炷香的工夫,那些跟班全都被这羌族人砍翻在地。

那官吏见势不妙,转身便要落跑。可此时那羌族年轻人已经杀红了眼,追上去便是扑哧一下,汉朝官员直接倒在了血泊之中。

杀了汉朝官员,此年轻人也知道闯下了大祸,于是货物也不要了,直接拉着自己的媳妇逃回了种部之中。

可不管是西汉还是东汉,汉朝的官员都不允许被外族所杀。所以当安夷县令宗延听说手下官员被杀以后,直接带着官兵杀奔那青年所在的种部,并要求那种部的族长将杀人凶手交出来。

但族长拒绝交出那个青年人,并且态度极为蛮横。

宗延因此大怒,当即命令手下官兵攻击此种部,无论如何都要搜出那个年轻人。

结果,双方开始火并。由于人数不占优势,宗延的官兵没过多长时间便被打得节节败退。族长带领族人继续疯狂追击,将包括宗延在内的汉朝人全都以极为残忍血腥的手段残杀。

杀完了人,族长断定汉朝一定会展开新一轮报复,便联系了勒姐、吾良两个和自己关系不错又不怎么满意汉朝的羌族种部，想要和他们一起反抗汉朝的统治。

结果一拍即合，三个种部在第一时间袭击了汉朝边境的村邑。而一向和汉朝极为不和的烧当羌族长滇吾见边境烽烟四起，也不愿放过这个天赐良机，遂遣自己的儿子迷吾率一万人收复各部，和他们组成联盟共同对汉朝边境展开掠夺。

烧当羌，那是羌族诸种中相当有实力的一支，有他们带头，那些造反的种部就更有底了。所以这些人想都没想便投入了烧当羌所组建的联盟，在迷吾的率领下直接突袭并成功拿下了金城，一顿烧杀掠夺后又向陇西、汉阳二郡而去。

其间，迷吾又收复了封养部的首领布桥，部队数量迅速壮大到了五万人之巨。

此消息传至洛阳，汉章帝迅速布置，当即命马防为代理车骑将军，统越骑、屯骑、步兵、长水、声射五校尉之特种部队及中央野战军最为精锐之士共三万人向西北出击，并提拔耿恭为长水校尉，让他随军协助马防统军作战。

这汉章帝是想尽办法来提拔马氏一族，给他最精锐的士兵、最强悍的将领，让他"以少胜多"（此三万汉军的战力绝不低于十万正规军），这样就能名正言顺地晋升马防了。

而结果果然不出汉章帝所料，马防的部队到达冀县之时，迷吾正率军围攻临洮，也不怪当初人家赵充国埋汰羌人不会打仗，这么大规模的部队，竟然不设斥候，结果马防的部队到达距离他们很近的冀县时他们都不知道。

基于此，马防直接带领部队奔袭这些羌人，羌人没想到汉军会突然出现，所以后背大露，再加上汉军拥有绝强的单兵作战能力，所以只一接触，整个羌族联盟便被打得大溃。各个部落的羌人要么投降，要么直接落荒而逃（包括那个叫得最欢的盟主迷吾），只有布桥带着将近两万的族人后退至望曲谷死守，说什么都不肯向汉军投降。

可他那两万族人多说就是民兵级别，怎么可能是汉军的对手？在汉军如同潮水的猛攻之下，布桥一败再败，两万人的部队没几个月便被打得只剩下一万余人。

布桥见实在不是汉军的对手，便只能向汉军投降。

至此，本次的羌族祸乱被顺利平定。

不过这还没完，按照汉章帝的想法，单单将祸乱平定还不行，还要让周围的羌族族长再次向汉朝表示臣服。不过这事儿汉章帝就不敢交给马防了。就像之前马太后说的那样，马氏的这些人一个个心比天高、狂傲无比，对同朝为官的同人都一个个鼻孔朝天呢，那就更别提对异族了。而镇抚异族这种事情，光靠武力是绝对行不通的。而本次汉章帝的主要目的便是给马氏增功，既然目标已经达成了，那就别让马防再在西部待着了，省得生出其他事端。

于是，汉章帝将马防召回了洛阳。至于镇抚西部之事，则全权交给了耿恭代理。

要说那耿恭真不愧是能攻能守能治理地方的一代名将，他镇抚西部以后恩威并施，在短短不到两个月的时间便将那些没有投降汉朝的十三部羌种全部收服了。

这还不算，耿恭还上奏朝廷，为国家选拔最适合在西北镇守的大将。

耿恭认为，已故安丰侯窦融过去在西部极得羌族民心，现在虽已故去，不过他的子孙，也就是窦固，其在军事上的能力不弱，上一次进攻西域就能看出一些端倪，所以推荐窦固镇守西部，充当汉朝和羌族之间的和平大使。

耿恭很单纯，他想的、建议的，基本全是为了国家，并没有思考所谓政治方面的顾忌。因此，他得罪了马防。

众所周知，马家和窦家本来关系是很近的。可马援死后，窦家大变脸，不但没有给予马家半点儿帮助，反倒是落井下石，不停地攻击马家。要不是马家出了一个马太后，极有可能被窦家给害死。所以窦家和马家积怨已久，不说不死不休也差不了多少了。

基于此，耿恭这个上奏就大大地触碰了马防的逆鳞。

因此，马防通过种种手段暗示监军李谭，让他想办法陷害耿恭。

马防可是当今太后的哥哥，皇帝的亲二舅，如今朝中的红人，早晚权倾朝野的人。如此一个攀上高枝的机会，他李谭一个小小的监军怎能放过？

于是，李谭当即上报朝廷，诬陷耿恭不关心军事，还对汉章帝的诏书怀恨在心，经常在背后议论汉章帝。

结果，汉章帝也不调查，就直接将耿恭扔到了监狱之中。后来，大概是有感于耿恭为国家立了很多功，汉章帝将他给放了，不过却削为平民，并下诏永不录用。耿恭只能在家赋闲，没多长时间便郁郁而终了。

2.10　凶残的窦皇后

公元77年十二月，汉章帝选窦融的孙女、窦勋的女儿为贵人。可就在小窦被选为贵人以后的一天夜里，突然有妖星现于紫宫。这说明朝廷中有妖孽上位了，可当时看到妖星的人特别少，就是看到了谁也没当回事儿，这事儿也就不了了之了。那么这个妖孽以后又会给大汉皇朝带来什么呢？我们拭目以待吧。

公元78年正月，司空第五伦和尚书陈宠联名上奏汉章帝，称现在汉朝的刑法偏残酷，有伤仁德，和儒家治国的基本理念有所不符，希望汉章帝能够降低刑法的残酷性，并将那些无足轻重的刑法全部取消。

汉章帝批准，所以本月后，汉朝减残酷刑法及文字法五十余条，使得汉朝百姓的生活幸福指数大大提高。

三月，汉章帝越来越宠爱窦贵人，想立窦贵人为皇后，因此向马太后请示。

本来，因为窦氏和马氏为仇敌的缘故，马太后是不应该答应这个请求的，但马太后从来都不会干预汉章帝的任何决定，再加上窦贵人对马太后也是极为恭敬，所以马太后便答应了汉章帝的请求，不想和自己这个非亲生的"亲生儿子"闹掰。

按说，那窦贵人成为皇后以后应该相当高兴才是。她却没有这个心情，除了在马太后和汉章帝的面前以外，其他时候面对任何人都是一脸的阴云。

那为什么要这样呢？很简单，她没有生育能力。所以窦皇后最恨的便是那些有汉章帝子嗣的嫔妃们。而在当时的后宫之中，只有宋贵人和梁贵人有子嗣（宋贵人生太子刘庆，梁贵人则生刘肇）。

于是，窦皇后每天都想方设法地诋毁两位贵人。而汉章帝又是一个耳根子极软的人，偏听偏信，所以没过多久便对两位贵人越发冷淡。

见此，窦皇后又展开了第二步计划。

她通过种种手段和人脉陷害宋贵人，打算诬陷她用巫蛊之术来诅咒自己和汉章帝。可事情没等实施就走漏了消息。宋贵人害怕窦皇后已经害怕到了骨子里，认为不管自己如何反击都不可能是窦皇后的对手，与其到最后被窦皇后折磨死，倒不如自己痛快点儿死了得了。

于是，宋贵人直接吓得自杀。而子幼时凭母贵，母亲一死，刘庆一点儿竞争力都没有了，没过多长时间便被废掉贬为清河王。

干掉了宋贵人母子，窦皇后下一个目标成了梁贵人。

然而，就在窦皇后即将对梁贵人动手的时候，不知道是谁突然给窦皇后出了个主意，让她学习当初的马太后，将刘庆或者刘肇过继过来。

按说，本来最好的过继对象就是刘庆，毕竟是长子。可自己刚刚害死了人家的妈，人家怎么可能甘心做自己的儿子？

于是，窦皇后毫无悬念地选择了刘肇。

可选择刘肇以后，窦皇后又生出了些其他的心思。她想要窦氏一族权倾朝野，独掌朝纲，而自己只不过是刘肇的"后妈"，他的亲妈还在，这就有可能在刘肇继位以后多出梁氏这么一个外戚，那样定会给他窦氏独掌朝纲造成相当的困扰。

那怎么办呢？总不能把梁贵人给杀了吧？万一这事儿以后让刘肇知道了那还得了？

基于此考虑，窦皇后没有选择对梁贵人下手，而是选择通过"第三方"攻击梁氏一族，不但将梁氏族长梁竦害死，还全力打压梁氏一族，意图让他们永远冒不出头。

窦皇后的强势使得宫廷内外人人自危，后宫中的嫔妃们远远见到窦皇后都吓得瑟瑟发抖。而汉章帝对这些全然不知，反倒越发对窦皇后宠爱有加。

那么这个皇后以后还会翻出什么浪花呢？我们拭目以待。

当初汉明帝在位的时候，曾打算打通石臼河，以运送漕粮。可此工程太过艰巨，汉朝连年务工，耗费了无数的人力物力都没有成功。直到公元78年四月，汉章帝又任命邓训主持此巨大工程（邓禹之子）。

邓训经过反复考察，断定此工程实无法成功，乃上奏汉章帝，详细地写了一份奏书，希望汉章帝能够放弃打通此河。

汉章帝收到奏书以后，通过和诸多大臣们反复议论之后，终是同意了邓训的奏请。

于是，石臼河工程就此停工。

这以后，汉朝每年节省的开支以亿计，得以活命的劳役保守估计也要有数千人之众。

同月，在那遥远的西域，班超突然率疏勒、康居、于阗、拘弥等国联军一万余人突袭臣服于北匈奴的姑墨（今新疆维吾尔自治区阿克苏市一带），并在旦夕之间攻破了姑墨的重地石头城。

众多西域城邦国见班超如此强势，无不派出使者表示以后唯班超马首是瞻。而班超见西域形势越发主动，便上奏请示朝廷，请求朝廷重新在西域设置都护府，并派出军队支援他，让他一举平定整个西域，这样也能断了北匈奴的臂膀，让汉朝以后在军事上能更加占据主动。

可班超的奏书上去以后却迟迟没有收到回复，再加上龟兹、焉耆等支持北匈奴的国家也派出了援军来支援姑墨，班超就暂且没有继续对姑墨用兵。

2.11　拖泥带水的汉章帝

公元78年十二月，武陵一带的溇中蛮反汉，为荆州、豫州一带的郡国兵所消灭。

同月，太尉牟融去世，汉章帝用司徒鲍昱出任太尉，用南阳太守桓虞出任司徒。（姓名：桓虞。字：仲春。籍贯：冯翊万年人。特征：处事公允，行事果断。经历：尚书仆射—南阳太守—司徒）

公元79年四月，汉章帝以本年全国丰收，四方边境太平为借口，没有通过马太后便封马防为正式车骑将军，颍阳侯。

卫尉马廖为顺阳侯。

执金吾马光为许侯。

其他马氏一族成员皆加官晋爵，无一漏掉。

马太后听说此事以后极为震怒，但她没有去找汉章帝，因为一个皇帝既然已经发布诏书了，那就不可能再变更，于是她说了这么一番话，并让自己的侍女将这些话带到了马家："我年轻的时候，只羡慕那些能够留名青史的古人，憧憬那些为了国家能抛头颅洒热血的忠臣。为了成为那样的人，我宁可不顾及自己的性命。我自认为这一辈子做得都不错，不愧对自己的本心。如今我年老了，更是时刻告诫自己不要贪得无厌，以免毁了一世英名。可我那几个兄弟和马家一众人根本不去管我的感受，只想封大官、得高爵，让我一辈子的志向得以毁灭。如此，哪怕是死，老身我也没有办法瞑目了。"

这话说完给马防等一众马家实权派吓蒙了。要知道，他们之所以有今天的地位全都是马太后给的。如今马太后竟然说出这么一番话，这是什么意思？这是要撕破脸之前的警告啊。

基于此，马防、马廖、马光等一众马家人一起找到了汉章帝，请求汉章帝能将他们的爵位削去，他们只当关内侯就满足了。

但汉章帝不许，无论如何都要让他们接受这些爵位和食邑。

一众马家人无奈，只能退而求其次，请求汉章帝削去他们的官职。

汉章帝一开始本是不愿，但这回马防他们说什么都不肯退步了，坚持让汉章帝削去他们的官职。汉章帝实在耗不过他们，便答应了他们的请求，大不了等马太后百年之后再重新提拔马氏一族就好了。于是同意了他们的请求，将这些马氏一族中人全部罢免了。不过却以特进的身份赋闲在家（特进：待遇同三公）。

公元79年六月，马太后归西，这老太太这辈子除了给自己的父亲报仇以外，从来没愧对过汉明帝，从来没愧对过汉朝，也从来没愧对过天下百姓，真是一个值得敬佩的奇女子。如果以后汉朝后宫中的那些什么太后、皇后及嫔妃们也能像马太后这样，那东汉岂能那么轻易便付之于他人？可悲，可叹。

公元80年，拖延将近两年的时间后，汉章帝终于决定遣班超的好友徐干领一千米号死凶前往西域支援班超。

没错，汉章帝确实是不想在西域下本儿，不过这一千名士兵可不仅仅是一千名士兵那么简单，他们代表的是大汉对于西域的态度。

原来，当班超率领援军占尽优势之后，各西域城邦国见汉朝援军迟迟不来援助，便认为汉朝是彻底放弃了西域三十六国。于是，于阗、疏勒等联军开始军心不稳，处于一种极度躁动的状态。

而就在这时，莎车在北匈奴的鼓动下也背叛了汉朝，重新回到了北匈奴的阵营。

直到公元80年，甚至连疏勒都尉番辰都背叛了汉朝，打算投靠龟兹，这就使得联军的军心更加不稳。

而就在局势愈演愈烈之时，徐干的一千"援军"突然来到。

这所谓的援军虽然都是由死刑犯组成的，可这都不重要。重要的是他们都是汉朝的兵，穿着汉朝赐予的盔甲。而这，就够了。

当这些士兵来到以后，联军那浮动的心瞬时之间变得如钢铁一般坚硬，他们在班超的组织下，在汉军的带领下狂攻已经投靠龟兹的番辰，旬日之间便攻破番辰所占据的城池，斩杀番辰及麾下一千余人，俘虏则有数千人之多。

一时间，整个西域的局势又开始向有利汉朝的方向倾斜。

班超打算趁着这大胜的气势，一鼓作气地攻破龟兹，可龟兹乃是西域几个有数的强国之一，如果就这样贸然打过去的话，其结果实在是无法预料，而班超从来不打无把握之战，乃致信洛阳，请奏汉章帝：

"陛下，臣班超请奏。乌孙，乃是西域大国，霸有一方，拥兵十余万，陛下如想将西域彻底拿下，首先要安抚的便是这个乌孙。所以当初武帝将公主嫁给了乌孙，宣帝也对其百般拉拢。为此，臣建议陛下派出使者往乌孙拜见大昆弥和小昆弥，和他们结为联盟。只要陛下能和乌孙重建邦交，臣有信心在短时间内彻底将西域双手奉献给陛下。"

汉章帝见到班超的奏书以后，非常欣慰，当时便拍案叫好。可拍案叫好以后，再就没有下文了。

班超刚刚建立的优势在时间的"摧残"下也逐渐消耗殆尽。

2.12 马家的没落

公元81年六月，太尉鲍昱去世，汉章帝以大司农邓彪（路人）为太尉。

公元82年六月，汉章帝正式立窦皇后的养子刘肇为太子。

九月，汉章帝开始小型东巡活动，看了一圈中原一带老百姓的生活状态便回京了。

回京以后，汉章帝昭告天下官民，再次强调了农业的重要性，并呼吁人民养成勤俭度日的好习惯。

十二月，汉朝史学家班固完成了《汉书》大作。此作一出，立即使班固成为当时的第一史学家，一时间声名大噪。

公元83年六月，有可能是出于什么政治原因，也有可能是见北匈奴越来越弱，怕北匈奴早晚被汉朝所灭，北匈奴大部首领三木楼訾率全部三万八千余人、战马两万余匹、牛羊十余万头至五原塞向汉朝投降。

汉朝收纳过后，北匈奴的实力再次大幅度下跌。

我们再回头看看马家。

马家，自马援死后已日薄西山，幸亏出了一个马太后，才使得马家起死回生，人人富贵。按说，马家之人没有功劳，都是因为马太后的原因他们才能鸡犬升天。如今马太后死了，他们是不是应该收敛一下了呢？毕竟最大的靠山没了，以后谁都罩不了他们了。

可不知道他们是看不清时势还是已经被富贵蒙蔽住了双眼，总之，这些马家族人哪怕是倒了靠山，依然我行我素、为所欲为。

校书郎杨终和马家现任家主马廖关系莫逆，所以写信劝谏道："阁下您的地位尊贵显耀，四海之内，众人瞩目。可木秀于林，风必摧之，您的弟弟马防、马光都还年轻，他们既没有伟大的功劳也没有耸立四海的名声，可他们却结交一些品行不端的朋友，并在京城之中为所欲为。回想过去，我担心马家会有危险，所以阁下是不是应该好好约束一下您的兄弟们，哪怕不是为了自己，也应该为了马家以后好好着想啊。"

这话说得多好，过去是什么？那不就是马援死后的马家吗？可对于杨终的劝告，马廖却没听进去半点儿，好像左耳进，右耳出一般，依然对他的兄弟们百般纵容。

于是，马家人越来越过分，马防、马光兄弟大规模建造宅地，使自家的房屋连绵相接，占满了整整一条街。

这还不算，马防还饲养了大批的战马和宾客，对京城内做买卖的羌商人和胡商人也是百般压榨。京城的官员们早就对马家兄弟不满至极了，不过碍于汉章帝的面子没有动他们。

可这一段时间马防越来越过分，甚至还在府中训练死士，给他们配发兵器。这下子就连汉章帝都怒了，直接将马家三兄弟叫过来一顿训斥。

如果马家兄弟从此收敛一些也就行了，毕竟他们是马太后的亲人，凭汉章帝和马太后的感情，是断然不会将他们怎么样的。

可马廖有一个叫马豫的儿子，这莽货见自己的父亲受到了汉章帝的批评，受不了了，竟然上书责怪汉章帝，并为父亲、二叔和三叔申冤。

汉章帝当时就怒了，可虽然气得全身发抖，他还是没有作声，不为别的，实在是不想让自己的母亲在九泉之下伤心。可当时汉章帝身边正好有几名官员在和汉章帝议事，他们见此信件以后大发雷霆，便有一名官员跪下和汉章帝道："陛下！马光、马防兄弟豪华奢侈的生活早就超越了他们的身份，这还不算，这些人还在暗地里私养死士，这些行为不但骚扰了我大汉的圣明礼教，还严重地危害了陛下您的人身安全。试想想，如果以后人人都像马防这样供养死士，那这京城还有什么安全可言？"

话毕，其他的臣子也都站出来齐声道："臣等附议，还请陛下将马家兄弟一律免职免爵。"

汉章帝也觉得马家人这次做得有点儿太过了，再加上所有的官员都异口同声地要求汉章帝制裁马家，所以汉章帝直接罢免了马氏兄弟所有的官爵，并让他们即刻滚回原籍。

不过就在一众马氏族人准备走人的时候，汉章帝又想起了已经西去的母亲，还有从自己为太子以来马家人对自己的忠诚，所以只将马光留在了京城，算是给马氏一族留下了一个东山再起的机会。

2.13　自寻死路的窦宪

马氏外戚被一撸到底，这其中最高兴的便是窦氏外戚了。

本来，因为汉章帝比较亲近马氏一族的关系，窦氏一族还有些顾忌。可现在马氏没有了，只剩一个马光根本成不了大事。于是，窦氏开始嚣张，窦皇后更加肆无忌惮。她利用自己的关系以及汉章帝对自己的宠爱，连封哥哥窦宪为虎贲中郎将，弟弟窦笃为黄门侍郎。二人一时间成了宫廷之中的红人，受到了大量的赏赐。有很多王公贵胄更是看重了窦氏兄弟的前景，因此巴结窦宪和窦笃，甘愿成为他们的走狗。

见此，司空第五伦立即上疏汉章帝，提醒他不要过分宠爱提拔窦氏族人，以免造成祸害。

可汉章帝根本不听劝告，依然我行我素，大力提拔窦氏成员，这便使得窦氏一族更加嚣张无度，直到窦宪实在太过分了，汉章帝这才对窦氏有那么一丁点儿的限制。

窦宪，字伯度，汉朝三冠之一（霍去病为长途奔袭之冠、贾复为个人武勇之冠、窦宪为"身份背景"之冠），由于父亲窦勋被杀，所以很小的时候便成了孤儿。一个集荣华富贵于一身、受尽众人巴结的大富之子在一时间成了穷小子，从万众瞩目变成了不受待见，此种落差使得窦宪根本无法接受，性格逐渐变得扭曲、暴虐。

不过窦宪这人却超级酷爱军事，屋中遍布古今兵书，从小便显示出了卓越的军事天赋。

话说那窦宪自从成为虎贲中郎将，重新受到万众瞩目以后，立即嚣张起来，经常用很低的价钱强买京中那些豪宅土地。如果有谁胆敢不从，那后果只有一个，便是死！

这还不算，窦宪还经常欺辱他人，甚至连京城那些王公贵胄都不放在眼里。据《后汉书》所载，京城之中的王子、公主，还有阴氏中人没有一个不怕他的。由此可见，这窦宪已经嚣张到了一种什么样的地步。

可因为汉章帝实在是太过于宠爱窦皇后，所以没有一个人敢吱声，只能打碎了牙往肚子里咽。

不过这窦宪实在是太能折腾了，终于在某一天折腾过了头，受到了汉章帝的惩罚。

窦宪有一天在京城中溜达，突然看到了一个极为华美的园林，当时就想占为己有，便和一旁的手下道："去！给我联系这家园林的主人，就说我窦宪欣赏他，想要买他的地方。"

这之前，只要窦宪一发令，他身边的狗腿子立马就去了。可这次窦宪说完以后，他手下的表情却极为纠结。

窦宪眉头一皱："你聋了？我让你去你没听见？"

那狗腿子赶紧道："没，没，小人听得很清楚，不过这片园林的主人有些麻烦，还请大人您三思啊。"

窦宪大怒："谁敢不给我面子？你给我说说，我倒是要看看这人是何方神圣。"

狗腿子："大人，这园林的主人不是别人，正是沁水公主。那沁水公主是当今圣上的亲妹妹，传说非常受陛下宠爱，所以大人您还是……"

"哈哈哈哈！"

没等这狗腿子说完，就见窦宪一顿狂笑，然后极为不屑地道："现在，整个皇城之内，我窦宪除了当今圣上以外还怕谁？实话告诉你！哪怕是当今圣上，他想要训斥我也要好好寻思寻思，他就不怕晚上上不了我妹妹的床吗？嗯？哈哈哈哈哈！一个小小的公主而已，我窦宪还能将她放在眼中？去！给我去！就说我窦宪看上了她的园林，看她敢不敢拒绝我。"

话都已经说到这个份儿上了，那狗腿子已经没有办法再劝，便只能硬着头皮去了。

可还真别说，那沁水公主一开始虽然很生气，但仔细想想，凭那窦宪现在在朝中的势头，为了一个园林和他结仇还真是不值得。

最后，本着多一事不如少一事的原则，沁水公主还是忍着愤怒，以极低的价格将这片园林"卖"给了窦宪。

窦宪很得意，难道还有什么比欺压皇室公主和王子更让人有成就感的了吗？没错，窦宪是爽了，可紧接着迎接他的却是汉章帝无尽的怒火。

一天，汉章帝心情大好，带着一众文武前去踏青，顺便拜访一下自己的妹妹。可就在到达那片园林以后，汉章帝却见园林门口写着一个大大的"窦"字。这让汉章帝非常诧异。一打听才知道这片园林已经易主，现在已经成了窦宪的产业。

汉章帝很是奇怪，于是召来窦宪询问。可窦宪支支吾吾地半天说不出个所以然来。汉章帝的脸当时就黑了，也不踏青了，一甩袖子便回到了皇宫之中。

回到皇宫以后，汉章帝立即遣人去调查这件事的来龙去脉。最后，当了解事情的经过以后，汉章帝脸都气绿了，直接命人召来了窦宪，劈头盖脸便是一顿痛骂："窦宪！你算个什么东西，也敢抢我妹妹的园林，你难道想学赵高指鹿为马吗？"

一听这话，窦宪吓蒙了，他哐当一下跪在了地上，磕头如捣蒜地向汉章帝谢罪。

可汉章帝却长长地叹了一口气，然后阴狠狠地道："真是细思极恐啊，想我父亲那时候，没有一个外戚敢犯法，我母亲在的时候马家人也不敢嚣张，看来我是对你们这些外戚太好了，好到让你们肆无忌惮的地步。窦宪啊，朕希望你能明白一件事，那就是朕如果真想杀你的话，就像杀死一只老鼠一样简单，所以你不要嚣张，千万不要。"

这话说完，窦宪浑身都吓软了。汉章帝特意强调自己想要杀他非常简单，那是什么意思？这不就是说，汉章帝已经知道了窦宪之前和他手下的对话了吗？所以窦宪吓坏了，连忙向汉章帝承认了自己的错误，并在回府以后第一时间归还了沁水公主的园林。

可这之后，汉章帝再也不重用窦宪了。终汉章帝一生，也没再给窦宪提一丁点儿的官职。而这又能怪谁呢？只能怪窦宪自寻死路了。

2.14 新制度

还是公元83年十二月，这个月真是多事之秋啊，在处理完马氏和窦宪这档子破事儿以后，乌孙突然有使者前来拜访汉朝，进行正常的两国邦交。

直到这时候，汉章帝终于想起在那遥远的西域还有一个叫班超的在等待着他的答复。

而距离上一次班超向朝廷请求邦交乌孙已经过去了三年之久。到本年十二月，汉章帝终于因为这个乌孙使者想起了这一茬，遂命班超为西域将兵长史，允许他有一定的活动权限和军事编制，并任命卫候李邑为汉朝使者，前往乌孙和大小昆弥结盟。

此时的西域，龟兹、疏勒等国正在和班超率领的联军处于交战状态，虽然近段时间没有什么战争发生，还处于一众对峙状态，但还是具有一定的危险性。而李邑想要成功抵达乌孙，就必须要经过联军和龟兹等敌国的交战区。

按说这本也没什么，你李邑到班超的阵营让班超派兵护送你不就行了吗？虽然也有一定的危险系数，但总体问题还是不大的。可这李邑却偏偏胆小如鼠，哪怕只有一丁点儿的危险他都不想涉及，于是上疏朝廷，大肆诬陷班超，还说他在西域天天拥抱心爱的妻子和孩子，根本没有一丁点儿替朝廷平定西域的想法，所以请求朝廷将他调回洛阳，因为哪怕是出使了乌孙事情也不会有太大的进展。

李邑卑鄙无耻，班超则非常精明，那李邑派出使者往洛阳方向以后班超就感觉事情有点儿不对劲儿，于是派人前往调查。最后竟然将李邑的话一字不落地全都打听清楚了。而当班超得知了信件的内容以后，连想都没想便将自己的妻子给打发回洛阳了。

他手下的心腹们都非常纳闷："将军，我听说陛下是一位圣明之君，您在西域劳心劳力多年，这是有目共睹的事情，我想他不会听信李邑那么不靠谱的诬陷吧。"

班超却叹了一口气道："你有所不知，咱们这位陛下什么都好，但就是耳根子太软，说句大不敬的话，这次我如果不对诬陷做出表态的话，我很有可能会被陛下调回京城。"

班超这话说得一点儿不错，在汉章帝收到李邑的信件之初，这心中是有一点儿疑惑的，不过后来听说班超特意因为这事儿将自己的媳妇都遣送回京了，又一想这些年班超在西域的贡献，便断定班超是被李邑诬陷了。

于是，汉章帝当即写了一封信斥责李邑，并让李邑立即前去班超处报到，从此归班超管制。可班超呢，却并没有为难李邑，依然以使者之礼待之，并在李邑完成外交任务以后便让其回京了（本次外交活动，乌孙大小昆弥虽然在口头上答应支持汉朝，但却没有出兵支援班超，所以总的来说，这次的外交活动还是没有完全成功的）。

班超的那些心腹们都非常纳闷儿："李邑那小子之前诬陷大人，致使大人和妻子分离，大人为什么不将他留在西域好生折磨，反倒是放回了京城呢？"

班超微笑着道："我这人一生只求问心无愧，能够青史留名。如果我只为了图一时痛快而公报私仇的话，那和我的本心不符，也不配做一名忠臣。"

这话说完，班超再不说什么了，大家都对班超竖起了大拇指。可少数细心人却明白，班超还有一些隐晦的原因没有说。

要知道，似李邑这种从京城出来的官，自身都是有一些背景的，如果将这种人强留在西域，那京城必会有人给他使绊子，让他以后的行动处处受制。

再者说似李邑这种胆小如鼠的无能之辈留下也没什么意思，没事儿还要总防着他，没什么意义。

基于以上，班超才将李邑放回了京城。

公元84年二月，随着时间的推移，汉朝无田可种的百姓已越来越多，汉章帝毫无办法，只能将那些无田可种的百姓迁徙至荒地较多的地方让他们自行开垦荒地，官府则负责给他们农器种田。此种治标不治本的办法也不知道还能持续多长时间。

六月，很多大臣上奏朝廷，认为现在一些地方官员多是一些能力低下的废物，希望汉章帝能重新改变选拔人才的制度，选出一些真正有实力的人才。

汉章帝因此特意召开廷议，和诸大臣共同商讨如何建立一个新的选拔人才制度。结果商量来商量去也没商量出一个所以然来。

最后，见众人实在是没有什么太好的办法，大鸿胪韦彪这才站出来道："臣认为，想要选拔一个办事贤能的大臣，他的前提便是要孝顺！想要选拔出一个忠于朝廷的人，他的前提也是孝顺！哪怕是一个中庸的官员，只要他孝顺父母，那朝廷也是可以用一用的。自古以来，那些忠于国家的贤明之臣，没有一个不是极孝父母之辈。所以先人前辈们（西汉）选择臣子往往都是在各个地方孝悌中择优选取。如今，朝廷的机要大事皆在尚书台，而尚书台中皆为陛下的心腹之臣，因此他们大多出身于郎官。这些人虽然通晓法令，擅长应对，但多是一些小聪明，并没有处理大事的才能。当初文帝时代，虎园管理人员敏捷地回答了文帝的问题，可张释之却不建议文帝对其进行提拔。周勃不善交际，口笨淳朴，却建立了不世功勋，这难道不能说明问题吗？所以臣建议国家以后选拔地方人才，按照先辈们的做法，多从孝悌中选取，不要去在意那些小的聪明，而是要给他们时间来证明自己，最后从政绩优异的官员中择优提拔。"

话毕，在场众人皆默默点头，赞同韦彪的说法，汉章帝也没有再多说，从了韦彪的建议，当即改变了东汉录取人才的制度。

2.15　疏勒之乱

公元84年七月，汉章帝下令减天下酷刑，如文景故事。

八月，太尉邓彪年老病重，再无体力和精力胜任太尉之职，乃向朝廷提交辞呈。

汉章帝批准，在同月任用大司农郑弘为太尉。（姓名：郑弘。字：巨君。籍贯：会稽山阴。特征：善于治理一方、对开发农业非常擅长、治国大局观宏大。经历：青年时期为小小啬夫一名，偶然被第五伦发现，提拔为督邮—郑弘的老师因为楚王谋反事件受到牵连，只有一个郑弘敢于为老师申辩，因此名闻天下，被汉明帝提拔为邹县县令—邹县大治，政绩卓著，遂被提升为淮阳太守—中间因为政绩被四次升迁，直到汉章帝初期被提拔为尚书令—大司农—郑弘在身为大司农期间屡屡大兴土木，使汉朝交通运输四通八达，在任两年以后照之前的大司农相比竟然为汉朝节省了三亿万钱，当时朝中众人都称郑弘为奇才—代替邓彪成为太尉）

同月，汉章帝改年号建初为元和，大赦天下。

还是同月，汉章帝为了真正地了解现在天下百姓的生活状况，遂以"突袭"的方式南巡，不给地方官准备的时间。

而本次南巡总体来讲还是好的，唯一比较突出的问题就是很多孤寡老人无人照料，孤儿、寡妇、残疾人活得也非常凄惨，所以汉章帝在回到洛阳以后赏赐天下老人、孤儿、寡妇、残疾人每人大米五斛，并再颁一些比较利于他们生存的法律和福利。

汉朝时期，统治阶级对于民间流言蜚语控制得非常严格，但凡有诽谤朝廷者，一经查处便株连三族。本年十二月，汉章帝觉得这种法律太不合理，乃废谣言祸及三族之法，只惩戒散布谣言之人。

同月，因为地理、气候、人祸等诸多因素，北匈奴的经济越来越匮乏。为了能有更多的储粮以应付灾祸，北匈奴单于上书汉朝，请求汉朝开边市，两国相互贸易。

汉章帝准。

可南匈奴单于不准！

现在，汉朝是自己灭亡北匈奴的唯一希望，所以南匈奴单于是绝不允许北匈奴再和汉朝有任何牵连的，也决不允许他们能成功取得储粮。所以，南匈奴单于命麾下将领领大军埋伏于北匈奴往汉朝的必经之路上，见到北匈奴的运粮部队便突袭屠杀。

本次，北匈奴所有的运粮队伍皆被屠杀殆尽，所有的牛羊牲畜皆被南匈奴掠夺，北匈奴在本就浑身是伤的基础上再添新伤。

按说，这事是汉章帝亲口答应的，南匈奴单于在没得到汉章帝同意的情况下便出击北匈奴，这是不是太过分了？难道他就不怕被汉章帝埋怨吗？

可结果汉章帝却一声不吭。直到这时候，北匈奴单于才知道自己被欺骗了，被骗得好苦。

还是本年十二月。

这个月，汉章帝又派遣了四名特使，率八百余正规军前往西域听从班超调遣。

此八百正规军一来，使得联军内部更加稳定，班超遂率联军往莎车方向进军，意图给莎车一次血的教训。

那莎车前后两王知道，这次如果再被打败，必会受到相当惨重的教训，绝不是出城投个降就能了事的。

于是，这两个王将私库里所有能拿得出来的财宝全拿了出来，并派人将这些财宝送给了疏勒王忠，希望他能够宣布从此效忠北匈奴，断绝和汉朝之间的关系。

因为这两个王知道，疏勒才是班超定鼎西域的关键所在，疏勒完了，班超这些年的努力就将付之一炬，所以他们料定，一旦后方的疏勒背叛，班超定会在第一时间抛弃攻击自己的想法，进而回军攻击疏勒。

而结果正如莎车大小王所预料的那般。当疏勒王忠看到了那些光彩夺目的财宝以后，什么龟兹威胁、什么忠义双全都放到了一边，当即宣布背叛汉朝，重新投入了北匈奴的怀抱。

而大后方的叛乱使得联军军心顿时不稳，士气急速下降。班超当机立断，立即率领联军以奔袭之速闪电回击疏勒。

疏勒王忠虽然投靠了北匈奴，但疏勒国的民心和军心可都是站在汉朝这一边的，所以见班超这么快就回来了，疏勒各个城池全都放弃了抵抗，在第一时间向班超投了降。

疏勒王忠见大事不妙，立即率领自己的拥护者躲进了乌即城坚壁清野。

于是班超改立疏勒一大臣为新任疏勒王，稳定住后方，然后兵锋直指乌即城，意图将原疏勒王忠斩首。

可出乎所有人意料的是，那原疏勒王忠还真不简单，其布置防守极为得当，乌即城中心腹也肯于为忠所用命，所以班超虽狂攻月余也无法拿下这个乌即城。

直到半年以后，乌即城摇摇欲坠，当班超终于要拿下这个坚城之时，不知康居国王发的什么疯，竟然派出援军支援忠，和班超作对。

而已经攻击乌即城半年多的联军早已疲惫，硬要拼杀的话根本不是康居军队的对手。

当时，月氏和康居极为亲近，班超当机立断，立即派人前去月氏，给了月氏王很多的财宝，请求月氏说和，劝康居王撤退。

我很怀疑这次康居国王之所以出兵正是贪图财物。因为当月氏王将班超给他的财物分给了康居王一半以后，康居王立即带着忠回到康居了。

援军撤了，精神支柱忠也和康居军队跑了，乌即城的守军立即丧失了继续抵抗班超联军的意志。

于是，乌即城投降，疏勒之乱得以重新平定。

但因为此次大乱，联军的损失也非常惨重，所以班超没有再继续攻击莎车，而是暂时停止了攻伐，养精蓄锐以待再次发威。

2.16　汉朝第一烈臣

公元85年正月，据有关统计部门上报，称近些年来民间生子的数量已经越来越少。汉章帝为了促进民间产子，乃于本月下诏，凡一家生出孩子，便免人头税三年。妇女怀孕期间，国家亦给妇女一家精米三斛。

再看北方，随着时间的推移，北匈奴已越发衰弱，本年正月，北匈奴又一大部向汉朝投降，使得北匈奴更加衰弱。

祸不单行，就在北匈奴连连遭受兵祸、背叛和天灾之时，南匈奴单于亦趁此天赐良机袭击北匈奴之地，掠夺了大部分马匹和牛羊。

丁零、鲜卑这些少数民族也在这之后进行补刀，掠夺了北匈奴大部分财富。

北匈奴，从本年开始，距离彻底消失在亚洲版图已进入了倒计时状态。

同月，就在南匈奴大胜北匈奴之际，南匈奴单于魂归西天，新任单于继位，是为伊屠于闾鞮单于。

二月，汉章帝开始东巡，并在定陶亲自下地耕田，再颁诏书强调务农的重要性。

三月，汉章帝于孔子庙前祭祀孔子及其七十二弟子。在当天的祭祀仪式之上，孔氏老少满堂，二十岁以上的便有六十二人之多。

五月，各地祥瑞频发（大多为地方官造假），汉章帝非常高兴，因此大赏天下，赐天下官吏爵位三级，长者、残疾、寡妇、孤儿绢帛一匹，粮米因为地理位置赐予的数量各不相等。

十一月，南匈奴伊屠于闾鞮单于再遣军队攻击北匈奴，并在涿邪山一带大破北匈奴军，再次抢走很多牲畜。

公元86年正月，汉章帝北巡，并带领随行官员在怀县一带开垦荒地，下诏各个地方官吏，希望他们能经常组织地方官员开垦荒地。

二月，因为常山、魏郡、清河、巨鹿、平原、东平一带地方越来越多的百姓无田可种，所以汉章帝点名批评了这些地方的官员，要求他们尽早带领百姓开垦荒地，并将开垦完毕的荒地交给那些无田可种的百姓。而类似于这种事情，在西汉是从来没有发生过的。

四月，太尉郑弘突然向窦宪发难，指责窦宪品行丑陋，生活奢华无比，又在朝中依靠着自己的妹妹广结党羽，希望汉章帝能将窦宪罢官免职，还朝廷一个朗朗乾坤。

窦宪什么德行满朝谁都知道，他汉章帝当然也是知道的，可当他收到郑弘的奏书以后并没有怎么太认真对待。因为汉章帝觉得不给窦宪升官已经算是对他有一定的惩罚了。至于广结党羽，因为他的妹妹在朝中为皇后，所以一些官员上去巴结窦宪也不是什么大不了的事情，汉章帝便没有惩罚窦宪，就好像没看到郑弘的奏书一样。

可窦宪却不会这么轻易地放过郑弘。他得知郑弘奏书的内容以后气得七窍生烟，当即以莫须有的罪名污蔑郑弘，说他泄露国家机密，谋取私利。

按说这话说出来都没人信，可那汉章帝却偏偏信了，根本连调查都没有便将郑弘叫到宫中一顿臭骂，同时还没收了他的印信。

郑弘当即就怒了，这个官他可以不做，但他不允许任何人污蔑他的清白，所以郑弘当即站起来就往外跑。

汉章帝先是一愣，然后怒道："来人！给我把这厮抓回来！"

　　几个膀大腰圆的郎官当时便将郑弘抓了回来。郑弘跪在地上，看也不看汉章帝，只是把头一偏，气呼呼地一声不吭。

　　汉章帝怒道："你小子刚才要干什么去？"

　　郑弘恨恨地道："陛下说我郑弘泄露国家机密，请问陛下您可有证据？"

　　汉章帝道："……"

　　郑弘道："既然没有，臣便要去廷尉署，让廷尉好好查一下臣是不是泄露了国家机密。如果没有，臣绝不背这个锅！"

　　汉章帝道："大胆郑弘，你还敢和朕顶嘴？朕告诉你，朕说你泄露国家机密你就是泄露了国家机密！"

　　话毕，郑弘直接把官帽往地上一扔，愤愤地道："既如此，这官当不当也没什么意思了，臣年纪大了，不想再在宫廷中费心了！还请陛下批准我告老还乡！"

　　汉章帝："你！你还来劲了！告诉你，朕不准！你就老老实实给我在家待着闭门思过，想想你都犯了什么错！来人呀！"

　　"在！"

　　汉章帝："给我将这个疯子押回家中，让他儿子好好管教，什么时候学会做人再出来当官！"

　　"是！"

　　就这样，一心奉公的郑弘被禁卫军押回了家中。回家以后，怒极的郑弘气血攻心，大口大口地吐着鲜血。郑弘的家人蒙了，押送他回来的禁卫军也蒙了。他们赶紧往皇宫中狂奔，将这件事情告诉了汉章帝。

　　汉章帝一听发生这事儿也蒙了，立即命宫中最好的太医前往郑弘家中为郑弘看病。

　　再看郑弘家中，当那些禁卫军急急忙忙往宫中跑的时候，郑弘的儿子也要跑出去找大夫给自己的父亲看病，却被郑弘一嗓子给吼了回来。

　　然后，一身是血的郑弘对儿子恨恨地道："我自己的身体自己知道，已无药可医。我郑弘一生为了大汉朝廷劳心劳力，最后却被冠了一个泄露国家机密的罪名，我死不瞑目！死不瞑目！小子你给我听好了，我死以后，将所有汉朝赏赐给我们郑家的东西全都给我还给他们刘家！我们不稀罕！"

话毕，一股鲜血再次从郑弘口中狂涌而出，郑弘，一代能臣，于公元86年四月死于家中。

死后，郑家子弟将全家所有财产归还给了朝廷，只穿着粗布衣裳回归乡里，而在郑弘的财产中，除了朝廷赏赐以外，再无任何多余钱财。

2.17 打通南道

郑弘被汉章帝活活气死了，但朝廷没个人负责天下军事也是不行的。所以，在本月，汉章帝用大司农宋由出任了太尉一职。

（姓名：宋由。身份：著名刚烈直臣宋嵩之子。）

公元86年五月，也就是郑弘死去，汉章帝让宋由当上太尉近一个月后，司空第五伦对汉章帝失望至极，乃上书汉章帝，希望汉章帝能让自己辞职，安享晚年。

汉章帝批准，并在第五伦下台以后用太仆袁安出任司空一职。

（姓名：袁安。字：邵公。籍贯：汝南汝阳人。特征：擅长治理一方、大学问家、极善断案。经历：因为学问突出而被推荐为成武县令—阴平县令—任城县令—楚王叛乱事后担任主审官，断案公平果断，少牵连了不少没有罪的无辜之人，因此被提拔为河南尹—因为能力突出，清廉奉公而被提拔为太仆—接替第五伦成为司空）

八月，西北烧当羌迷吾再次反汉，这一次反叛，他派遣弟弟号吾带领其他的部落集体造反，目标为抢夺陇西郡一带的汉朝资源。

号吾立功心切，集结了大部队以后先行率轻装骑兵奔袭陇西，然后大肆烧杀抢掠，毕竟哪个部落抢来的东西就是哪个部落的。可令号吾无语的是，汉朝已经先行得知了这次羌族的战略目的，提前有了准备，所以号吾那边刚一动手，陇西一带的郡国兵便集体出动，将这些强盗全部生擒。

汉军统帅得知号吾是此次羌族叛乱的头领以后抽出手中宝刀便要砍死他。眼见死神已经距离自己越来越近，号吾却疯狂地吼道："别杀我！别杀我！杀了我羌族是没有什么损失的，可如果大人肯放过我的话，我一定想尽办法让后面的羌族部队撤军，不会再侵犯汉朝的边境了！"

那汉军统帅犹豫再三，最后还是放过了号吾，让他回去规劝羌族的部队。

羌族这次行动的主要目的就是趁汉朝不备打他一个措手不及，如今汉朝已经有所准备，那这场战斗就没有打下去的必要了，于是迷吾解散了联军，退往更北方的归义城。

与此同时，西域方面，此时的忠已经在康居国生活了三年有余，本来好好的一个国王，现在却成了一个无所事事的闲散之人，虽然衣食无忧，但他不甘心，真的不甘心。

于是，在这个月，忠百般恳求康居王，希望他能给自己军队，让自己攻击疏勒，并承诺康居王，只要他重新夺回疏勒，必向康居王称臣，年年供奉。

康居王听说有好处，当即答应了忠的请求，并给了他数千余士兵让其攻击疏勒。

忠带领这数千士兵在班超全无防备之下突然袭击了损中，并占据了损中。然后一边联系龟兹，一边联系班超。

原来，这厮派遣使者联系班超是要假意投降，将班超骗出来以后便行击杀。

如此破绽百出的假降之计，战国时期的各路英豪早就不屑于使用了，他又怎么可能骗得过精明的班超？那班超非但没有中计，反倒假意中计，答应忠的投降，并约定时间在城外迎接他。

可等使者走了以后，班超立即布置士兵埋伏于四方，只等忠一到便生擒之。

那忠根本不知道班超的意图，听闻班超答应了他的请求以后还傻傻地欢天喜地了好一会儿。

之后，忠立即携千名精锐奔袭至班超处。

可就在忠即将抵达班超的营帐之时，轰隆隆的声音震慑四方，联军突然从四面八方奔袭而来，班超营帐也在同一时间杀出数百名士兵。

忠见此情景心知中计，立即命全军向后疾退。可班超早在布置包围圈的时候就已经将忠的后路给断去了，怎会允许他逃走！

于是，经过短暂的厮杀以后，汉军斩杀康居军七百余人，并生擒了忠。

此时，五花大绑的忠见了班超以后吓得不行，正想高声求饶，可班超只是冷冷地看了他一眼，便抽出腰中宰刀扑哧一下，忠命丧黄泉。

忠的死讯很快便传到了损中城，城内的康居驻军不敢再留，直接撤退跑了，班超得以收复此地。

接着，班超乘胜追击，又占据了很多地盘。西域南道被其打通。

2.18 屠杀

公元87年正月，现任护羌校尉的傅育想要彻底消灭掉烧当羌这个心腹大患，可由于这个部落实力强大，在诸羌种部中威望十足，外加最近新进投降，不好出手，便用反间之计，收买了不少羌人挑拨离间，意图分化诸羌和烧当羌之间的关系。

傅育认为，这些羌人都是一些不长脑子的笨蛋，用点儿小伎俩便足以分化他们。可傅育错了，他这一次的计谋被诸羌所看破，非但没有和烧当羌闹掰，反倒是更加团结了。

眼见这烧当羌一天一天地强大，弄巧成拙的傅育大为羞辱。而且，一股浓厚的不安全感遍布了他的身心，遂上疏朝廷，称诸羌已经在西面不断集结士兵，有再次攻击汉朝边境的可能，请求朝廷征调陇西各郡数万郡国兵一同攻击羌人。

汉章帝对于此事非常重视，当即批准，并令陇西各郡太守即日起调集士兵，速往傅育处集结。

一时间，汉朝西部人头攒动，不断有部队聚集于边境，后勤保障部队更是延绵百里而不绝。

傅育觉得，自己集结士兵这么大的动静必为迷吾所知，而距离彻底集结完士兵还要好一段时间，所以这时候正是烧当羌警戒最为放松的时候，乃亲率三千精锐轻骑在部队尚未集结完毕之时先行出击，意图用此微弱之军将烧当羌一举荡平。

可傅育所不知的是，自从上一次吃了情报的大亏以后，迷吾这小子却学乖了，明知道汉军还未集结完毕，却依然广派斥候，探听着汉军的一举一动。所以那边傅育一出击，这边迷吾便已经知晓，遂立即率全部向后迁徙。

按说，本次袭击行动的主要目的就是打迷吾一个措手不及。如今，烧当羌已经向后迁徙了，那就是说羌人已经将傅育的行动彻底掌握在了手中，所以不适合继续攻击了。

可那傅育对自己的指挥能力及汉军的单兵作战能力实在是太过于自信了，乃继续率军狂追不舍。俗话说得好"兔子急了还咬人"，就更别提烧当羌这只鬣狗了。

那迷吾见汉军对自己穷追不舍，完全不留活路，当即怒了。于是他一边向后撤退一边散落斥候，监视着汉军的一举一动。

最后，当迷吾完全了解了汉军的作息时间以后，他动了，并且是率全军而动。

一天夜里，连续追击两天的汉军终于扎营休息了。那一晚，汉军将士睡得很沉。可就在这些大兵做着美梦之时，突然杀声四起，数不尽的羌族士兵突然杀进了汉军的临时营寨。

由于汉军全无防备，所以一时间大乱异常。傅育见势不妙，赶紧穿好衣服，组织部队仓皇撤退。可就在这时，一支冷箭突然飞来，直接贯穿了傅育的咽喉。

主将已死，剩下的士兵更是惊恐，每个人都仓皇穿上衣服，骑上战马飞奔而逃。

最后，逃回去的骑兵有两千多人，而被羌人砍死的士兵则有近一千人。这都不是关键的，关键的问题是主帅傅育死了！

此消息传到洛阳以后，汉章帝震怒，命张纡为新任护羌校尉以后再次下令张纡，让他继续集结各郡士兵。集结好了以后直接驻扎在边境，等待朝廷下一步指示。

看来，这汉章帝是要对烧当羌下狠手了。

公元87年六月，司徒桓虞被免官，汉章帝任命袁安为新任司徒，光禄勋任隗则补袁安为司空。

（姓名：任隗。字：仲和。特征：主张老子无为思想、为官清廉、善良、不善交友，只和同样清廉的袁安关系莫逆。经历：羽林左监—虎贲中郎将—长水校尉—将作大将—太仆—光禄勋—司空）

七月，鲜卑人突然率大军突袭北匈奴，本次战役的过程无史料所载，不过战果却是惊人的。因为结果是北匈奴优留单于被斩杀，士兵损失大半，钱粮牲畜更是被掠夺得不计其数。

而就在鲜卑人疯狂"三光"北匈奴的时候，烧当羌首领迷吾亦将众多羌族种部组织在了一起，组成联军向汉朝的金城塞行进。

那张纡自从率数万汉朝郡国兵驻守边境以来，只等洛阳的消息便会杀奔烧当羌了。没想到自己还没等动弹，他迷吾便送上了门来，那还有什么可说的！弄死他没商量。

基于此，张纡直接将大军分为两部。一部由从事司马防率领，在羌军必经之路——木城谷死守，一路由自己亲自率领，提前迂回至羌军后方准备在羌军疲惫之时从后方袭击。

自信满满的迷吾至木城谷之时，见前路已经被汉军占领，乃命大军不断狂攻。可防守战乃是汉军的拿手好戏，岂是这些羌族人所能轻易攻破的？于是羌军虽狂攻数日也未能动木城谷汉军分毫。

然而，就在羌军已经疲惫之时，后方突然传来喊杀之声。张纡率军杀到了。

与此同时，之前死守木城谷防线的汉军也在此时出击，以两面夹攻之势狂攻羌军大营。

疲惫的羌军实在无法抵挡汉军的两面夹击，所以一败再败，防守圈不断收缩。

此时的迷吾已经陷入了进不能进退不能退的极限窘境，如果强势突围的话，最后结果必是军队十不存一。

所以，迷吾干脆派出随军翻译至张纡处，向张纡请求投降，并对本族神灵发誓，只要汉军放他们走，羌人将永不侵犯汉朝边境。

听了羌族翻译的话，张纡先是冷笑一声，却答应了迷吾的请降，不过张纡也有一个条件，那就是迷吾必须率领各族随军的首领亲往汉军营地投降，以表诚意。

汉朝，从西汉以来便极为注重国家的脸面，一直都是言而有信的，所以迷吾也没有怀疑汉朝的诚信，当即便答应了张纡的请求，并带八百余首领（酋豪八百余）亲往张纡处拜见。

当天，张纡大摆筵席，微笑着迎接迷吾等八百余人。可就在众人入座以后，张纡突然将手中酒杯摔碎在地。

忽地，早已准备好的数千名刀斧手突然杀出，对着那八百余人便是一顿狂砍。

一时间，惨叫声、诅咒之声遍布汉营。可这些声音随着时间的推移慢慢消散了。

一个时辰以后，会场死寂一片，八百颗血淋淋的人头被那数千刀斧手提在手中。而张纡的脸上没有一丁点儿的表情，只是默默地吃着碗中肉食。

又过了一会儿，好像是吃饱了吧，张纡提着一壶酒转身便走。身后那数千名刀斧手也只是默默地跟着张纡。

一个时辰以后，一行人来到了傅育（在张纡为护羌校尉之前是陇西太守，和傅育共事多年，相交莫逆）的坟前。张纡对后面的刀斧手使了个眼色，那些刀斧手直接将手中的人头摆放在傅育坟前。而张纡则亲自拿过迷吾的人头摆放在了坟墓的最中心处。

他拿起酒壶狠狠往嘴中灌了一口，剩下的酒皆挥洒于傅育坟墓周围。

之后，张纡对着傅育的坟墓深深一拜："傅兄，你的仇，我给你报了！"

两个时辰之后，汉军已经将羌族大营团团围住。从事司马防皱着眉头和坐于阵中的张纡道："大人，您是不是再考……"

没等司马防说完，张纡直接挥手制止了他接下来要说的话，然后只淡淡地对一旁的传令兵道："杀！"

咚咚咚，无尽的鼓声擂动，汉全军在同一时刻攻向了羌军大营。

此时的羌军没有一个统帅坐镇，那些羌族人只能各打各的，全无章法可言，所以只交战不一会儿便被突入大营。

那些羌族人好害怕，很大一部分羌族人甚至连抵抗都不敢抵抗，直接跪在地上请求汉兵的宽恕，可等待着他们的却是毫无感情的眼神以及冰冷的首环刀。

公元87年七月，攻击汉朝边境的羌族联军从上到下没有一个活口，皆被汉军屠杀。

而一个月以后，羌族诸部皆放下了彼此之间的仇怨，结为同盟，互相通婚，相互交换人质，在一时间结成了一个铁桶一般的联盟。

从此以后，羌族和汉朝便成为不死不休的生死大敌。

2.19　料敌如神

时间：公元87年八月。

地点：汉章帝寝宫之中。

此时，看着西线战报的汉章帝满脸的凝重，他没有一丁点儿胜利过后的兴奋，而是在不断地发抖，惊得发抖。

是呀，甚至连汉章帝都没想到，那张纡会这么狠、这么绝。但仔细分析以后，汉章帝并没有处罚张纡。原因很简单，既然你羌族想来杀我汉朝的百姓，那你也要做好被杀的准备。可冤仇已经结下，汉章帝断定，紧接着汉朝必将迎来羌族无穷无尽的血腥报复，乃于本月下诏，将全天下死刑犯全部免死，皆遣于金城一带服兵役，准备应对接下来羌族的报复。

　　同年九月，已经处于奄奄一息状态的北匈奴再次受到了极为沉重的打击。

　　这个月，大概是因为争夺新单于失败的关系，北匈奴屈兰储五十八部，二十八万人携带无尽的战马、牛羊等牲畜往云中、五原、朔方、北地等汉朝地界投降。

　　汉朝全部接纳之。

　　北匈奴，完了。

　　十月，马氏族人，马援的孙子马棱被汉章帝任命为广陵太守，并授意让他着重发展广陵的农业。

　　马棱到达广陵以后，带领广陵的吏民们兴复陂池，灌溉田地两万余顷，使得广陵的粮食产量急速蹿升。为了感激马棱为广陵人民做出的杰出贡献，广陵百姓自发刻巨石歌颂马棱。

　　十二月，西域方面，已经完全将疏勒里里外外全部搞定的班超于本月纠集于阗、疏勒等忠于汉朝的西域城邦国，组建了一支两万五千人的队伍，浩浩荡荡向莎车国杀了过去。

　　而这时候的莎车王已黔驴技穷，再也没什么好办法来阻止班超的这次进攻了，只能派出使者急往北匈奴和龟兹求援。而现在的北匈奴已日薄西山，自己都活不起了，哪里还能支援莎车国呢。倒是龟兹国王对于援救莎车这档子事儿极为积极。毕竟有莎车在后面牵制班超，班超就不能无所顾忌地攻击自己。

　　于是，龟兹国王于本月集结全国一大半的兵力（五万）前往支援莎车。

　　可当班超听闻此事以后却没有半点儿慌张，反是大眼珠子一转，计上心来。

　　他于当天将全军化整为零，拆分成四支部队，往四个方向缓慢行进，并遣诸多斥候秘密隐藏于龟兹军附近探察敌情。

　　而当那龟兹统帅听闻班超联军"畏敌而退"的消息以后大为振奋，当即命两名将领各率一万骑兵前往堵截。一支部队堵截班超一部，另外一支部队则堵截于阗军一部。

　　因为龟兹统帅可以肯定，只要班超和于阗的军队被歼灭，那么汉朝在西域辛辛苦苦组成的联盟就将毁于一旦。

可这龟兹统帅有所不知的是，当他的部队出击以后，一个斥候便以八百里加急之速往另一个斥候处，而另一个斥候也以相应的速度奔去。就这样一个个斥候像接力一样全速前进，不过半天便将所有的情报全都汇报给了班超。

班超通过情报中龟兹的进军方向便完全了解了龟兹统帅的意图，于是他立即命部队原地驻守，拖住龟兹一部，然后派出三个使者分别往三个方向报信后便带着数百精锐前往距离龟兹军主营很近的某地而去了。

那么那三个使者都去干什么了呢？

第一个使者前往的地点为于阗所部，告诉从军主帅，让他和自己那一部一样原地筑垒死守，拖住那一万龟兹军。

至于后两个使者则分别前往其他两部，告诉从军主帅，以最快的速度奔至班超所去之地。

次日，两支部队悄悄地到达了目的地，成功和班超会师。班超命部队稍作休整便带着他们于当日夜里突袭了龟兹军的大营。

那龟兹军从主帅到士兵都全无防备，还傻傻地等待着前方的捷报呢。结果班超军一个突然袭击，整个龟兹大营便乱作一团，争相逃跑，相互踩踏而死者不计其数。

龟兹主帅见指挥系统已全盘崩溃，也不管剩下的那些士兵了，带着几个心腹便仓皇而逃。

结果，本次突袭行动，汉军共斩杀龟兹兵五千余人，投降汉军和相互踩踏而死者更是不计其数。

那两万正在围攻汉军的龟兹军闻听后方已溃，不敢有半点儿拖延，也仓皇逃回了龟兹国。

本次战役，班超料敌如神，以少胜多，威震整个西域，龟兹在班超的打击下颤抖，月氏也在班超的天威之下派出使者主动联系班超，想要和汉朝结为秦晋之好。

可汉朝的公主哪里是那么好迎娶的。说白了，现在的汉朝在西域就是做一个无本的买卖，汉章帝根本不想在西域投入过多的精力，所以绝对不可能和月氏结亲。

再者说，月氏从西汉以来就奉行着老好人的基本国策，极不可靠，所以汉朝就更不可能和这种国家结亲了。

于是，班超也没把这事儿往洛阳方面报，而是直接拒绝了月氏王的请求。此举使得月氏王大怒，从此便和汉朝结下了梁子。

2.20 汉章帝

公元88年正月，济南王刘康、阜陵王刘延、中山王刘焉前来京城朝见汉章帝。

如今的汉章帝虽然只有三十二岁，但身体已经是日薄西山，所以格外珍惜亲情。当他这些亲人来到以后，汉章帝亲自接待了他们，且不放他们回自己的封国，日日饮酒叙旧。

同时，汉章帝为了能在官员心中留下一个好念想，还大赏百官，赏赐的数量甚至远远超过了国家所规定的最大限额，国库中的财产因此直线下滑。史料中并没有详细记载汉章帝到底赏了这些官员多少东西，不过《后汉书》和《资治通鉴》都用四个字来形容，那便是"仓帑为虚"，意思就是国库中的财物已经被汉章帝给赏空了。

针对于此，一名为何敞的小官致信太尉宋由规劝道："如今天下年年都会发生水旱大灾，很多人民都收获不到粮食，生活凄惨，家庭破碎。凉州一带的羌族人亦经常寇掠边境，边关的士兵隔三岔五便要和这些凶残的羌人进行搏斗，可最近的军饷却拖延再三，这实在让人悲哀。陛下善良仁爱这我承认，可所有的事情都要有限度才行。前些时日，陛下对于百官的奖赏已经严重超越了他们应该有的极限，使得国库亏空。这些钱财都是哪里来的？全都是天下百姓的血汗钱啊。别人对这种事情不闻不问也就算了，可阁下贵为三公之一，难道不应该充当群臣表率，交还所有的赏赐，向陛下陈述利害得失吗？"

这封信写得太好了，句句都切中要害，可那宋由就像没看到一样，将信件扔到了一边，从此不再过问。

不仅仅是他，甚至司徒袁安和司空任隗都没有对汉章帝的赏赐有半点儿"怨言"。那么这又是怎么回事儿呢？宋由就不说了，不过是窦宪的一只狗，趋炎附势的小人而已，可袁安和任隗不是大忠臣吗？他们为什么不对这种事情发表看法呢？

很简单，因为如果他们反对此事的话，以后迎接他们的将是满朝皆敌的窘境。也只有那样做既不会成功将财产收回，还会得罪全朝的官员，所以只有看不清时势的人才会如此做。

一个月以后，也就是公元88年二月，大汉章和二年二月，在章德前殿突然传出一声悲痛的嘶吼声，然后满洛阳都挂满了白布。没说的，年仅三十二岁的汉章帝驾崩了。

后世的魏文帝曾评价汉章帝，说他是一位忠厚长者。

没错，汉章帝素来宽厚。在他担任汉皇的这些年中，去残酷之刑法，爱戴天下之百姓，对待他们就好像对待自己的孩子一样。对于母亲他也尽心竭力地孝顺。所以史学家们一提到汉章帝就会说："肃宗济济美好，天性和乐简易。美好啊！帝王之德，迄今只有章帝如渊之广。裁断经书异同，修正律条礼仪。思念帝王之政，弘扬此道当可长久善美。太学献歌，边境亭侯虚设。气调时乐，法平人当。"

是呀，好美，这一切都看起来那么美。可在这光鲜亮丽的背后，又隐藏着多少的阴暗？

如今的汉朝，因为光武帝不用西汉"迁土豪，均田地"的基本国策而改为"开荒赏地"，天下荒地越来越少，那些贫穷的百姓只能被迫迁往其他的地方重新生活，而那些极富地方的土豪则越发强悍。这绝对是汉朝的不稳定因素。

汉章帝偏听偏信，耳根子极软，郑弘等一干刚烈忠臣皆因汉章帝的缘故或死或贬，使得窦皇后逐渐掌握了大权。

要知道，东汉因为将全国郡国兵制度改为边境郡国兵制度以后，地方已经再没有可能制衡中央的武力，所以只要外戚掌握了洛阳的权柄，就等于掌握了整个天下。

想当初王莽为什么费尽心思去讨好天下人才会篡位呢？那就是因为他害怕那些郡国兵。

并且，汉章帝极宠窦皇后，窦家子弟皆在汉章帝的纵容下飞黄腾达，这也给以后窦家权倾朝野打下了坚实的基础，同时也为以后东汉的外戚乱政打下了坚实的基础。

2.21　东汉第二次大规模征伐北匈奴之役

汉章帝崩后，太子刘肇正式继承了皇位，这便是东汉的第四位皇帝，汉和帝了。

汉和帝继位后，首先尊窦皇后为窦太后。

同时，因为他还太小的缘故，窦太后名正言顺地开始了临朝摄政。窦太后执掌大权以后，第一时间封哥哥窦宪为侍中，执掌宫中机要。封弟弟窦笃为虎贲中郎将，窦景、窦瓖为中常侍，等等。

可以说，窦氏家族几乎在汉章帝死后的第二天便集体登上了汉朝权力的巅峰，而这只不过是一个开始而已。

窦皇后接下来又下诏，将年纪老迈只想苟活的邓彪召至洛阳为太傅，并增太傅之权柄，主管尚书机要，百官皆要听命于太傅，而暗中却授意邓彪要听从窦宪的意思行事。

那邓彪只不过是一个想要安稳活着的庸才而已。只要能让他平平安安地入土，他什么都干。所以从这以后，邓彪便成了窦宪的傀儡，窦宪的那只大黑手已经将整个朝廷的机要全盘掌握。

公元88年四月，窦太后和窦宪等权要经过商议以后，下诏解盐铁之禁，允许天下百姓自行煮盐炼铁，但凡是煮盐炼铁者都需要向洛阳缴纳赋税。

七月，因为北匈奴现在已经处于一种风雨飘摇，随时都有可能被摧毁的状态，所以南匈奴单于上疏朝廷，希望朝廷能趁北匈奴最虚弱的时候给它致命一击。

同时，南匈奴单于承诺，只要汉朝肯派遣军队出击北匈奴，南匈奴一定不会藏掖，会举国出动，充当汉朝军队的马前卒。

窦太后说白了就是一个只知道内部斗争的小女人而已，你让她处理这样的军国大事是铁定拿不准主意的。

于是，窦太后召开了一次廷议，专门商讨到底答不答应南匈奴的请求。

听完议题，耿秉首先站出来道："太后，我大汉王朝和匈奴从高祖开始便是不死不休的关系，从前武帝时期曾经耗尽国力连番大胜都没能让匈奴臣服。那不是因为我汉朝不够强大，而是因为时机还没有来到的关系。如今，北匈奴天灾人祸不断，与国力较强盛之时根本无法相提并论，正是我大汉将其灭亡之时。所以臣建议，立即答应南匈奴单于的提议，和其一起出兵北匈奴，一劳永逸地解决这个心腹大患。臣深受皇恩，战阵经验丰富，愿意带领汉军出击匈奴。"

这话一说，窦太后便心动了。要知道，自己只不过是一个女流之辈，大权早晚都要还给小皇帝。可如果在自己执政期间完成讨灭北匈奴这个千秋大业，那……

想到这儿，窦太后当即便准备批准。可就在这时候，尚书宋意突然站出来道："这话说得不对！自我大汉创立以来便和匈奴展开了无休止的战斗，这期间从来都没消停过。光武帝一开始也因此而头痛。可后来为什么边境再无战火？那便是分而治之带来的好处。如今鲜卑人归顺了汉朝，前一段时间更是斩杀了北匈奴单于以及北匈奴数万士兵。我们汉朝没有出动一兵一卒便享受了巨大的战果，百姓也因此安康，少受了多少罪？那么为什么会有这么好的效果呢？还是分而治之，让他们自相残杀的结果。据臣观察，鲜卑攻击北匈奴一是抢夺财物，二是向我朝邀功，以获得赏赐。而南匈奴又受到北匈奴的牵制，不敢有任何造次。北匈奴更是受到了鲜卑和南匈奴的共同压制，再无精力对汉朝有所心思。所以这三股势力之间是相互牵制的，缺一不可！如果这一次我们答应南匈奴的请求，消灭北匈奴，进而将南匈奴迁徙至王庭，就不得不对鲜卑有所限制。鲜卑外不能抢夺他族财物，内不能得到汉朝的赏赐，其豺狼之视便会瞄向大汉，结果必为边疆之大患。如今，北匈奴已向西逃遁，请求和汉朝通好。臣认为，我朝应该趁此天赐良机将北匈奴收为外藩，从此让他们三族之间相互攻击。这样的话，我汉朝边境将永保太平，再没什么外敌能够威胁我们了。所以，臣不建议太后答应南匈奴单于的请求。"

这话说完，窦太后又犹豫了。

是呀，宋意说得太对了，她这个对军国大事一窍不通的人都能听得出来。可如果真的拒绝了南匈奴的请求，那自己的功绩……

想到这儿，窦太后又犹豫了，不知道到底应该如何是好。所以这事儿便暂时拖了下来，既没有答应南匈奴的请求，也没有拒绝。

而就在廷议结束的几天以后，齐王刘石的儿子、都乡侯刘畅突然来到了京城祭奠汉章帝。

按照规矩，在祭奠汉章帝之前，刘畅是必须先要拜见窦太后的。可这一见就出了事端。因为刘畅这小伙长得实在太漂亮了，漂亮到窦太后一见便被迷住。接下来就不必多说了。

可刘畅进入窦太后寝宫的频繁程度却大大触及了窦宪的底线。为什么呢？因为窦宪害怕刘畅把窦太后伺候得太好了，结果将他手中的权势给分了去，所以窦宪暗中派了刺客潜入刘畅的客馆将刘畅给弄死了。

窦太后听闻刘畅的死讯后大怒，当即派相关官员全力追查凶手，最后查来查去，查出来幕后真凶原来是自己的大哥。

这可就难办了，之前窦太后并不知道凶手到底是谁，早知道是自己大哥干的她就不会这么查了。可如今大张旗鼓地将窦宪给查出来了，如果不处罚的话实在难以服众。

于是，窦太后削窦宪之职，并将其幽禁。

而这时候窦宪害怕了，十分害怕，怕自己好不容易拥有的权势毁于一旦，更怕因为此事丢了性命。

基于此，窦宪主动向窦太后请缨，希望窦太后能够允许他率领汉匈联军出击北匈奴，以此将功赎罪。

窦太后经过再三思考，觉得自己还是需要这个大哥来继续给她撑场面的，也想在自己摄政的时候创下千秋大功，为以后留一条后路，便答应了窦宪的请求，任命其为车骑将军，率领汉匈联军讨伐北匈奴戴罪立功。

那么这一次进攻北匈奴汉朝的兵力共有多少呢？

不多，五万！

那么这五万都是什么层次呢？

首先，北军五校诸特种部队向西北挺进（屯骑、越骑、步兵、长水、声射）。

其次，黎阳极重装精锐步兵也开始向西北集结。

再次，上郡、河西、五原、云中、定襄、雁门、朔方、代郡、上谷、渔阳、安定、北地边境十二郡最精锐骑兵亦往西北边境集结。

最后，南匈奴、鲜卑从汉朝之令，皆遣族中最精锐者往西北边境集结。

看到了吧，这些士兵都是当时汉朝最为精锐的大兵，哪怕各方少数民族派遣来的士兵也全都是族中精锐。毫不夸张地说，如果运用得当，这些士兵的战斗力可抵普通正规军三十万以上！

而凭现在北匈奴的能力，他能挡得住这些虎狼之师吗？

可就在大军频频集结之际，三公九卿却集体联名上疏窦太后，声称北匈奴、南匈奴和鲜卑三族之间是互相牵制的关系，汉朝实在不应该破坏这种关系，做那费力不讨好的事情。

可窦太后看都不看，直接将这些文书压下，并每天阴沉着脸，谁都不待见。

是呀，有什么比个人的利益，窦氏的利益更重要呢？

三公九卿见窦太后如此态度，没人再敢出声发言了，只有司徒袁安和司空任隗依然坚持自己的看法，甚至脱掉官帽和窦太后据理力争，前后十余次！

但窦太后，依然不为所动。

最后甚至连尚书令韩棱都上来劝窦太后不要出兵，可窦太后，依然不为所动。

这一年，汉朝有户七百四十多万，人口四千三百多万。

公元89年春，汉军终于在边境完成了集结，窦宪于六月将大军分为三部齐向涿邪山方向发动攻击，并下达死命令，中途凡有抵抗者，格杀勿论。

可一直到三路大军会师于涿邪山以后都不见北匈奴人的踪影。就在窦宪疑惑之时，突然有斥候来报，说北匈奴单于将所有的军队都集结于涿邪山以北，打算用这些士兵和汉军决一死战。

窦宪冷笑，率军便向北方疾行，见到北匈奴的军队以后二话不说，直接用黎阳极重装步兵和北军五校的近战步兵及弩兵正面推进奋击，然后命南匈奴、鲜卑骑兵为左路，汉朝十二郡骑兵为右路，横插入北匈奴军团心脏部位。

此时北匈奴的战力不说和郅支单于时期的北匈奴比，就算是蒲奴单于时期也无法相提并论，所以根本不是汉军精锐的对手。交手没多长时间便被汉、匈、鲜卑联军打得节节败退。

眼见抵挡不住联军的猛攻，北匈奴大溃，四散而逃。那窦宪岂能轻易放过他们，当即命大军奋起直追，直到追击至私渠北鞮海（也叫北海，即今乌布萨泊）之时，已斩杀北匈奴一万三千多人，抢夺牛羊战马百万余头。

更吓人的是，北匈奴八十一部二十余万人眼见北匈奴即将覆灭，再无复兴的希望，乃向汉朝投降。

此次战役可谓大获全胜，不但将北匈奴打得即将灭亡，更抢夺了无尽的物资。窦宪因此登上燕然山之巅（今沙步克西南），命护军班固作铭，刻在石碑之上来纪念汉朝的神威及自己的功绩。

随后，窦宪便率军南返了，并且在南返之前，窦宪给了北匈奴单于最后一次活命的机会。

什么活命的机会呢？那就是派遣梁讽为使者找到了北匈奴单于，希望北匈奴能够像南匈奴一样臣服于汉朝。

此时的北匈奴已经是油尽灯枯，别说是汉朝了，就是南匈奴他也对付不了了。所以北单于直接跪地向梁讽投降，表示愿意和梁讽一起到燕然山拜见窦宪，亲自向他表示效忠。

可当一行人到达燕然山一带的时候，窦宪已经带领部队离去了。

而当时也不知道这个大单于是怎么想的，当他得知窦宪已经离去的消息以后竟然不再去洛阳，而是派他的弟弟携带贡品和梁讽一起到洛阳充当人质。

可此举大大地激怒了窦宪，他当即赶走了北单于的弟弟，并退还了北匈奴的贡品，开始准备下一次彻底灭亡北匈奴（因为北匈奴单于没给窦宪面子）。

本次战役，窦宪大胜而归，窦太后在他回归洛阳以后当即封其为大将军武阳侯，享有食邑两万，并下诏，宣布从此大将军的职位要在三公之上。

好了，这以后也不用在暗中操纵朝政了，窦宪这厮打赢一个已经残废的老狼便一步登天了。

窦宪，你真是有一个好妹妹啊。

2.22　攻略烧当羌

窦宪胜利了，北匈奴彻底奄奄一息了，可洛阳的官员却没有多少高兴的，相反地，他们还在为以后的鲜卑和南匈奴犯愁，生怕他们强大以后反击汉朝。

不过公元89年真是大汉的福年。因为就在窦宪打残北匈奴的同一时间，真正让汉朝人高兴的消息确实来了。那就是护羌校尉邓训将烧当羌给打残了。

话说当初张纡以凶狠残暴的手段宰杀了羌族联军以后，整个羌族诸种都怒了。他们联合在一起分批不断地进攻汉朝边境，使得汉西边境不得安宁，张纡虽百般抵御但都没有效果。

朝中的那些大臣恨死了张纡，都称其为有胆惹事、无能平事的奸猾之辈，希望朝廷能够换张掖太守邓训接替张纡为护羌校尉。

那么这个邓训是谁呢？他又有什么能耐去接护羌校尉这个烫手山芋呢？

邓训，字平叔，邓禹的第六个儿子。邓训从小便有大志向，不喜欢诗书礼乐，只喜欢各种兵法及《韩非子》这种实用性较强的书籍。

邓禹因为此事没少批评他。可邓训每次都是左耳进，右耳出，将邓禹的教训当作耳旁风。

汉明帝继位以后，曾用年轻的邓训为郎中，那时的邓训年纪轻轻便知道礼贤下士，尊重同事，所以得到了极好的风评，许多有能耐的人都归附他。

直到永平年间，上谷太守任光想要消灭不服管教的赤沙乌桓，可事情没等实施便被赤沙乌桓所知晓，于是先下手攻击汉朝边境，任光却无法全面制止。

朝廷因此派遣邓训率黎阳步兵屯驻在狐奴一带，以防备赤沙乌桓的寇掠。

邓训上任以后，以软硬并施的手段对付赤沙乌桓，没过多长时间赤沙乌桓便被收拾得服服帖帖。

公元82年，邓训被提升为乌桓校尉，乌桓诸部一听邓训被提升为乌桓校尉以后都不敢造次，一个个老老实实。

后来，舞阴公主的儿子犯了罪，邓训因为和他的关系非常好也被牵连，因此被贬为平民。

公元86年，卢水胡人反叛汉朝四处寇掠，武威太守不能治。因此，朝廷再用邓训为武威太守，只短短数月之间便将叛变全部搞定。

直到张纡被升为护羌校尉以后，邓训便接替他成了张掖太守。

通过之前的履历大家就能看出来了，这个邓训对付少数民族绝对是一把好手。

于是，在公元89年，当张纡无法制止羌族无休止的骚扰以后，洛阳一众大臣便请朝廷任命邓训为护羌校尉，来应对此次羌族的祸乱。

要说那邓训的威名也真不是虚的，本来疯狂寇掠汉朝边境的迷唐（迷吾之子，现在烧当羌的首领）见邓训担任护羌校尉以后再不攻击汉朝边境了，而是转去攻击小月氏。

小月氏之前也介绍过了，那是最早的月氏被匈奴灭亡后分离出来的一个支脉。自南匈奴臣服于汉朝以后便跟着臣服在了大汉的淫威之下。

小月氏兵众不多，只有三千人而已。不过这小国从建国开始便奉行着精兵政策，每一名士兵都要经过严格的挑选和训练，论单兵作战能力绝对不次于匈奴的射雕者，所以这三千人的战斗力超级强大，马上能射能战，马下能搏能杀！所以当迷唐听闻邓训担任护羌校尉以后立即掉转枪头攻击小月氏，意图以武力手段逼迫小月氏向自己投降，然后转而攻击汉朝。

迷唐认为，小月氏虽然在口头上臣服了汉朝，可汉朝每一次出兵攻击异族这小月氏都没有派兵帮忙，所以邓训一定不会援助小月氏。可事实却大大出乎了他的意料。当自己率领一万多名士兵攻击小月氏之时，邓训却几乎在同一时间派遣精兵前往援助了小月氏。

迷唐无奈，只能率兵撤离。

邓训此举不但大大出乎了迷唐的意料，甚至连邓训的那些手下都相当不解，他们都劝邓训道："羌人和胡人之间相互攻击都会有所损伤，这不正是我们汉朝所需要的吗？大人您为什么还要去援助小月氏呢？"

邓训："话可不是这样说的，之前张纡用残暴的手段来对付这些羌人，让他们同仇敌忾，致使我汉朝失信，需要长年驻扎大军在此防御羌人，国库因此消耗极大。而附近的胡人也因为我大汉和羌族之间的战争被波及，对我们汉朝愤愤不平。如果继续弃之不顾，这些胡人早晚会和羌人联合在一起攻击我汉朝，到时候造成的损失会更加巨大。可如果我们反过来对胡人施恩，他们不但会对我们感恩戴德，还会在必要的时候帮助我们共同抵御羌族的寇掠。如此，我大汉必定能在短时间内平定羌族祸乱，这才是以夷制夷的最高境界。"

于是，打这以后，邓训下令整个西部边境，命他们打开城门，接纳那些受羌族骚扰的胡人百姓进城，和西部汉朝百姓共同生活，并给了他们很多的优惠政策，使这些人的生活一点儿都不比汉朝人差。

因此，这些胡人都感动地道："汉朝以前只想利用我们去帮他们打仗，现在邓使君不但不差遣我们，还给我们提供庇护的场所，这才是我们的父母官啊，我们以后都听邓使君的指挥，万死不辞。"

这还不算，当时不管是羌人还是胡人，他们的传统都是人不能生病，但凡生病都是体格不行，是耻辱的体现，所以一旦有人生病，那个人就会拿刀剑刺穿自己的心脏了事。

邓训得知此事以后，专门成立了一个单位，此单位的公职人员什么都不用干，就一整天监视这些胡人，一旦发现有谁得病了，立即将其五花大绑起来，不给其自杀的机会，然后命郎中强行治病，病好了以后再进行开导。

据说，因为这一点得以活命的胡人都要以千来计算。

因此，那些胡人从上到下都将邓训当成自己的父母，每次见到邓训都会用最崇高的礼仪来参拜他。

而当邓训彻底"俘虏"了胡人之心以后，又派了很多的胡人潜入羌族领地，去贿赂那些种部的首领，不但给他们财物，还给他们和胡人同样的优良政策，让他们来汉朝境内生活。

汉朝，为当时世界上四大帝国之最（汉朝、罗马、安息、贵霜），百姓的生活环境和质量绝对要比那些少数民族高出数倍，所以，当时的少数民族都想到汉朝来生活。再加上邓训信誉极好，从来没有过失信于人，所以那些羌族酋长在收到这些财物以后连犹豫也没有便带着自己的族人前往汉朝西部边境城镇生活了。

甚至连迷唐的伯父号吾都带领着自己的族人前往了汉朝。

于是，只短短的数月之间，本来如铁桶一般的羌族联盟便被邓训搅和得四分五裂。最后只剩下迷唐一部依然不肯归附于汉朝，并叫嚣着要继续寇掠汉朝边境，和汉朝不死不休。

而邓训呢？见时机已到，便率汉、胡以及归顺了汉朝的羌人联军共同攻击迷唐一部。

迷唐虽然倾尽全力去抵抗，却没有半点儿效果，被联军打得节节败退，几近崩溃。

最后，迷唐实在是没招了，只能率部众搬出了大榆谷和小榆谷，到更远的颇岩谷放羊去了。

可就这样，邓训依然不肯放过迷唐，他率联军继续进击，用皮船穿越浅滩，突袭了颇岩谷，斩杀了烧当羌数千人，活捉了两千多人，并抢夺马牛羊三万多头。

迷唐崩溃，只能率族人再往西迁徙一千多里。

直到这时候，邓训才没有再追击他。邓训认为，烧当羌已经无法再对汉朝形成任何威胁了。因为自迷唐率族人西迁以后，原来依附于烧当羌的种部全都背叛了迷唐，臣服于邓训。

这些羌族人向汉朝缴纳贡品和人质表示臣服，数年都没有再向汉朝进行寇掠。朝廷于是撤出了西部屯兵，只留刑罚犯两千余人在西部屯田而已。

可以说，邓训这次平定羌族祸乱，不但给汉朝在西部重新确立了威信，还为汉朝节省了数以亿计的支出。

2.23 以守代攻，料敌于先

公元89年夏季，因为汉朝连破北匈奴和羌族之乱，使得大汉天威传至欧洲。不但一些欧洲小国遣使和汉朝建交，甚至就连同为四大帝国之一的安息王朝也派遣使者送来了狮子和扶拔与汉朝建交（扶拔：一种兽名）。

这一切看起来都是那么美好，那么光芒万丈。可在这光鲜亮丽的外表下，东汉皇朝却开始慢慢腐朽。

话说那窦宪大胜以后权势滔天，做事全无顾忌。他的兄弟在窦宪和窦太后的光环下也是嚣张跋扈，成为京城一方恶霸。

这些人中除了窦宪以外便要数窦景为最。那窦景经常纵容自己的奴仆和部下抢夺民脂民膏，碰上谁家有漂亮女子，就是强抢。

一时间，整个洛阳风声鹤唳，商人不敢出来经商，怕被抢夺货物，百姓家生有漂亮女儿不敢带出来走动，怕被直接掠了去。

更可怕的是，窦景还擅自调用边疆郡国兵的精锐充当自己府中的士兵。这是要干什么？发动武装政变吗？

于是，洛阳的百姓人人自危，躲避窦景好像躲避贼寇一般，有的百姓甚至直接搬出了洛阳，前往乡下定居，生怕惹来杀身之祸。

窦氏一族这种行为整个洛阳无人不知，却没有一个人敢去管制。只有司徒袁安，他实在是忍受不了这些窦氏族人，乃狠狠地弹劾了窦景，希望朝廷将窦景斩杀示众。

可这些奏疏最后却石沉大海，得不到朝廷的半点儿回复。尚书何敞也上奏弹劾窦氏家族，并以春秋叔段、州吁为例，请窦太后及时限制窦氏家族继续这样猖狂下去。

可窦太后依然没有答复。

没过多久，何敞倒是被外调到诸侯王的封国养老去了。

如此，窦氏一族更加嚣张，收受贿赂全无顾忌，强抢民财全凭心情，整个天下，尤其是洛阳被他们弄得乌烟瘴气。

公元90年正月，先是日食，然后九郡地震、水灾，以致汉朝损失巨大，洛阳方面虽然在第一时间安抚了灾区的居民，可他们根本不知道，这只不过是末日的前奏而已。

五月，窦宪请奏朝廷出动一定数量的士兵往西域攻击驻守西域的北匈奴士兵，断去北匈奴之臂膀。

朝廷准奏，窦宪遂命副校尉阎磐率两千精锐骑兵攻击驻守在伊吾的北匈奴士兵。

本次战斗，汉军以雷霆之势突然袭击了此地，北匈奴驻守在此地的士兵本就不多，再加上全无防备，所以被汉军打得大溃，仓皇逃回了王庭。

车师国因此震恐，前后两王皆表示从此臣服于汉朝，并给汉朝送去了人质表示诚意，给予了正在西域奋斗的班超极大声援。

可就在汉军威望正盛之时，葱岭一带突然马蹄声阵阵，那轰隆隆的行军之声将整个葱岭震得不断抖动。

无他，自上一次月氏王在班超这边受挫以后便一直集结士兵，准备对班超展开武力报复。

这不，正巧在窦宪派人刚刚拿下伊吾的北匈奴军的同时，月氏王便派遣副王谢率军前来攻击班超了。

这一次的攻击行动，月氏王可是下了血本，竟然出动了全国百分之七十左右的军力（七万人），这在西域诸国中可算得上是超大规模的军团了。

所以，当班超联军诸将听说月氏遣七万大军来攻的消息以后全都慌了，纷纷来向班超请示，不知如何是好。

看着下面一个个将领跟丢了魂一样，班超哈哈大笑，哪有一丁点儿慌张的表情存在？

诸将郁闷、疑惑，不知道班超凭什么如此有恃无恐。见场中众人疑惑地看着自己，班超笑着道：“月氏兵力虽数倍于我，但他们越过葱岭，长途跋涉几千里，战线拉得太长，运输根本无法保证，这正是犯了兵家大忌，有什么可担忧的？我们只需要坚壁清野，敌军自破之！哦对了，徐干在吗？”

徐干：“末将在！”

班超：“月氏军本次前来意图速攻，久攻不下定会往距离最近的龟兹请求兵粮援助，我给你一千精锐骑兵，你给我埋伏在去龟兹的必经之路上，只要看到这些运粮部队，就给我全都毁了！”

徐干：“是！”

就这样，徐干出发了，提前埋伏在了龟兹往战场的必经之路上。

而班超呢？则下令诸将将某城周边村邑百姓的牛羊全都迁到某城中，甚至连城周边的麦子也全都给割了，没留下哪怕一丁点儿。

几日以后，某城被月氏军围得水泄不通，月氏副王谢高傲地看了一眼“渺小”的某城，直接对一名手下挥了一下手势。

那手下见此手势直接跑到城下，对城上的将领吼道：“我们大王说了，限你们在……啊！”

没等这月氏小将将话说完，一支冷箭飞来，直接将其射翻在马背之上。

谢大怒，当即挥动令旗。

一时间，鼓声雷动，杀声震天，无数月氏大兵好像丧尸围城一般向某城发动了猛攻。

可一众联军将士在随班超征战西域的这些年中早就学会了汉军的各种战术，尤其是守城战，更是他们的拿手好戏，所以月氏军虽然攻势凶猛，但始终无法攻破某城的大门。

无奈，谢只能命令大军将某城团团围住，然后令士兵前往某城外围抢夺百姓的粮食以充军粮。

可一到周围村邑，谢直接傻了，这些村邑有一个算一个，哪还有一个人一头畜生？就算大米也没留下哪怕一粒。

谢怒了，可愤怒之后便是无尽的恐慌。看现在这个架势，自己的军队短期之内根本无法攻破某城，而现在自己军队的军粮只够一个月之用，一旦军粮用尽，那……

想到这儿，谢忐忑了，惊恐而又无奈的他只能派出使者前往距离自己最近的龟兹处，献上无尽的金银财宝请求龟兹给予自己军粮援助。

龟兹，本就是班超在西域最大的敌人，能收到这些金银财宝，又能借着月氏的士兵打击班超，没人会拒绝。

于是，龟兹王想都没想便答应了谢的请求，甚至还多给了谢很多军粮。

可就在运粮队行进到半道之时，突闻杀声震天，汉军好像天降神兵一般突然杀到。运粮的龟兹兵哪里想到已经被围成铁桶一般的某城还能派出援兵来，所以根本没有半点儿防备，顿时陷入混乱之中。

于是，双方只一个交手结果便已分晓，甚至，汉军还生擒了那个前往龟兹的月氏使者。

最后，徐干命人一把大火将这些救命的军粮全都烧了，然后美滋滋地回到某城。

此时，月氏军的大营之中，看着下面那颗血肉模糊的人头（那个使者的），月氏副王谢沉默了，无比的沉默。看着站在自己面前那嚣张跋扈的脸（班超的使者），谢真想上去将他碎尸万段。可是理智告诉他绝对不能这样做，因为现在自己已经是穷途末路了。现在自己手上虽然有七万士兵，但军粮只剩下不到十日，这些粮食别说继续攻打某城，就连想回月氏国都是不可能办到的。到时候汉军只需要派出一支部队跟随自己，在自己最为饥饿乏力之时发动攻击便可将自己全军消灭。

想到这，谢再无抵抗之心，只能低声下气地和班超的使者道："你家大人真的能够信守承诺吗？"

那使者冷冷一笑："我们汉人从来都不会失信，尤其是我家大人。你可以打听打听，我们大人什么时候失信于人过？"

这之后，谢再次陷入长时间的沉默之中，大概半炷香的时间以后，他终于下定了决心，和那名使者一起进入了某城中，前往拜访了班超。

当天，月氏副王谢对班超双膝跪地，承诺从今以后从属于汉朝，永不背叛，求班超能够放他们平安离去。

班超允诺，并给月氏军一定数量的军粮，放他们安全回到了月氏国。

此次大战以后，月氏再也不敢触汉军之虎威，甚至连龟兹等老牌抵抗分子都老实了不少。

班超在西域的威慑力得以进一步增强。

2.24　北匈奴的败亡

公元90年六月，中山王刘焉去世。

按说，这本不是什么了不得的大事，不值一提。可因为这刘焉乃是窦皇后的舅舅，窦皇后因此竟从国库中取出"助丧钱"一亿来交给刘焉家人。

这还不算，为了给自己的舅舅修建一座豪华庞大的坟墓，窦太后还下令铲除数以千计的官民坟墓腾出地方，动用一万多名民夫建造豪华坟墓。

据说，因此修坟事件所受到骚扰牵连的地方便有六州一十八郡。天下人无不因此痛骂窦氏的昏庸自私。

　　七月，窦宪再次上书窦太后，希望能允许他继续攻击北匈奴，一举将其灭之。窦太后应允，当即封窦宪为冠军侯，给其虎符，让他随时攻击北匈奴。

　　一时间，上一年攻击北匈奴的精锐部队再次往凉州方面集结。

　　北匈奴单于听闻此事以后极为恐惧，当即派遣使者往洛阳方面投降，请求亲自往洛阳朝见汉和帝与窦太后。窦宪批准，并派班固为使者，往北匈奴迎接单于进入洛阳。

　　可就在班固刚刚出发之际，身在洛阳的南匈奴眼线也得知了这个消息，乃速往南匈奴王庭，将这件事原原本本地告诉了南匈奴单于。

　　南匈奴单于得知此事以后大惧，生怕汉朝将北匈奴重新扶持起来。这样的话，他们南匈奴人永远都别想再崛起了。

　　于是，南匈奴单于一不做，二不休，直接派左右谷蠡王率全南匈奴射雕者（八千人）袭击了北匈奴聚居地。

　　贫弱不堪的北匈奴根本无法抵挡南匈奴的绝猛进攻，因此大溃，北单于只身逃脱，其他如阏氏及子女皆被生擒。整个北匈奴"王庭"经此寇掠以后空无一人，所以当班固到达此处以后根本无法完成任务，只能狼狈地回到洛阳。

　　这回没得说了，窦宪不管别的只想要功劳。如今北匈奴单于来不了洛阳了，该属于他的功劳没有了，那怎么办？只能主动出击了。

　　可就在窦宪准备出动大军，一举灭掉北匈奴的时候，汉和帝突然整了一出好戏，让窦宪不敢轻易离开洛阳。

　　公元91年正月，年仅十二岁的汉和帝在毫无征兆的情况下突然宣布举行加冠典礼，赏赐王、公、将军、特进、中两千石官员、列侯、宗室子孙、中郎将、大夫、郎吏、从官大量财物，并赏赐天下百姓很多"柴米油盐"，全国所有犯罪分子统统释放。

　　这一系列快如雷霆的收买人心将窦宪弄蒙了，不知道这个小子下一步打算做什么，便只能放弃亲征北匈奴的想法，改派耿夔率千余精锐骑兵和南匈奴一起出征北匈奴。

　　而此时的北匈奴已经奄奄一息了，整个部族还能战斗的士兵连一万人都不到。

基于此，北匈奴根本不是汉匈联军的对手，双方交战不久便再一次被杀败。

此次战役，北匈奴再次损失了五千余人，已经不配再在大草原中生存了。北匈奴单于把心一横，直接率残部向西逃到了乌孙一带，并扎根在此生活。

而就在北匈奴狼狈往西逃亡之时，洛阳朝廷内部又开始争斗起来了。

这时候，北方的捷报还没有传到洛阳，小皇帝刚刚举行完加冠典礼。司徒袁安和司空任隗直接面见汉和帝，举报了四十多个窦宪的走狗，并将他们作奸犯科的证据全都拿了出来。

汉和帝这时候刚刚上任，也对窦宪党羽的所作所为深恶痛绝，便当即将这四十多号人全都罢免为平民，极大地削弱了窦宪的党羽。

此举使得窦宪对袁安和任隗深恶痛绝，同时也更加警惕汉和帝这个年纪轻轻的皇帝。

数日以后，北方大胜的消息传到了洛阳，窦宪当即跳将出来，夸耀自己的功劳，并以光武帝当初对北匈奴的国策为由，建议重立北匈奴，用以牵制南匈奴，维护南北匈奴和鲜卑的三方关系。

可袁安却对此建议极力反对，他认为，最开始就不应该去讨伐北匈奴，如今北匈奴既然已经被消灭，那么就不应该再重新立北匈奴，因为这样做会造成很多不必要的麻烦，甚至那北匈奴单于还有很大的可能会背叛汉朝。总之就是一句话，窦宪此举完全是多此一举。

可窦宪依然坚持自己的意见，甚至公然在朝堂之上威胁袁安，把话说得很绝，但袁安依然不为所动，和窦宪据理力争。

但最后，汉安帝还是听取了窦宪的建议，立了一个新的北单于。而数年以后，这个北匈奴单于果然和袁安分析的一样，背叛了汉朝，不过很快就被平定了，不值一提。

那么汉和帝为什么要同意窦宪的这个建议呢？

倒不是因为窦宪说得多有道理，而是现在汉和帝刚刚加冠，政权还不稳定，之前已经大大地削弱了窦宪的羽翼，如果这时候再进一步刺激窦宪，保不准窦宪会做些什么"过激"的举动，所以汉和帝这次就让了窦宪一步。

可窦宪要的只是一个听话的皇帝，之前汉和帝削掉他的羽翼已经让他愤怒。

同样地，汉和帝也有自己的野心，他绝不允许有臣子能够威胁他的地位，在他眼皮底下为所欲为。

基于此，这君臣二人之间的矛盾已无法调和，早晚都会有爆发的一天，我们拭目以待吧。

2.25　窦宪之死

公元91年十月，羸弱的北匈奴逃亡乌孙的消息已传遍整个西域。

龟兹、姑墨、温宿等许多之前投奔北匈奴的国家都慌了。他们之前之所以敢和班超叫板的主要原因便是背后有北匈奴这个庞然大物罩着自己。

如今，原来自己眼中的这个庞然大物都不如自己强大了，那还拿什么来和汉朝叫嚣？于是，这些和汉朝敌对的国家都向汉朝投了降。

至此，整个西域除了焉耆等少数几个国家还不服从汉朝的统治以外，绝大部分都已经归顺了汉朝。

因此，洛阳方面在本月拜班超为西域都护，全权掌管西域的军政大权。

得了朝廷的册封，使得班超权势更盛，于是，他率领联军移至龟兹的它乾城中积极备战，准备讨伐焉耆，彻底将全部西域收回汉朝掌控之中。

同月，民间天文学家傅安发明制造了拥有黄道环的浑仪，用以观测日、月行度，比仅有赤道环的浑仪更加精确。

公元92年正月，周荣（袁安府中官吏，性格刚直，为袁安之心腹）正在回家的路上，突然被窦家门客——身为太尉属吏的徐齮拦住了去路。

袁安和窦宪为生死大敌，这在洛阳已经不是什么新鲜事了，所以各自的手下也有很大的矛盾。周荣见拦住自己的人是徐齮，当即脸色一黑："好狗不挡道，让开！"

徐麟也不生气，只是冷冷笑道："你当我喜欢和你说话？今天来是给你和你家大人提个醒，希望你们从此以后能老老实实地做人，有些人，不是你们能得罪得起的。"

周荣："呵，天底下那么多人我家大人都不参，为什么只偏偏参某一个人，难道不是因为那人恶贯满盈的缘故吗？"

徐麟："话不要说得这么绝，你要知道，现在整个洛阳遍布我窦家壮士，我窦家想要一个人的命，他就见不到明天的太阳！"

周荣："劝你别拿武力来威胁我，别说我家大人了，就算是我周荣也不怕你的威胁！"

徐麟的眼神越发冰冷："你能代表你家大人？"

周荣："人养人，狗养狗。"

徐麟："好，很好！"

话毕，徐麟转身离去，再不和周荣多说一句。

两个月以后，司徒袁安在全无征兆的情况下离奇死于家中，汉和帝紧急派御医前往袁安府中诊断，可最终的诊断结果一没有他杀迹象，二无中毒迹象。这种种迹象都表明袁安之死和窦宪没有关系，可汉和帝却是无论如何都不相信的。

那天，汉和帝非常愤怒，拿着一本《外戚传》久久不能放下。新任司徒丁鸿见此（姓名：丁鸿。字：孝公。籍贯：颍川定陵。特征：大儒，在洛阳儒家有无双之称。经历：被汉明帝征召入宫—声射校尉—太常—代替袁安为司徒），断定汉和帝已经对窦宪起了杀心，乃上密奏："当年吕氏专权，刘氏皇族几乎易位，等到哀帝、平帝时期，皇家祭祀更是被王莽所断绝。如今的窦宪权势已经滔天，天下远近大臣全都唯窦宪马首是瞻。新任命的刺史、太守没有窦宪的命令根本不敢去地方任职。此举和当初之王莽又有何分别？还望陛下能够早日出手，不然悔之晚矣！"

看完丁鸿的密奏，汉和帝又是久久不言语，却对窦宪实实在在地起了杀心！不过现在满朝上下不是窦宪的走狗就是事不关己的中立派，汉和帝可用之人只有一些宦官和极少的王室及大臣。不过哪怕是这样，汉和帝也决定拼了，不然再拖延下去，死的就不是窦宪而是自己了。

公元92年六月一日，宦官中常侍郑众秘密前往汉和帝寝殿，一夜未归，不知说了些什么。

二日，清河王刘庆（汉和帝三哥）秘密前往汉和帝寝殿一夜未归，亦不知所为何事。

三日到二十日，郑众和刘庆频繁秘密潜入执金吾和北军五校尉府中，不知所为何事。

二十三日，北军五校尉等一众特种兵突然杀入洛阳城中，他们将城门关闭以后直接将窦宪以及那些和窦氏一族走得比较近的官员全部抓获。

窦宪因为一直被蒙在鼓里，所以全无准备，轻易便被制服，其间没有半点儿反抗。

将这些人全部抓获以后，汉和帝立即下令斩杀郭璜、郭举、邓磊、班固、宋由等一干和窦氏一族走得很近的官员，然后将窦宪、窦景、窦瑰等窦氏族人全部赶回封国，不久后逼迫他们自杀。

这以后，汉和帝算是彻底将大权收纳于掌中了，他虽然没有弄死窦太后（不是不想，而是不能），但这天下以后的事情也再和窦太后没有半点儿关系了。

最后，汉和帝开始大赏有功之臣。首先是自己的三哥，清河王刘庆。

这次夺权以后，汉和帝赏赐刘庆无尽的奴婢、车马、钱帛和珍宝，据说这些财物多得连他的府邸都装不下了，要另建仓库才能全盘装下。

然后，袁安的儿子袁赏被任命为郎，任隗的儿子任屯被任命为步兵校尉，中常侍郑众也被提拔为大长秋之位（宦官大总管）。

这还不算，汉和帝还赏赐了郑众很多很多的金银财宝，可郑众却坚持不要，只收了一点点的财宝就算完事。

汉和帝因此认为郑众是一个非常贤明的大臣，便经常和郑众商讨一些国家大事，有时候郑众的一句话就能改变天下的格局。

因此，宦官掌东汉之权柄便从此而始。

2.26　全定西域

公元92年八月，司空任隗含笑离开了人世。太傅邓彪也不敢再管中枢机要之事，请求汉和帝转让。

汉和帝应允，乃将中枢机要之事转给了新上任的太尉尹睦身上。

十月，汉和帝用宗正刘方出任司空一职。

同月，武陵、零陵、澧中诸蛮起兵反抗朝廷，没过多长时间便被当地郡国兵所消灭。

还是同月，护羌校尉邓训离开了人世，当地的百姓、官吏、羌人、胡人从早到晚地哭泣哀号，每日有千余人。有的羌人和胡人甚至拿刀刺伤自己，哭泣着哀吼："邓使君已经死了，我们活着还有什么意思？"

由此可以看出，邓训在当地多么得民心。

可护羌校尉一职乃是朝廷中不可或缺的重要官职，此官职一旦空缺，那些羌族人还不知道要闹出多大的乱子。于是，朝廷在邓训死后的第一时间便让蜀郡太守聂尚接替了邓训的护羌校尉一职。

聂尚上任以后也想和邓训一样，用怀柔的手段来管理诸羌种部，甚至连烧当羌他都敢怀柔。

聂尚认为，如今北匈奴已经被灭，西域局势大好，四海臣服，大汉如日中天，烧当羌应该不会再反抗汉朝的统治，于是遣使往迷唐处宣扬汉朝的恩德，并允许烧当羌重新搬回大、小榆谷居住。

可他聂尚也不想想，烧当羌如果可以怀柔的话，那邓训早干什么去了？如今一直到死邓训都没有怀柔烧当羌，那不就证明了烧当羌无法信任吗？

果然，当烧当羌重新回到大、小榆谷以后，迷唐立即率众对金城发动了突袭，但凡抓到的汉人皆将其肢解残杀。而聂尚没有邓训的才华，根本就制止不住这些烧当羌人的寇掠。

汉和帝因此罢免了聂尚的官职，并命贯友为新任护羌校尉，让他率军前往陇西一带平定烧当羌这个大患。

公元93年三月，贯友率汉军抵达了陇西境内，而此时的烧当羌已经重新集结了不少的种部，再次组成了联盟，准备应对汉朝接下来的报复。可这一次的联盟却没有上一次那么坚固了。

这一次，这些羌人之所以愿意和迷唐组成联军，最重要的原因还是怕烧当羌的叛乱波及他们，使得洛阳再派一个像张纡那样的屠夫来屠杀他们，所以才不情不愿地和迷唐组成了联军。

可当贯友到达陇西以后，第一时间便派遣使者往西羌诸种处，向诸种大人承诺，朝廷这一次收拾的只有烧当羌一个种部，只要他们不协助烧当羌抵挡汉军，汉朝非但不会治他们的罪，还会像当初邓训那样来对待他们。

一听这话，这些支持迷唐的种部立即各回各家，再不管烧当羌那一码子事儿了。

见此，贯友立即出兵大、小榆谷，对烧当羌展开猛烈进攻。

迷唐不是对手，只能再次向西奔逃迁徙。

公元93年三月，东汉无田之饥民持续增多，汉和帝只能一边对这些饥民发放粮食，一边再命人带领他们开荒种田。

九月，广宗王刘万岁去世，因为没有后代，封国被取消。

同月，鲜卑人大举迁徙于北匈奴故地，并多收北匈奴遗民，逐渐强大起来。

十月，太尉尹睦去世，朝廷封张酺（仆）为新任太尉。（姓名：张酺。字孟侯。籍贯：汝南细阳。特征：不畏权贵，擅长治理一方，精通《尚书》。经历：明帝时期受朝廷邀请为四姓小学教导《尚书》的老师—侍中兼虎贲中郎将—东郡太守—魏郡太守—河南尹—太仆—太尉）

十二月，南匈奴单于屯屠何去世，新任单于之位由前单于的弟弟安国继承。

这安国在继位之前是南匈奴的左贤王，无论是领兵打仗还是治理部落都没有什么太大的能耐，以至于声望不佳，继承单于之位以后整个南匈奴都没有多少人信服他。

而当安国成为单于以后，匈奴的下一任继承人，也就是左贤王之位便由前单于的儿子师子继承。

师子勇猛无敌，足智多谋，所治理的部落也是富足强大，之前南匈奴屡次大胜北匈奴都有他的功劳在里面。所以不但南匈奴境内的官民们拥护师子，甚至就连汉和帝都比较重视他。

基于此，安国始终将师子看作是他的眼中钉、肉中刺，总是想除之而后快。

而正巧当时投降汉朝的十多万北匈奴遗民也十分痛恨师子，安国便想通过他们之手将师子宰掉。

可师子提前得到了消息，遂于安国动手以前带领其部迁徙至五原一带，从此再不回王庭，甚至年度祭天大典他都不回去。两人之间从此相互防备，按这样下去的话，南匈奴早晚会有内战爆发。

不过按照套路来讲，这种级别的内战最早也要积淀好些年以后才会爆发，但令师子和安国万万没有想到的是，一个月以后这场内战就爆发了。而这一切，都源于一个叫杜崇的汉朝驻匈奴中郎将。

那杜崇不知道出于什么原因，和安国之间处得如同仇敌一般。安国单于实在是再也受不了这个叫杜崇的汉人了，于是上书洛阳，请求朝廷将杜崇给调走。

可杜崇提前得知了这个消息，乃致信好友，也就是现任度辽将军朱徽，请求他将安国的告状信给截下来。

那朱徽和杜崇乃是莫逆之交，当然不会拒绝他的请求，便将安国的信件给截了下来，让他无法向朝廷表达自己的想法。

可这也不是长久之计，你能堵得住安国一次两次的上奏，难道还能堵得住第三次吗？而一旦让朝廷得知自己私自扣留单于信件的话，那必是杀头的大罪。

于是，杜崇、朱徽二人一不做，二不休，直接联名上奏朝廷，告了安国的黑状：

"启禀陛下，南匈奴单于安国疏远旧部，亲近新降北匈奴遗民，未得我朝批准便想谋杀左贤王师子。同时，据末将探察，这些北匈奴遗民醉翁之意不在酒，他们只等协助安国杀死师子以后便打算借机胁迫安国反叛我们汉朝，还请陛下能够提前请西河、上郡、安定三郡的兵众做好防备措施，之后不管安国说什么都不要相信。"

汉和帝对此奏报高度重视，当即召集廷议，请两千石以上高官共同商议此事。

一众官员认为，匈奴人虽然反复无常，难以预料，可由于现在汉朝有大军于边境屯集，他们必定不敢反叛汉朝。所以杜崇信中的言论不能全信，但同时也不能不信。朝廷应该派遣一位果断并富有谋略的官员出使南匈奴，和杜崇、朱徽及西河太守共同观察南匈奴的一举一动。如果南匈奴没有背叛汉朝的想法，那么只需要责罚一下安国就可以了。可如果安国真的有背叛汉朝的想法的话，那么使者就可以随机应变，用一切可用的办法宣扬汉朝的国威。

于是，朝廷派遣某某为使，率朱徽、杜崇，以及西河一带的郡国兵前往了南匈奴王庭。

此消息很快便传到了王庭，安国一听朝廷竟然派大军前来调查他们，这里面还有杜崇就知道大事不好。

最后，安国将心一横，直接率所有能调动的战力前往攻击师子。

师子见安国狗急跳墙，也不和他对招，而是率全体部众进入了曼柏城决定以坚壁清野的守城战死死拖住安国的部队，只要拖到汉军一来，他安国便必死无疑。

安国也不傻，师子怎么想的他心知肚明，于是指挥军队拼了命地攻击曼柏城。可攻城战乃是匈奴人的短板，曼柏城又是匈奴势力中出了名的易守难攻之地，所以一时间难以攻破。这就引来了汉朝的调停。

那么前来调停的人是谁呢？正是朱徽派来的官员。

此官员明面上虽是声称调停，可一切都是给汉朝派来的官方使者看的，实际上对安国尽是冷嘲热讽，并让他赶紧撤兵，这样汉朝还能对他"从轻处罚"。

一听这话，安国大怒，断然不肯接受汉朝的调停。

见此，杜崇和朱徽心中乐开了花，请命某某大使，准他们屯兵进入五原，随时准备对安国发动进攻。

某某也是无奈，只能批准了朱徽和杜崇的建议。

反观安国方面。当他那些手下得知汉军屯驻五原，准备随时对他们发动进攻以后就慌了。

开玩笑，他们配合安国进攻师子那是因为安国是单于，这整件事也是他们南匈奴内部的事情，可从来没提过这里面还有汉朝的事。如果早知道汉朝也会从中插上一脚，他们是说什么都不会和安国纠缠在一起的。

所以，当即有士兵于夜间逃亡，安国根本无法制止。

安国的舅舅和手下骨都侯见军队已全无胜利可能，又见安国直到这时候都没有半点儿向汉军服软的意思，害怕受到牵连，乃于夜深人静之时将安国给杀了，并将安国的首级送到了汉朝使者处。

至此，汉军乃退，师子顺利地成为南匈奴新一任单于，是为亭独尸逐侯鞮单于。

同月，永昌境外夷人向汉朝献上犀牛、大象，并保证从此以后臣服于汉朝。

还是这个月，司徒丁鸿离开了人世，汉和帝用司空刘方顶替其为司徒，用太常张奋为司空。

二月，三河、兖州、冀州、青州无地贫民增多，汉和帝贷种给他们，分发给他们农具，让他们前往开荒。

三月，因汉朝无地逃荒之流民逐渐增多，汉和帝乃下诏各个地方，一定要善待这些流民，如果他们在本地做些买卖在一定的时间限制内不准收取他们的商业税。

同月，因汉朝现在可开荒之地已越来越少，汉和帝实在想不出更好的法子来应对此种问题，因此下令天下举贤良方正入京考试，考题只有一个，那就是如何解决现在天下的土地问题。

结果，汉和帝悲哀地发现，除了实行西汉的迁土豪、均田地的办法以外，没有任何办法可言。因为汉朝唯一一次可以改革的机会只有光武帝时期，可光武帝那时候力图求稳，也没有动这些土豪，以至于现在他们发展得越来越大，根本无法动，所以汉和帝也只能破罐子破摔。

四月，蜀郡境外一些羌族种部请求内附于汉朝，汉和帝批准。

五月，城阳王刘淑去世，由于没有子嗣，封国被取消。

六月，汉和帝下诏全国官员，以后但凡伏日（入初伏的那一天），全国官员休假，不必办公。

公元94年七月，西域龟兹境内频繁调动，轰隆隆的马蹄声连绵不绝，龟兹、鄯善、疏勒、于阗等八国联军共七万余人听从西域都护班超之命，于本月在龟兹它乾城完成了集结。

随后，班超带领这七万多人直接出击，兵峰直指焉耆等反对汉朝的西域国家，打算一战而定西域。

当大军开进到尉犁国边境之时，班超打算先礼后兵，于是分别派遣使者前往焉耆、尉犁、危须三国劝说他们的国王立即投降，并承诺他们，只要现在肯归附于汉朝，他们将得到和其他西域诸国同等的待遇。

焉耆王虽百般不愿，但此时班超的威势太盛，根本无法力敌，乃遣左将北鞬支带着牛肉和酒前往犒劳联军，并承诺从此以后臣服于汉朝。

可当班超见到北鞬支之后当即便怒了，指着北鞬支便是痛声斥责："好一个匈奴质子（北鞬支是北匈奴在焉耆的人质），好一个焉耆王。本都护代表的是大汉，你们焉耆王竟然敢不亲自迎接，只派你一个小小的质子前来充当受降人？你小子难道能代表得了焉耆王？还是你现在已经能在焉耆国内只手遮天，可以不服从焉耆王的管教了？"

北鞬支一听这话吓得跪地砰砰磕头："不敢！下臣哪敢有如此非分之想，只是这次前来确实是奉了我家大王之命，如果都护大人因此不满的话，下臣回去后一定会拼命劝谏大王亲自前来，还请都护大人宽容。"

见此，班超冷冷地道："回去告诉你们家大王，让他立即过来拜见本都护，不然，兵锋所指，到时候不管你们家大王说什么本都护都不会再听了。"

北鞬支连连叩首，逃也似的回到了国都。焉耆王无奈，只能带着大臣们亲自前往尉犁国拜见了班超，并且献上了价值不菲的财宝。

班超伸手不打笑脸人，也隆重地招待了焉耆王和他的那些臣子们。可就在席间，班超突然蹦出了一句话，将焉耆王吓得亡魂皆冒。

班超："我说，尊敬的焉耆王啊，本都护想问问你，之前龟兹王他们都向我汉朝投降了，为什么你却没来呢？难道我们汉朝就这么不招你待见？"

焉耆王："都护大人误会了，这，这完全是，这……"

班超冷笑："呵呵，焉耆王不必紧张，本都护并不是一个说话不算数的人，不过因为你之前的表现，本都护实在无法对你全信。这样，过一段时间我带着军队去焉耆国溜达一圈儿，检查一下你的诚意，如果你真的对汉朝忠心的话，我班超一定不会为难你。"

这话一说，焉耆王直接蒙了，料想这班超进了焉耆国以后一定不会干什么好事儿，于是嘴上答应得好好的，可一回到焉耆国便立即命士兵毁掉了大河上的桥梁，阻断了联军进入焉耆的道路，并派兵死守河流，准备以地利抗住联军。

消息很快便传到了班超处，可班超根本就没当回事儿，只是每日纵情饮酒，并给联军士兵杀猪宰羊。

而焉耆国都之中，本来万分紧张的焉耆王见班超二十来天也不来攻击自己，料想班超是有所顾忌，便放松了警惕。

可就在七月二十八日清晨之时，正在睡梦中的焉耆王突然被手下惊慌叫醒，焉耆王没有发怒，而是大恐问道："怎么了？怎么了？是不是班超那厮已经开始对我们发动进攻了？"

那手下惊慌地道："大，大王，事情要比这更糟，现在班超已经进入了我焉耆国境，距离我国都已不到二十里。"

焉耆王："什么？这不可能！他是怎么进来的？"

手下："我，我也不知道啊，联军在今日清晨不知怎么就出现了。"

一听这话，焉耆王一时间就要昏倒，急得下人上来连番拍打，这才有所好转。可焉耆王却一把推开那名手下，慌忙地道："快，快去召集大臣们来我这商议国是。"

不一会儿，国都之内的权贵全部集于一堂。焉耆王慌张地道："现在联军已经逼近我国都，各位有什么办法还请速速道来。"

虽然焉耆王很着急、很慌张，可下面一众大臣却你看看我我看看你，半天憋不出一个屁来。最后也不知道是哪个大臣犹犹豫豫地站出来道："大王，汉朝本就不是我们一个小国所能抵抗的。如今又有其他国家的相助，我看不如……"

焉耆王："怎么样？"

大臣："不如将全国百姓迁徙至深山自保，等联军解散以后再重新占据故地。"

这话说完，全场官员皆惊异无比，心中愤恨难当。可现在貌似除了这个办法以外还真没有什么其他办法了，所以虽不甘，但焉耆王还是采纳了这个臣子的建议，并通告全国各处城邑的大人，让他们时刻准备携百姓出逃。

焉耆国的左侯元孟曾经在京城做过人质，对汉朝的文化有很深厚的感情，再加上这一层关系，相信焉耆王死后汉朝一定会立自己为王，便秘遣使者，将焉耆王的这项决定提前告知了班超。

班超对此深信不疑，可就在想要采取进一步动作的时候，突然眼睛一转，计上心来，直接将元孟派过来的使者给斩了，然后命两队骑兵提前断去了焉耆王的归路，最后派遣使者往焉耆王处，将元孟泄露消息一事说明，并表示自己并不信任元孟的话，希望焉耆王能尽快前来拜会他。

这时候的焉耆王已经一点办法也没有了，后路已经被联军骑兵断去，他们仅有的那点儿念想也全都没了，便只能答应汉朝，并约定日期准备前往班超大营之中。

同时，班超还派遣使者往尉犁王和危须王处，约定时间让他们前来参加集会。

两国国王见唯一可以依仗的焉耆王都服了软，也就再没有抵抗联军的勇气了，所以只能答应班超的要求。

不过等到约定日期到来那一天，焉耆国主战大臣相腹和危须国王因为害怕被斩杀并没有来，到来的只有焉耆王、尉犁王和一众大臣三十余人。班超以此为借口大声痛骂焉耆王，不等其辩解便将到场众人全部斩杀。

之后，班超将大军分为三部，同时进攻焉耆、尉犁和危须。

焉耆和尉犁国中一把手突然被杀，中枢指挥系统失灵，再加上战力本就不比联军，所以没多长时间便被剿灭。

至于危须，丧失了焉耆和尉犁这两个强有力的盟友，当然也不是联军的对手，被班超分分钟消灭。

这三个国家都投降以后，班超放任联军掳掠，当他感觉到了某一个极限以后才制止了这种行为。

本次战斗，三国彻底投降，被杀五千余人，被掠走一万五千余人，马、牛、羊被掠走三十多万头。

这之后，班超没有立即返回，而是立元孟为新任焉耆王以后继续在焉耆坐镇半年有余才算告终。

这半年内，整个西域所有的国家全都向洛阳献上人质，表示从今以后臣服于汉朝。

汉和帝极为欣慰，乃下诏天下："从前匈奴独霸西域，侵犯掠夺河西地区。那里的城门白天都不敢打开，那里的百姓每日提心吊胆。先帝特别怜悯边境地区的老百姓，于是命令将帅进攻西域，攻击白山，军临蒲类海，夺取车师。西域诸国因此惧怕，纷纷投降我大汉。于是，朕重新设置了西域都护。但是，只有焉耆王要违逆我大汉，依然凭借这险要阻挡我大汉的去路。先帝看重人民的生命胜过自己，所以派班超安定于阗以西的地区。班超于是越过葱岭，抵达悬度山，进出西域二十二年，使西域国家没有不顺从的。他为西域改立国王，安抚百姓，不动用我大汉的力量便做到使遥远的异族人臣服于我大汉之下。真是扬我大汉国威之首功之臣！这种功臣怎能有不赏之理？朕现在宣布，封班超为定远侯，食邑千户，即刻生效！"

班超，这个西域的无冕之王，自永平十六年（73年）奉窦固之命出使西域一直到永元六年（94年）以来共经历了二十二年，这些年来，朝廷满打满算给班超的援军不过两三千人。可班超硬是在这种苛刻的条件下成功拿下了整个西域，诚艰难之伟业也！

此等功绩，两汉少有之！

03

第三章

灭之不尽的异族人

3.1 东窗事发

公元94年十一月。话说自从师子继承了单于之位以后，那些和师子有仇怨的北匈奴人便十分不满，甚至有五百多名北匈奴降众在师子继位的当天夜里便偷袭了师子。虽然最后没能成功，但由此便可以看出，这些北匈奴的降众对师子的怨恨到达了一种什么样的地步。

到本月，北匈奴降众对师子的不满已经堆积到了极限，他们再无法忍受仇人的统治，所以十五个部落，约二十万的匈奴人（这里面还掺杂了很大一部分对安国死忠的南匈奴人）集体造反。

他们胁迫之前不知道哪一任单于之子逢侯为自己的单于，然后突然袭击汉朝边境一顿疯狂掳掠，最后往朔方方向，打算穿越大漠往北迁徙。

而洛阳方面当然不会放过这些掳掠了汉朝的人离去，乃命代理车骑将军邓鸿为主帅，越骑校尉冯柱、代理度辽将军朱徽率左右羽林军、北军五校士、各个郡国的弓箭手、突击骑兵以及乌桓与鲜卑的精锐轻装骑兵共计四万人前往讨伐。

当时，逢侯叛军的百姓已经向漠北逃亡，逢侯也亲率一万多名骑兵在围攻牧师城，打算搞他最后一票（师子和杜崇这时候都在牧师城）。

可当他闻听汉朝大军已经到达美稷，逐渐向自己逼近时，逢侯便不再做任何停留，转向北走。

见此，南单于亲自带领一万多名轻骑兵和杜崇的四千多名汉朝突击骑兵前往美稷和邓鸿会师，听从邓鸿的下一步命令。

那邓鸿经过再三分析以后，断定整个混编大军一齐追击匈奴人铁定追不上，于是命师子和杜崇各率本部兵马奋起直追，然后再令任尚率乌桓、鲜卑骑兵提前奔至满夷谷对逢侯进行阻击。

至于邓鸿，则亲率主力部队逐渐向北推进。

本月下旬，师子和杜崇成功追上逢侯，双方进行惨烈的白刃战，每一方都损失了数千人之众。可因为汉朝军队的主力大军正缓缓驶来，使得逢侯投鼠忌器，不敢发全力死拼，只能在交战不多时便率队狼狈而逃。

可就在逢侯逃至满夷谷的时候，又被早就埋伏在这里的任尚打得溃不成军。最后只有逢侯率几百士兵狼狈而逃。

而此时，叛匈的大部队已经出塞，进入了大漠之中，完全无迹可循，邓鸿只能率军回归洛阳。

本次作战，汉军虽然没能将所有的叛匈杀尽，可前后杀了叛匈一万七千多人，也算是一场大大的胜利了。

同年十二月，汉和帝下诏，将渤海郡归入冀州范畴。

同月，汉和帝用大司农陈宠为廷尉（姓名：陈宠。字：昭公。籍贯：沛国洨县。特征：极善法律处置，断案果断准确。刚正不阿，从不攀附权贵。经历：因为爷爷在新莽时期为尚书，父亲在建武初时为廷尉左监，所以陈宠为法学世家，对法律都非常擅长，于是陈宠被鲍昱所相中，调任其为辞曹，让其协助判决全国疑难案件—陈宠为辞曹期间，廷尉署所断之案得到全国上下的好评，据说没有一例冤案—尚书—因为得罪了窦宪，好友怕他因此而死，所以走后门将他调到了太山去做太守—太山在陈宠到达以后法事大兴—大司农—廷尉）。

时间：公元95年正月。

地点：宣德殿。

此时的大殿之中，众人正在商议国家政事。突然，一名官员冲了出来，气势汹汹地与汉和帝道："陛下，臣要参代理车骑将军邓鸿！"

这话一说，场下皆惊，不知为何会如此。那名官员接着道："没错，这一次邓鸿率大军出击是取得了胜利，并歼灭了一万七千多人，可这一次的战果本来应该更好，甚至能够将所有的叛匈全部歼灭！"

汉和帝："说下去。"

官员："据下官所知，当邓鸿到达美稷的时候，逢侯选择了撤退，这时候那些匈奴人还没有进入大漠，逢侯也没有走远。此时正是率军奋起直追之时，可邓鸿非但没有在第一时间追击，反倒胆小如鼠，也不准师子和杜崇追击，而是命令他们和自己会师，然后又整顿了很长时间以后才行追击，而这时候，那些反叛的匈奴人已经进入了漠北。这也不算什么，在大胜逢侯以后，那些匈奴人还没有走远，踪迹还没有消失，如果一定要追的话是有很大可能在大漠边缘将他们追上的，但那邓鸿倒好，直接撤兵了。请问陛下，这样的人难道不应该按军法处置吗？"

汉和帝听闻此事以后当即派人前往匈奴进行调查，结果全部属实，还从中发现了朱徽和杜崇相互勾结进而陷害安国，逼其反叛之事。

这一连串的事情使得汉和帝勃然大怒，直接将三人全部下狱处死。

3.2　真相大白

公元95年九月，有人指控乐成王刘党，说国家有禁令，从宫中出去的女人不得嫁给各个国的诸侯王。而原来在宫中有一个叫哀置的女人，她出宫以后嫁给了一个叫章初的为妻。刘党看中了哀置的美貌，将其骗入宫中，章初憋屈，欲上访举报，却为刘党所杀，希望汉和帝能够按照国家律法处置刘党，以儆效尤。

刘党，那是汉章帝的兄弟，汉和帝的叔叔，所以汉和帝也不想过分处置，乃削乐成国两县，以示惩戒。

公元96年二月，汉和帝立贵人阴氏为皇后（阴识的曾孙女），小赏天下。

四月，也不知道古人哪里来那么多的自尊心，乐成王刘党越想起之前的事，越觉得丢人，竟然抑郁成疾，在本月直接死了。

他的儿子刘崇继承了刘党的王位，可不知什么原因，没过多长时间也死了。刘崇因为没有继承人，所以乐成国被取消，成了汉朝之郡。

四月，并州无田饥民逐渐增加，汉和帝发给这些饥民种子和耕具，让本地官府带着他们开荒。

五月，南匈奴右温禺犊王乌居战率本部人马反叛出塞，意图前往投奔逢侯。可这一次汉军反应极为迅速，度辽将军庞奋和越骑校尉冯柱在第一时间率兵追击，没等乌居战进入大漠便将其追上。

乌居战虽率部奋勇抵抗，可无奈双方之间的战力差距实在太大，所以乌居战所部大败，乌居战也被当场斩杀。剩下的族人见此全部向汉军投降，汉朝遂将这两万多人安置在安定、北地二郡。

十二月，护羌校尉贯友去世，朝廷在第一时间命汉阳太守史充接替护羌校尉一职。

正所谓新官上任三把火，那史充为了能以最快的速度坐稳护羌校尉这个位子，竟在上任第一天便发动湟中羌人和胡人出塞去攻击烧当羌。

迷唐听闻此讯以后，直接派出精锐部队埋伏驻守于各个险要之中，运用熟悉得已经不能再熟悉的地形来游击史充所部。

在迷唐神出鬼没的游击战下，无头苍蝇一般的史充部队消耗急剧增大。

史充见势不妙，遂在伤亡继续扩大以前便带队离开了。

而迷唐并没有对史充进行追击，因为他知道，现在想要对付汉军，只能凭借地理的优势，一旦追出了本地，很有可能被史充反将一军。

本次对烧当羌作战，史充的损失虽然不是很大，但朝廷却饶恕不了这个败军之将，所以汉和帝直接罢免了他护羌校尉一职，用代郡太守吴祉接替之。

公元97年八月，洛阳发生了一件超大事件。汉和帝的"母亲"，残暴的窦太后驾崩了！

当初，窦太后还是皇后的时候曾通过种种手段逼死了梁贵人的家人，还将梁贵人的亲生儿子，也就是现在的汉和帝纳到了自己的名下。梁贵人因此整日郁闷，不久便离开了人世。

梁贵人死后，窦皇后用血腥的手段威胁后宫中人，不准他们泄露有关梁贵人与汉和帝的一切私密。所以直到现在，基本没什么人知道汉和帝的亲生母亲是梁贵人。就算有知道的，他们也不敢说。

可窦太后死了以后，这一切都不一样了。

舞阴公主之子梁扈在窦太后死去没几天便上书三公："汉制，天下之间无论皇帝还是百姓都应该尊重孝顺亲生母亲。梁贵人十月怀胎，辛辛苦苦将陛下产出，可最后却郁郁而终，直到现在都没有一个尊号，所以请求三公能让陛下给梁贵人正身！"

太尉张酺见此上书后大惊，当即派人前往调查事情的真伪。结果调查以后完全属实，乃上书汉和帝，将调查结果原原本本地向其进行了汇报。

汉和帝因此伤心良久，过后宣布承认梁贵人的合法身份。

可这一切都是梁家的投石问路之计而已。他们想得很明白，如果汉和帝对于梁贵人的死不闻不问的话，他们也就不再声张了。可如果汉和帝还念及他有梁氏一族的血脉的话，那可就是梁家崛起的时候了。

结果很显然，汉和帝还是十分念及血缘的，所以梁贵人的姐姐梁嫕便再次上书喊冤："陛下，我的父亲，也就是您的姥爷，在您被'抢夺'以后屈死于牢狱之中，直到现在尸骨都不得掩埋。您的姥姥现在已经年过七旬，和弟弟梁堂至今还在极远的边境，不知是死是活。贱妇真诚地请求陛下，能让狱中官吏将我父亲的尸骨取出，让我安葬。让我的母亲和弟弟能够重返回乡，我们不求别的，只求能够一家团聚。"

这封短暂的信件中虽然没有提及窦皇后的半点儿不是，可一眼就能看出这里面更深一层的意思。于是汉和帝召见了自己的大姨，也就是梁嫕前来宫中对话。

这时候可就没有什么可顾忌的了，梁嫕一次性将当初窦皇后是怎么迫害他们梁家的事情一股脑地全都说了出来。

汉和帝因此大为震撼，不只震撼，他还愤怒。所以当时就有官员上书，希望汉和帝取消窦太后的尊号，且不让她和汉章帝合葬在一起。

不过汉和帝却没有这样做，那窦太后虽然过分，但不管怎么说对自己也有养育之恩，自己加冠以后她也没有再阻着自己，所以并没有对已经死去的窦太后怎么样，该安葬的还是好生安葬了。

不过因为梁家的悲惨，自己生母的冤屈，使得汉和帝对于梁氏家族有一种近乎愧疚的情结，乃追封已故梁贵人为皇太后，并大封梁氏族人，梁氏一族，就要崛起喽。

3.3 烧当羌的瓦解

还是公元97年八月，就在梁氏一族刚刚要崛起之时，从北方突然传来噩耗，一向臣服汉朝的鲜卑在毫无征兆的情况下突袭了汉朝边境，进行疯狂掳掠。

而新任辽东太守祭参软弱无能，不敢带兵作战，眼睁睁看着鲜卑人抢夺汉朝物资，残杀汉朝百姓。

朝廷因此大怒，直接将祭参押回京城处死了。

可就在汉和帝打算整顿部队"回报"这些鲜卑人之时，从西面又传来了不好的消息。

那烧当羌迷唐好像和鲜卑串通好了一般，在鲜卑刚刚寇掠之后便率八千部众突然袭击陇西一带。

鲜卑这个民族说实话和汉朝并没有多大的仇恨，所以他们寇掠汉朝边境只是抢劫，如果汉朝百姓不是反抗激烈的话，他们是不会过分而滥杀无辜的。

可迷唐的烧当羌却不是这样，烧当羌这个种部和汉朝可谓是不死不休的关系，所以他们寇掠汉朝的时候基本上是见到活物就杀，并且手段极为残忍，几乎没有一具汉朝百姓的尸体是完整的。

这还不算，迷唐还用自己强大的武力胁迫其他羌族种部和他勾结在一起共同抢夺汉朝边境，一个月内竟然聚集了三万多人，这人数不可谓不多了。

同样地，对比鲜卑来讲，汉朝更加痛恨烧当羌，所以汉和帝放弃了先攻鲜卑的打算，而是命刘尚为代理征西将军，以越骑校尉赵世为副将，率领汉兵、羌兵和胡兵组成了一支三万人的精锐部队对迷唐的羌族联军进行讨伐。

那迷唐听闻汉朝大军已经抵达了狄道的消息以后急速后撤往高地，然后架设壁垒，准备在此高地和汉朝部队决一死战。

因为人数相当的关系，刘尚不敢围住此壁垒（怕迷唐的集点突击战术），同时又不敢对峙拖延（毕竟有邓鸿的前车之鉴），便只能集中一点对迷唐的壁垒发动攻势。

好在这些羌人并没有汉人构建壁垒的技术，他们的壁垒并没有如汉人那样构建得坚固难攻，所以汉军也没有什么太大的劣势。双方就这样围绕此壁垒展开了疯狂的攻守战。

数日以后，迷唐眼见汉军的攻击没有停歇的趋势，诸羌联军的士气却在频频下降，乃率军在一个漆黑的夜晚偷偷撤退了。

而汉军的情况也不比这些羌人强多少，损失同样巨大，刘尚怕迷唐狗急跳墙，便也没有再率军追击，这次讨伐羌族的行动就这样虎头蛇尾地结束了。

公元97年十二月，也就是烧当羌撤退的四个月以后，西域都护班超命甘英为使者，从敦煌出发，一路走过西域，出使了安息（今伊朗一带）、大秦（今罗马及周围一带区域，甘英到的位置就是罗马的南部，大概是现在的土耳其一带，他认为这就是罗马，不过可惜的是他并没有真正进入罗马境内）、条支（今伊拉克一带），直到大海（今波斯湾）才按原路返回。

这一次的长途出使，使得汉朝和很多的欧洲国家建交，虽然最终没有到达罗马，但也算是一次伟大的行程了。

公元98年十月，朝廷突然有人上奏狠参刘尚，说上一次对羌族作战中，主帅刘尚在烧当羌撤退以后没有及时追击，致使烧当羌能够安全撤退，所以希望汉和帝能够按军法处置刘尚，以儆效尤。

汉和帝经多方查证以后确定此事为实，遂将刘尚弄进监狱，并免去了他所有的职务。

之后，汉和帝提拔谒者王信、耿谭，让二人分别统率刘尚的部队，驻扎在枹罕及白石，准备时刻攻击烧当羌。

那耿谭极善攻心之策，入驻白石以后便不断派乡间深入羌族诸种，离间他们和烧当羌之间的关系，并承诺这些羌族人，只要他们肯重新投效汉朝，汉朝必不追究之前的事情。

这些羌族人本就是在迷唐的武力压迫下才和汉朝交战的。如今汉朝已经开出了优厚的条件，他们当然不会再傻呵呵地和汉朝硬干。

于是，这些羌族人一个个地全都重新投降了汉朝。

眼看着身边的人越来越少，汉朝的压迫越来越大，迷唐也是慌了。这个聪明人的理智战胜了心中的仇恨，竟然在汉军对其展开全面进攻之前遣使出使了洛阳，宣布烧当羌从此向汉朝投降，希望汉朝不要再对其进行军事打击。

汉和帝当即准奏，毕竟少了一个烧当羌每一年都能给大汉朝廷省下不少军费。

就这样，王信和耿谭不甘地撤退了。汉朝因此损失了一次非常好的进攻机会。

那么烧当羌是不是真心投降了汉朝呢？呵呵，不言而喻。不过距他们再次叛乱还要等一年多的时间，我们到时候再说吧。

同年十月，南单于师子去世，其子檀被立为新任单于，是为万氏尸逐鞮单于。

公元97年七月，此时的汉朝因为土地关系已造成一种富人越富、穷人越穷的现象。

而这些富人极度奢侈，吃穿用度皆为最华贵之物。汉和帝因此下诏天下，制定一定的章程来禁止这些奢侈浪费的行为，可这根本没有什么用，只能在一定的时间内微微限制一下这些地主贵人，是完完全全的治标不治本。

同年，不知道是哪个汉朝人发明了一种新式烧瓷技术，使得各种瓷器更加精美，因此，陶瓷成为一种时尚，达官贵人几乎家家都会有那么一两件陶瓷制品。

公元100年二月，随着近些年来自然灾害的持续不断（公元92年十二月，汉朝局部地区旱灾、蝗灾。公元93年二月，陇西地震。六月，汉朝局部大冰雹。公元94年，京师大旱。公元95年，日食。七月，易阳土地开裂。九月，洛阳地震。公元96年五月，河内、陈留蝗灾。九月，京师蝗灾。公元97年三月，陇西地震。六月，发生蝗灾、旱灾。公元98年十月，五个大州水灾），越来越多的灾民吃穿不起，汉和帝因此下诏天下，命本地官府给那些吃不起饭的百姓们以极低的利息借贷粮食，供他们度过灾年。

公元100年四月，日南象林蛮夷反对汉朝的统治，起兵造反，抢夺汉朝边境县邑，可嚣张没几日便为边境郡国兵所消灭，造反行动以失败而告终。

同年四月至七月，在这三个月间汉朝连续发生自然灾害，首先是秭归发生山崩，然后舞阳又发大水，最可怕的是又发生了日食。

种种灾害频繁发生使得汉和帝大为恐惧，断定这是上天对自己的警示，乃在官中频频更换官员，又是减轻刑罚又是各种折腾，可最后都没有用。

同年十一月，本来已经臣服于汉朝的烧当羌不出所料地再次背叛了汉朝。迷唐在这个月带领着烧当羌一众人勾结湟中各部胡人抢夺汉朝边界，杀人手段还是和当初一样残忍无道。

汉和帝被这反复无常的烧当羌气得暴跳如雷，当即命护羌校尉周鲔率各郡郡国兵，以及属国的羌兵、胡兵共三万人向迷唐发动进攻。

这一次汉和帝下了死命令，无论如何都要周鲔将迷唐的人头给他送到洛阳。

周鲔也知道这一次出击的重要性，为了不让迷唐逃跑，将敌人彻底围杀，他在行军的时候便将大军分为四部，约定时日从四个方向共同向烧当羌发动进攻。

而此时，迷唐还在疯狂地屠杀和抢夺汉朝边境，根本没料到死神已经一步步向他逼近。

公元101年八月上旬的一天，烧当羌的大营之中，这些羌族人吃着汉朝的粮食，搂着汉朝的女人不停地玩乐着。

可就在这时，突然鼓声震天，四面八方尘烟滚滚，无数身穿红黑战衣的战士如火焰一般向他们疯狂奔来。

富有多年战阵经验的迷唐一见这情况就知道完了。他也是非常果断，当即率领全军呈锥形向西方全速突围。

轰！两军迅速交战在一起，这些烧当羌和投靠他们的那些胡人举起刀枪疯狂向汉军碾压而去，因为这时候时间就是生命，如果不能在第一时间突破西路汉军的围堵，那么等到其他三方汉军驾临以后便是他们彻底的末日。

这些烧当羌人和湟中胡人面目狰狞，疯狂砍杀。可随着时间一点一点地过去，轰隆隆的马蹄声距离他们已经越来越近，他们的表情也由疯狂变成扭曲，从扭曲变成焦急，从焦急变成无尽的恐惧。

最后，随着一个烧当羌士兵的跪地投降，其他的烧当羌士兵和湟中胡人也在同一时间投降了。

本次战役，这些烧当羌人和湟中胡人要么被汉军无情砍杀，要么直接向汉军投了降，只有几百名骑兵突围而去，成功逃脱了汉军的追杀。

而遗憾的是，这几百名骑兵中便有伪装成骑兵的迷唐。

不过经过本次战役以后，迷唐已近乎全军覆没，再无可能和汉朝对抗。

无奈而又弱小的他只能带领全种部人民越过赐支河远逃，投奔到发羌定居。

可虽然是同种人，相互之间也是存在吞并的。此时的烧当羌已经不是当初那个诸羌之中最强的种部了。那发羌大人收容了烧当羌以后便开始慢慢将其吞并。迷唐虽心中愤恨，但此时的他实力已经太弱，完全没有反抗的能力，只能眼睁睁地看着一个又一个子民离他而去。

几年以后，迷唐在这种情况下抑郁而终，他的儿子和汉朝并没有那么大的仇恨，且同样受不了发羌那永无休止的压榨，所以只能带着族人逃出了发羌的领地，向汉朝投了降。

那时候的烧当羌，部众已不过十户，谁都觉得这个种部不可能再度崛起。可他们真的不会再崛起了吗？

未必。

3.4　后宫中的战争

公元101年八月，随着时间的推移，象林很多百姓失去了自己的田地，成了无田可种的饥民，汉和帝赐给了他们耕具和种粮，让当地政府带领他们自行开垦荒地。

九月，荆州持续大雨，进而演变成水灾祸乱，很多百姓因此无家可归。汉和帝下令周边各郡给予援助，并允许荆州的百姓在一段时间内纳税减半。

十一月，深知人才重要性的汉和帝昭告天下，令边地各郡国人口超过十万的地方每年推荐一名孝廉至洛阳考核为官。

人口在五万以上十万以下的每两年推荐一孝廉。

人口在五万以下的每三年推荐一孝廉。

同月，鲜卑人的马蹄再次对汉朝人响起。

这一次，这帮鲜卑强盗攻入了右北平，准备在渔阳大大地寇掠一场，可却被渔阳太守张显砍得大败而逃，使得鲜卑一段时间内都不敢再侵入汉朝边境。

还是这个月，安息王满屈再次遣使者出使洛阳，和汉朝进行正常邦交，并献上了狮子及大爵（鸵鸟）。

十二月，司徒吕盖因为年老多病而被免官，光禄勋鲁恭接替了他的位置，成为汉朝新任司徒。（姓名：鲁恭。字：仲康。籍贯：扶风平陵。特征：学究、刚直、以德服人、不畏权贵。经历：郡中小吏—中牟令—侍御史—侍中—乐安相—议郎—侍中—光禄勋—司徒）

同月，巫山蛮人许圣因为本地官府收取赋税不均，乃勾结族人造反，攻打南郡一带的汉朝县邑。

汉和帝听闻此事以后派一不知名的使者，督领荆州一万多郡国兵分两路同时夹击。这些巫山蛮人人数少，装备差，单兵作战能力极低，所以不是汉军的对手，许圣见自己全无胜利希望，只能无奈向汉军投降。

最后，朝廷将所有的巫山蛮人全都迁徙安置到了江夏一带。

102年三月，已经投降汉朝很长时间，并且相当老实的烧何羌不知何故起兵造反，可悲催的他们完全是一叶孤舟，根本没有一个羌种回应他们的行动。

于是，没过多久，这个烧何羌便被郡国兵所剿灭，其间没有弄出一点儿乱子。

至此，西海以及大、小榆谷一带不再有羌族人的祸乱。隃糜国的国相趁机上书汉和帝："自光武建武以来，西羌人时常犯法作乱，这其中有一大半都是因为烧当羌所发起的。为什么会这样呢？因为烧当羌部落居住在大、小榆谷。那里土地肥沃，享有西海的渔业、盐业收益，还可以以大河作为坚固的屏障。依靠着这些事物，烧当羌可以很快地强大起来，所以他们用自己的武力来胁迫招揽其他部落，以此和我们汉朝为敌。如今，烧当羌已经全面落败，逃跑到遥远的发羌，整个西海和大、小榆谷皆空无一人。我们大汉正应该趁此天赐良机重新建立西海郡，规划控制大、小榆谷，大范围在此地进行屯田，切断边塞内外羌人和胡人的交通要道，彻底断去他们相互之间的联系。同时在西海郡广种粮食，使边境富庶，减少由内地向边塞运输粮食的差役。如此，国家便再也不用为了西面战事而有忧愁，甚至北方有战事西面都可以派出精锐支援作战，何乐而不为呢？"

汉和帝见此奏章以后连声叫好，当即批准了他的建议。

于是，汉朝重新对西海郡进行了修缮和整治，扩大垦田面积，在黄河两岸屯兵三十四部。

这一大事业一进行就是好几年的时间。可在多年以后，当大功即将告成之际，羌人诸种突然集体反叛，将西海郡的成果全部毁灭，使得东汉皇朝耗费了无数的人力物力所做的西海郡成了无用功，不过这都是后话，我们到时候再说不迟。

同年四月，许多中原无田可种的贫民迁居至张掖、居延、敦煌、五原、汉阳、会稽，汉和帝命地方政府接纳，并借给他们很多种粮及耕具，让他们自行开荒种田。

同月，洛阳后宫的战争也宣告完结，邓贵人大胜阴皇后，间接将其打入冷宫，并篡其位成了东汉皇朝新任皇后。

邓皇后，本名邓绥，是东汉开国二十八功臣之首邓禹的孙女。她的父亲就是大名鼎鼎的护羌校尉邓训。其母姓阴，是阴丽华的侄女。

邓绥从小城府便极深，深受祖母宠爱。

在她五岁的时候，有次祖母亲自给她剪头，因为邓绥的祖母已经老迈，老眼昏花，所以在剪头的时候不小心划破了小邓绥的额头，可还不自知，依然给邓绥剪头。

那鲜血顺着小邓绥额头一滴一滴地往下滑落，可邓绥却忍着疼痛没有一点儿声响。

等剪完头以后，祖母这才看到小邓绥已经是一脸的鲜血，于是大惊失色，赶紧叫下人治疗。

过后，祖母十分心疼地问："我刚才将你的额头划破，你为什么不和祖母说呢？"

小邓绥笑嘻嘻地道："祖母您心疼我，亲自给我剪头发，我可不能伤了您的心，当然要忍着了。"

这话说完，邓绥的祖母老泪纵横，紧紧地抱着邓绥，从此以后对邓绥更加宠爱，以至无以复加。

邓绥六岁的时候就已经精通《史书》，对前辈们种种权谋之术有了深刻的理解，十二岁以后更是通晓了《诗经》和《论语》，成了家中学问最高的小辈，甚至她的兄长们都有所不及。

因为小邓绥所有的精力都投入到学问上，所以对于家中之事从来都是漠不关心。她的母亲经常因为这事痛斥她："你一个女儿家，每天不去练习针线绣花，反倒做什么学问，难道你以后还能当上什么博士不成？"

见母亲发怒了，邓绥不敢违抗，只能白天练习针线活，晚上偷偷地看书。

家里人知道这事儿的全都笑话邓绥是"诸生"。只有她的父亲邓训对邓绥另眼相看，凡是朝中抑或军阵的大事皆与其商讨后才会做决定。甚至邓训对羌族的办法也有邓绥的影子。

公元92年，邓训去世，邓绥哭得那叫一个惨，《后汉书》说邓绥连哭数日而不止，甚至连续三年都没有吃过盐菜，面容憔悴得连家里人都不认得了。

可就在邓绥为邓训守丧期间，她曾在一天晚上梦到自己双手摸天，当时天上还挂着一种乳白色的液体，那邓绥想都没想，竟一口将其吃了下去。

第二天醒来，邓绥感觉自己的梦很不同寻常，于是找到了本地最有名的占卜师，让其为自己解梦。可那占卜师看到邓绥以后却惊为天人，直接下跪惊呼道："您有成汤的骨相，并且所做之梦也是圣王之梦，相信以后绝对贵不可言！"

此占卜师在本地非常有名，所以当他将这话说出来以后家里人非常惊异。他的叔叔邓陔特别因为这事和邓绥的母亲道："我常听别人说天道有循环，当世者救活一人后便能封侯拜相，大哥（邓训）在世之时曾经修治石臼河，养活过很多人，后来为护羌校尉期间更使西羌安定，整个陇西大治！如果天道可信，我们邓家一定会因此而享受上天的福泽。再者，父亲在世之时曾率领百万大军南征北战，却从来没有滥杀无辜。我们邓家的后人能差得了吗？如今，所有的福泽全都降落在我侄女一人身上，她必定会成为这个天下最尊贵的女人！"

邓绥母亲一听这话，震惊地道："你是说……"

邓陔："没错！守丧期一过就将邓绥送到后宫之中！"

公元95年，十五岁的邓绥被送入后宫之中。

邓绥身材高挑，容貌美丽，皮肤白皙，体态婀娜多姿，眼神中还闪烁着智慧的光芒，所以大家都非常惊异，没过多长时间便被汉和帝相中。

公元96年，只短短一年的时间，邓绥便被提拔为贵人，独享汉和帝之宠爱。

可熟读史书的邓贵人知道，木秀于林，风必摧之，只要没走到权力的最顶峰，那就要始终保持低调。

于是，自成为贵人以后，邓贵人更加谨慎恭敬，举止适度。她侍奉阴皇后的时候战战兢兢，不敢有一丝傲慢。对待其他的嫔妃也是处事得体，从来不嚣张跋扈。甚至对待那些奴隶和下人也是和颜悦色，从来没发过一点儿火。

基于此，邓贵人在后宫之中口碑极佳，虽独得汉和帝之宠爱却没有多少人忌恨。

可没有多少人忌恨并不是没人忌恨，那阴皇后就将邓贵人恨得咬牙切齿，因为她只看到一点，就是自从邓绥为贵人以后，汉和帝距离自己越来越远了。

所以，阴皇后开始偷偷聘请巫师，用巫蛊之术诅咒邓贵人，希望她早死。

可没等将邓贵人诅咒死，汉和帝却在这期间得了一场不知名的大病，眼看便要奄奄一息。

见此，阴皇后不但没有半点儿怜惜，反倒是和周围的下人阴狠狠地道："如果我成了太后，必让邓家上下无一活口。"

可这话传到邓贵人的耳朵里以后她非但没有半点儿害怕，反而在心中冷笑，可表面上却是在自己下人面前装得可怜巴巴："我竭尽全力地侍奉皇后，最后竟然不能为她所容，还牵连到了我的家人。虽说妇人没有资格殉死，但周公曾心甘情愿以身赎武王之命，越姬也曾以自杀挽救了楚昭王的性命。我现在只有效仿古人，结果了自己，这样才可免去家族中人的危机啊。"

说完，这邓绥便要"慢腾腾"地服饮毒药。

好在宫女们"及时"劝阻，邓绥这才得以"幸免"。

可一段时间以后，汉和帝的病情却突然转好，进而痊愈。邓贵人装腔作势地让大家管好自己的嘴巴，绝对不允许将之前阴皇后说出的狠话泄露出去。

可这时候，阴皇后所说的话已经"不知不觉"地传到了汉和帝的耳中，甚至连邓贵人"庇护"阴皇后的话也"不知不觉"地传到了汉和帝的耳朵之中。汉和帝因此对阴皇后极为不满，从这以后对其更加冷落。相反，对邓贵人却越发宠爱。

直到公元102年，在邓贵人时刻监视和运作之下，阴皇后巫蛊之事泄露，因此被汉和帝废掉了皇后的称号。

可这时候邓贵人还在不停为阴皇后求情，这就使得汉和帝对邓贵人更加喜爱，于是便直接让邓贵人继承皇后的位子。

而邓贵人呢？死活不肯为皇后，和当初的汉文帝一模一样，辞让了很多回以后才终于答应了此事。

邓氏族人也因此鸡犬升天，大为兴旺。

3.5　回家

公元102年七月，汉朝三个州发了大水，这其中象林县格外严重，于是朝廷免除象林县租税两年。

同月，一个风烛残年的老人默默地回到了洛阳。可就这么一个老人的返回，却使得洛阳万人空巷，几乎整个洛阳城的百姓全都外出观看，因为他们都想看看这个西域的英雄到底长得是什么样。

没错，这个老人不是别人，正是西域都护，整个西域的无冕之王——班超。

实际上，班超早在三年以前便上奏了朝廷：

"臣听说周时姜太公被封在了齐国以后，他后五代人死后全都埋葬在了周朝的领土之上，这就好比狐死归山、代马依北风一般无二。那齐国距离中原不过千里而已，而臣所在的西域距离中原却有万里之遥，如今好些年没有回去了，岂能不眷念故土呢？蛮夷，毫无礼仪，他们敬畏强悍的青年人，轻视欺辱年老的人。臣现在牙齿已经脱落，四肢经常不听使唤，真的害怕突然有一天死在西域，孤魂野鬼将永远漂流在西域，受尽异族欺辱。臣不是怕死，真的只是想落叶归根，死在我大汉的土地之上。所以请求陛下，让老臣回到大汉吧。老臣不期望能回到酒泉郡，只要能让老臣进入玉门关以内，老臣便是死了也心安了。"

折子递上去了，却迟迟没有得到洛阳的回复。因为班超在西域的威望实在是太高了，高到根本无法复制的程度，所以汉和帝能拖一天就是一天。如果没有必要他是真的不想让班超回来。

如此，三年过去了，班超在西域是翘首期盼，每天都伸长了脖子在等待着朝廷的回复，可每一次的等待都令他失望透顶。

最后，班超实在是没有办法了，这才派使者到洛阳找到了自己的妹妹班昭，让她想办法将自己捞回来。

班昭也是心疼哥哥，于是上书汉和帝：

"尊敬的陛下，小民的哥哥，西域都护定远侯班超，有幸得以微弱的功劳而受到陛下厚重的赏赐，得到了最高的爵位，级别至两千石高官。我们整个班氏家族都因为此事对陛下感恩戴德。班超当初出使西域实际上并没有什么太大的抱负，只希望献出自己的生命，为国家办一些实事那便够了。可没想到正赶上陈睦被杀，来往道路断绝。班超从这以后一人辗转于西域，劝诱开导各个邦国，并且每次打仗他都会身先士卒，身上虽然多处重创但依然不畏惧死亡。可如今，三十年过去了，西域早已经被平定，班超也已经年老。我和班超骨肉相离，至今已不再相识。他所熟知的朋友们现在都死去了，只剩他一个七十多岁的老头还在西域孤苦。我的侄子班勇和我说，班超现在年老多病，一头白发，两手不遂，耳不聪，目不明，都要扶着拐杖才能走路。他虽然还想为国家尽力，但真的是有心无力了。试问，如果班超突然死去，国家又没有在第一时间派出新的都护的话，那么好不容易打下的西域不是又要乱套了吗？班超的一世英名也会毁于一旦。这不管对国家还是对个人都不是什么好事啊。古时候，人们会在十五岁的时候开始服兵役，六十岁解甲归田，这其中也有很多时间休息而不任军职。陛下您以孝道治天下，得到了万国归心，连一个小国的臣子都不会遗忘，更何况是班超这种对国家有功的诸侯呢？所以我恳求陛下您能让班超回来，在汉朝的土地上度过他的余生。班超之前给小民写信，感觉陛下不会再让他回家了，所以和我诀别。我确实替班超感到悲伤。他壮年的时候，在沙漠中竭力效忠于朝廷，可衰老以后却被抛弃于遥远的西域，这是多么不公平的事情啊。小民愚笨无知，也许说话触犯了陛下的忌讳，但我是真心希望我二哥能平安地回到汉朝，还请陛下能够原谅小民的无礼。"

奏书写得很长，可汉和帝却是一遍又一遍地观看。最后，他长长地叹了一口气，终是批准了班超的请求。至此，一共在西域待了三十一年的班超终于回到了让他魂牵梦绕的洛阳。

可就在他回来以后，病情却急剧加重，新任西域都护任尚赶紧到班超的府邸向其请教："您在西域三十多年，德高望重，西域所有人都佩服您的才能，就是我们这些中原的将官都久仰您的大名。如今，我即将接替您的位置，替国家守护西域，今日特来请教，希望您能教导我一些有关管理西域诸国的经验，好让我能尽快上手。"

班超看了任尚好一会儿才说出了一番令任尚大失所望的话："我年老愚笨，哪里比得上你们这些年轻有为的将官呢？不过是外人对我多行浮夸的缘故罢了。不过实在让我说的话也没有什么不能说的。我汉朝派往塞外的将士，本就不是什么孝顺有礼的人，只不过是犯了过错被强派过去的而已。至于那些西域蛮夷之人，都怀着一颗禽兽之心，难以抚养，很容易坏事。我看您性情比较急躁，这是不行的，水至清则无鱼，政治太苛刻则不容易使下民和睦。你应该洒脱简单一些，对于这些西域诸侯国把握个大纲就行了。"

话说到了，班超不再言语了，其实他的意思很简单，就是让任尚接着他的套路管理西域也就行了。

可这些话却使得任尚非常不满，出门以后便对下面的人不屑地道："我本以为大名鼎鼎的班超肯定会有什么奇策建议给我，可谁想到却是如此一般，看来这个班超的水平也就这样罢了。"

而结果呢？和班超所料没有半点儿差别。那任尚到了西域以后一顿改革立新，没折腾多少年就把西域那些国家给折腾反了，进而被汉朝贬职，弄回了洛阳，不过这都是后话，我们到时候再说吧。

同年九月，征战一生的班超终于如愿以偿地死在了洛阳的土地之上。班超这个几乎半辈子都在西域的无冕之王，以近乎单枪匹马的力量而统一整个西域的民族英雄，终于死在了大汉的土地之上。

对他，还能如何评价呢？只能说班超之后再无班超了。

3.6　严峻的边境形势

公元102年十月，兖、豫、荆三州发大水，司空巢堪因此被免职，用大司农徐防代之。

同月，汉和帝封宠宦郑众为鄭乡侯，宦官封侯亦从此而始。

公元103年，因为国内无地可种之流民再次狂增，汉和帝乃下诏，凡是无地可种之流民所到之地，当地官府都要给种粮和器具让其自行开垦荒地种田。

二月，汉和帝再次下诏，借贷给颍川、汝南、陈留、梁国及敦煌贫民谷物。

四月，出现日食。

当时，汉和帝遵循着汉章帝之前的前例，将很多兄弟们都留在了京城之中。有的官员认为，这就是使日食出现的根本原因，希望汉和帝能将这些兄弟们全都放回封国。

但汉和帝与章帝一样顾念骨肉亲情，所以没有同意此建议，而是下诏再留兄弟们一段时间。

五月，南阳一带发生巨大风灾，汉和帝下令受灾地区的寡妇及无法做重活者可以去池塘捕鱼为生，朝廷免收其两年的租税。

七月，朝廷在涿郡复置盐铁之官。这也就是说，国家有重新收盐铁为国有的可能存在。

九月，汉和帝开始南巡，访问受灾之地。

话说朝廷的龙眼和荔枝一向都是由岭南地区进贡，汉朝为了保证这些水果的新鲜，乃于十里设一驿站，五里设一岗亭，日夜不停地传送，消耗了很大的财力。而现在汉朝天灾不断，需要大量的金钱，所以汉和帝下令，从此以后不再接受这些耗费金钱的贡品。

公元104年二月，因为兖、豫、徐、冀四州近几年来经常发生雨灾，致使庄稼多害，所以很多农民都不种庄稼改卖酒了，使得这四地的粮食产量大幅度削减。于是，汉和帝在本月下诏，禁止四州百姓自行酿酒。可哪怕是这样，四州的农夫们依然不肯种田，汉和帝真是被这些懒汉给整无语了，于是派相关官员巡视四州，凡是四州贫民因为残疾等特殊原因无法耕田的，国家皆免费提供耕牛和耕具，但四肢健全的年轻人如因为慵懒而不肯耕田的，国家则以法律的手段强制其耕种田地。

七月，大汉发生严重旱灾，汉和帝以有冤案为由，下令全国政府暂停对狱中囚犯的处罚，并对有疑问的案件做重新审理，等到秋后再行惩戒。

同月，司徒鲁恭因为弟弟犯罪而被牵连，乃罢司徒之位，重新成为博士（这都是表面上的文章，实际上是鲁恭经常顶撞汉和帝，和其据理力争，一点儿面子都不留，汉和帝才因为这档子事儿将鲁恭给罢了）。光禄勋张酺则接替鲁恭出任新司徒。

可这张酺仅仅在司徒的位置上待了不到一个月便得病去世了，所以汉和帝又用司空徐防代替张酺为司徒，用大鸿胪陈宠出任了司空。

十一月，远在西域最西北边的北匈奴单于遣使至洛阳，表示从今以后愿意向汉朝称臣纳贡，希望与汉朝和亲通好，恢复呼韩邪单于时代的旧约。

可汉和帝认为北匈奴根本就没有诚意（北匈奴单于没有亲自来朝），所以没有接受他的请求，只给了北匈奴丰厚的赏赐，并不派遣使者进行汇报。

十二月，因为现在汉朝和鲜卑关系的日益紧张，汉和帝重新在辽部地区设置了辽东、西都尉官。

公元105年正月，汉和帝在宫中亲自召见三署郎官，并从中挑选出七十五人作为谒者、县令、县长、侯相等职。其意图为进一步加强中央对地方的统治权，并在同时将自己的心腹培养起来。

三月，臣服汉朝多年的高句丽在其王——宫的带领下突然向汉朝发动攻击。宫亲自领兵攻入辽东要塞，连续攻击抢劫了八个县的奴隶和物资，使得辽东遭受了比较惨重的损失。

对于此种背信弃义的行为，汉和帝是绝对不会罢休的，于是命辽东太守耿夔率本部兵马对高句丽进行军事打击。

耿夔，曾经窦宪的旧部，作战勇猛，指挥能力高超，每次随军作战军功都在前几位。最巅峰的时候曾被朝廷封为侯爵。可后来窦宪倒台，耿夔身为窦宪的左右手当然无法幸免，遂被削去一切官职、爵位，还被免去了本应享受的租粮，算得上是一朝回到解放前了。

后来，朝廷有官员怜惜耿夔的军事才能，便向汉和帝推荐其为长水校尉，汉和帝批准。

再后来，因为耿夔干得非常好，所以连续升迁，从长水校尉到五原太守，又从五原太守到辽东太守。如今，高句丽突然袭击了辽东，洛阳方面又下达了出击的命令，耿夔当然不敢怠慢，几乎是在收到汉和帝诏令的同时便领兵向高句丽出发了。

而此时的宫也通过斥候得知了辽东方面的军情，乃遣使至秽貊，请求和秽貊王合兵一处，共同抵抗汉朝的进攻。

宫还承诺秽貊王，只要能打退汉朝的这次侵攻，就会把从汉朝抢夺的一半财物送给他。

秽貊王贪图汉朝的财物，乃和高句丽组成联军，分两路大军主动攻击汉朝的军队。

耿夔认为，高句丽和秽貊两军来势汹汹，如同时从两个方向共同对抗势必会落到下风，可一旦先击败一支部队，另一支部队必定瓦解，于是决定分而击之，乃命副将率一小部军团筑垒死守，不求能打败高句丽军，只求将他们死死地拖住。

一方面，耿夔则亲率主力部队主动迎击秽貊军，一见秽貊军队便发起了不死不休的猛攻。

秽貊主帅无法抵抗汉军的猛攻，只能落荒而逃，耿夔则亲率大军死命追逐。

最后，汉军几乎将秽貊军全数歼灭，甚至秽貊的主帅都死在了汉军的首环刀下。

另一方面，正在猛攻汉军壁垒的高句丽军听闻盟友被全歼的消息以后，士气呈直线下滑，宫见大势已去，便率军返回了自己的国土，并在回国的第一时间便告知全国，让各个地方的官员们带着百姓分散逃往深山老林，什么时候汉军撤退什么时候再出来。

再说耿夔，当他回到汉军壁垒以后，见敌军已撤，便率领全军向高句丽进发。

可到了高句丽腹地以后，耿夔却陷入了一种百里无人烟的尴尬境地。别说是人了，宫连只鸡都没给耿夔留下。而想要搜索敌人根本就是不可能的事情，要知道，现在整个高句丽都已化整为零，你上哪儿去搜？

无奈的耿夔只能命令士兵将高句丽国内的房屋和庄稼全都焚烧破坏，之后便率军回辽东去了。

本次战役，汉军虽然大获全胜，但边境的形势已经越发严峻，鲜卑、高句丽、秽貊都已经和汉朝成了敌对国的关系。

可就在这紧张的关头，洛阳又出大事了。

3.7　鲜卑盗匪

公元105年十二月，年仅二十七岁的汉和帝刘肇在毫无征兆的情况下突然离世。

刘肇，英明之主也，幼年时在窦宪的强压之下强势崛起，掌握大权以后治理天下也是四海升平，用人也以德才为首要。大汉在他的治理下国泰民安。

要说唯一一点不好，大概就是其执政期间将太监的身份和地位抬得太高了吧。

至于汉和帝的死，民间众说纷纭，一说病死，一说劳累而死，一说被邓太后暗中害死。嘻，管他怎么死的，反正汉和帝死后得益最大的便是邓皇后，哦不，是邓太后了。

汉和帝死后，刚生出来百余日的刘隆成为东汉皇朝第五任皇帝，这便是汉殇帝了。

而邓皇后也顺理成章地成为邓太后。

可实际上，汉和帝是有十多个儿子的。但这些孩子却在邓绥成为皇后以后一个接一个死去了，直到所有的孩子都死绝了，最后的一个儿子刘隆出生以后（史书上没有表明刘隆的生身母亲是谁，但我推测就是邓绥），邓皇后这才找到了汉和帝，并声称宫中不安全，希望汉和帝能够将年幼的皇子安排在民间秘密养活。

汉和帝遵其意，乃将刚刚出生的刘隆安放在了民间。

又是很凑巧地，那孺子刘隆刚刚到民间满百日，汉和帝便死了，于是邓太后将其接到宫中继承了大统。

这之后，因为汉殇帝实在是太过幼小，所以邓太后理所当然地接受了摄政一职，从此开始了她的统治生涯。

同月，当北匈奴单于听闻汉和帝的死讯以后再遣使者往洛阳，请求臣服于汉朝，并希望汉朝能够派使者前往北匈奴，到时候北匈奴必定会派出王子前往洛阳充当人质。

可和当初的汉和帝一样，邓太后并没有答应北单于的请求，只是给了一些赏赐而已。至于原因，投降可以，你北单于亲自来。

还是同月，就在北匈奴使者失望而归后，汉朝突然多出了两大发明，分别是"蔡侯纸"及《九章算术》。

自夏、商、西周以后，天朝的文字大多都是刻写于竹简之上，虽然也有用绢帛来书写的，但因为绢帛实在昂贵，所以不便普及使用。

可就在这个月，伟大的宦官蔡伦发明了蔡侯纸。

此纸是以树皮、麻头、破布综合而制，价格低廉，轻便耐用，朝廷于是在全国推广，完成了造纸史上的一大革新。

而《九章算术》的研发更使得算术这门学问在民间得以广泛运用，《九章算术》也是华夏古代最早的一部算术著作。

公元106年正月，邓太后在朝中展开了比较大的人事变动。其以太尉张禹为太傅，徐防为太尉，梁鲔为司徒，并将所有还在京城中的王爷全部赶回了封国。不过却单单将刘庆的儿子，当时已有十三岁的刘祜留在了京城。

为什么这样呢？因为在古时候，婴幼儿的存活率并不是太高，有可能一个小病就会要了他们的性命，哪怕是皇子也不例外，而当时的汉殇帝实在太过幼小，邓太后这才让刘祜留在京城以防万一。

同年四月，鲜卑趁着汉和帝刚死，汉朝正处于国丧之际，举大兵寇掠渔阳一带。

渔阳太守张显第一时间率郡国兵前往救援，意图在损失扩大以前将这些鲜卑强盗击溃。可让张显郁闷的是，这些鲜卑人一听张显已经率军赶来，竟不战而逃。这就好像一拳打在棉花上，让好战如狂的张显极为郁闷。

不甘心的张显当然不会就这样算了，他没做一点儿停留，直接率军狂追。可鲜卑人皆为骑兵，自己的步骑混编部队是无论如何都追不上的。

于是，疯狂的张显将所有步兵都交给了主簿卫福和功曹徐咸，自领近千骑兵狂追鲜卑人。

而这一追就追出了渔阳，进入了鲜卑的国境之内。

见前方林木越来越多，张显手下有一叫严授的兵马掾及时制止了张显的追击，并建议道："大人！前方道路险恶，疑点重重，敌人的实力难以估量，我军应及时扎营，派出轻装骑兵向前探察，确定没有伏兵以后再行追击。"

严授的提议不可谓不周全，可现在正是追击鲜卑最紧要的时候，一旦费事探察，那再想追上这些鲜卑人就困难了。

基于此，张显没有听从严授的建议，反倒是加快了行军的速度，不灭鲜卑强盗誓不罢休。

可就在汉军追击到一处山谷之时，突闻四面喊杀之声震天，无数的骑兵从四面八方杀向汉军，将其退路完全堵死。

面对此极窘之境，汉军无法反应，大乱异常，一名又一名汉军不顾张显的怒吼疯狂逃亡。

可现在已经被关门打狗，你又能逃到哪里去？

于是，这些慌张的汉军一个个倒在血泊之中，张显也被残杀而死。

而就在这些鲜卑人刚刚将汉军屠杀殆尽之时，卫福和徐咸二人也带着步兵前来援助了。

见此，鲜卑统帅哈哈大笑，他一声令下，已经杀疯了的鲜卑骑兵瞪着赤红的双眼从三个方向对汉军奔袭而去。

如今，汉军主帅已死，遍地又都是汉军尸体，后面过来的汉军见此情此景，士气便降至冰点。卫福和徐咸真想带着士兵逃走，可人的双腿哪里有马蹄子跑得快，所以他们只能硬着头皮抵抗鲜卑骑兵来自四面八方的骑射和凶猛的冲击。

但这没有一丁点儿作用。最终，汉军全军覆没，这些鲜卑强盗再次进入了渔阳，一顿疯狂寇掠后扬长而去。

而这个时候，邓太后还在忙着大封自家族人。

3.8　再断西域

公元106年四月中旬，也就是鲜卑人寇掠了渔阳没几天之后，邓太后封邓骘为车骑将军，仪同三司（和三公同等待遇），另封邓骘的弟弟邓悝为虎贲中郎将，守护宫中安全。

同月，司空陈宠去世，邓太后用太常尹勤出任司空。

五月，河东垣县发生山崩。天下百姓都在私下议论，说这是上天对邓太后执政的不满，给邓太后的一个警告。

邓太后无奈，只能大赦天下收买人心，借此平息谣言。

可那边谣言刚刚有所收敛，一个月以后，全国三十七个郡便开始不断狂下大雨，眼见就要酿成大灾祸。

邓太后大惧，乃下诏天下，减省宫中美食和华丽的服饰，带头节俭度日，希望能得到老天的宽恕，可结果却没有丝毫作用。

七月，大雨持续不断，导致全国六个州水灾，邓太后紧急派遣谒者分几路至受灾地点调查灾情，赈济那些缺少粮食的灾民。

可屋漏偏逢连夜雨，就在邓太后忙得不可开交之际，一个噩耗又传到了她的耳中。

年仅两岁的汉殇帝，竟然在八月的某一天突然驾崩！

郁闷的邓太后只能迎清河王刘庆之子刘祜继位。这便是东汉皇朝的第六任皇帝，汉安帝了。

"鲜卑入侵，克死皇帝，灾祸不断！自打她上位以后就没有过好事儿！"

类似于这种埋怨邓太后的言语一时间充斥了汉朝大大小小的街道。邓太后因此再次下诏，大大地训斥了一番邓氏族人，并派遣专门的官员时刻盯紧邓氏族人，只要邓氏族人有违规的地方或不法行为便严加惩戒，意图通过此种"大公无私"的表现平息谣言。

九月，邓太后携汉安帝又连番祭祀了高祖庙和光武庙，可结果却没有半点儿用。因为就在几天以后，陈留突然降下陨石。然后，又有四个州发生严重水灾。民间可谓是骂声一片。

邓太后实在是没招了，只能以汉安帝的名义下诏天下，赈济四个大州的受灾民众，如此才使民间怨言有所收敛。

可就在这时，西域方面又传来噩耗。

话说那任尚到了西域以后，用法极为严苛，大小事无巨细，什么他都要掺一脚，甚至任意残杀西域百姓和官员，完全将班超当初对他说的话抛在脑后。原本和汉朝处得很好的西域国家全都对任尚满是意见。

这不，时间到了九月，这些国王终于是受不了了，几乎所有的西域国家在这个月组成了联军冲西域都护府而去。

任尚见势不妙，赶紧向洛阳请求援军。

洛阳方面行动也算是迅速，几乎是以最快的速度命梁慬率领敦煌、武威、酒泉、张掖四郡的羌、胡骑兵五千人前往西域救援。

十月，汉朝五千精锐属国异族骑兵抵达西域境内。那些包围了西域都护府的西域联军听说汉军已经来了，相继撤回了自己的领地，他们坚壁清野，准备和汉朝军队打一场旷日持久的消耗战，意图拖死汉军。

十月末，任尚的部队和梁慬会师于它乾城。朝廷听说这整件事情都是任尚惹出来的以后，直接将任尚召回了京城，罢去了他西域都护的官职，并用段禧为新任西域都护，用西域长史赵博为骑都尉。

当时，段禧的西域都护府设置到了它乾城。梁慬认为它乾城面积狭小，虽可防住一时之攻伐，但无法长久坚守。于是，他和段禧合谋，欺骗龟兹王白霸，声称汉朝大军正在准备之中，即将再次荡平西域，将当初那些背叛了汉朝的西域国家残杀殆尽。如果这时候白霸能够悬崖勒马，将都城献出，和大汉西域都护一同固守的话，等朝廷再次荡平西域的时候一定会给龟兹国特殊的优待。

白霸接受了梁慬的建议，毕竟汉朝的信誉和实力都在那里摆着。

可龟兹的官员和百姓们却不同意这样做。他们集体联名上表，希望龟兹不要再和汉朝扯上一点儿关系，从此以后不死不休。

可白霸并没有答应他们的请求，还是迎了驻西域汉军四千人，以及属国异族骑兵五千人，合九千人进入了都城之中。

此举将整个龟兹的官员和百姓们彻底激怒了。因为就在汉军进入了国都以后，他们集体背叛了龟兹，分别逃往了温宿和姑墨两国。

两国国王见前来投靠自己的人数众多，竟然组成了一支数万部队的联军向龟兹国都进军。

此时，敌军兵力已经数倍于汉军，但梁懂等汉将没有半点儿惊慌，因为他们都知道兵不在多而在精的这个基本道理。非但如此，梁懂还带领着九千汉军直接冲出了都城，在郊外扎营，主动迎击敌军。

双方就这样相互攻击了数月之久，而数倍于汉军的联军竟然奈何不得汉军，还被汉军打得一退再退。

两国国王见自军士气已低，遂于入夜之时悄悄撤军。

可这一切都在梁懂的预料之中。他断定这一段时间敌军一定会往国境而撤，所以斥候遍地，那边一动这边就知道了，且在第一时间对敌军展开了疯狂的追击。

联军没想到汉军如此敏锐，所以一时大乱溃逃，汉军便在此种情况下对这些西域人展开了疯狂的残杀。

本次作战，其间斩杀联军数千人，追击途中亦斩杀一万多人，总数将近两万，可以算是一场不折不扣的大胜了。

可现在的汉朝人却笑不出来，因为这时候几乎所有的西域国家都开始反对汉朝的统治了，梁懂和段禧等人已经陷入了孤立无援的状态。

次年，西域各国通过不断地穿插骚扰，已经彻底将通往中原的通路断绝，使得洛阳的命令无法传达到龟兹，龟兹的报告洛阳亦接收不到。

于是，在一天的朝会之上，有的大臣直接上奏道："西域阻碍重重路途遥远，那里的国家屡次叛变我们汉朝，实在不值得怜惜。那里的土地也没有我汉朝肥沃，所以亦不值得贪图。不如撤销西域都护一职，让他们自生自灭就好了。"

汉朝批准。

公元107年六月，汉朝撤销驻扎在西域的西域都护府，将所有的官兵都调了回来，西域从此和汉朝彻底断绝关系，班超在西域努力二十多年的成果付之一炬。

3.9　第二阶段羌祸的开始

公元107年正月，兖、豫、徐、冀四州贫民持续增多，朝廷贷粮与四州贫民，并将皇家游猎之地和遭受灾害的郡国公田借给这些贫民，让他们自由耕种。

三月，汉朝再次迎来日食，那邓太后又要下诏收揽人心，可有一个叫杜根的竟然当着满朝文武反对邓太后，认为这连续不断的天灾就是因为邓太后不还政，希望邓太后能够马上将大权彻底还给汉安帝。

此言语将邓太后气得暴跳如雷，一向温文尔雅的老太太这次好像发了疯一般，当着所有朝臣的面，命宫廷卫士长将杜根装到袋子里，然后用廷杖活活打死。

可这宫廷卫士长深知杜根的贤德，所以在命令手下行刑的时候特意打下招呼，让他们下手的时候一定要轻一点，不要将此等贤臣真的打死。

于是，砰砰砰的殴打之声响彻宫廷。不一会儿，见袋子里彻底没有了声音，邓太后便让卫士长看看杜根死了没有。

那卫士长打开袋子直接将头伸了进去，并跟奄奄一息的杜根道："装死，天塌下来都不要睁眼睛。"

然后直接伸出头和邓太后道："启禀太后，杜根已彻底没有了气息。"

邓太后冷哼一声，直接将杜根弃尸荒野，杜根这才捡回了一条命。

可自这以后，邓太后也不好再下诏了，只能将一部分的职权交给了汉安帝，允许他下诏和处理一些奏书等基本工作。

于是，汉安帝在本月下诏天下，命全国两千石高官都要向朝廷推荐贤良方正。

四月，为了取得邓太后进一步的信任，安抚她心中的怒气，汉安帝特意封了张禹（邓太后的人）、徐防（邓太后的人）、尹勤（邓太后的人）、邓骘、邓悝、邓鸿、邓阊为列侯，食邑各万户。

另外，对于和邓太后关系最好的邓骘（邓太后的大哥），汉安帝还给其加了三千户的食邑。

对于此种封赏，邓太后一句话都没有说，反倒是默认一般。由此可见，之前邓太后的所有表态都是在演戏。

可邓骘一众邓家人受不了了。两汉这么多年下来，哪一个权倾朝野的外戚是得好死的？最早的吕氏，一直到近些年的窦氏，他们哪一个得好死了？所以这些邓氏族人深知站得越高摔得越惨之理，便坚持拒绝汉安帝的封赏。

可汉安帝这次之所以大幅度封赏邓氏族人，完全是为了溜须邓太后。只要邓太后那边不松口，他是一定不会放弃封赏的。

于是，邓骘等人躲过了朝廷的使者，直接前往后宫，哭着喊着请求邓太后劝汉安帝不要这么夸张地封赏他们。他们没有多少功劳，是真心不敢接如此封赏。

邓太后这才向汉安帝表态，希望汉安帝不要这么封赏邓氏族人。汉安帝这才作罢。

五月，朱鲔病死，鲁恭被任命为新任司徒。

同月，九真境外夜郎（今贵州省桐梓县东）蛮夷举族内附，请求汉朝收留他们。汉安帝批准，并将他们全部接纳到边地。

六月上旬，河东一片大地突然塌陷，出现了历史都没有记载过的巨大天坑。

几天以后，全国十八个大郡在同一时间发生地震，四十一郡发生水灾，二十八个郡国持续发生风灾、水灾、雹灾。

如此种种如同世界末日一般的灾祸让整个汉朝在一时间哀鸿遍野，死伤和损失皆为历史之最。

可还没等汉朝对此等神级灾祸做出应对，边疆又传来了噩耗。

各个边界的蛮夷见汉朝遭受到了如此灾祸，认为这是天要亡汉，于是纷纷拿出手中的武器，一齐对汉朝边境发动了疯狂的攻击。

此事态使得朝野震动，邓太后携汉安帝紧急召开廷议，让朝中大臣对现在这种局势发表看法。

一众大臣认为，现在最着急要做的事情并不是平定外患，而是赶紧将内部的灾民处理妥当，不然极有可能会弄出新莽时期天下大乱的情景。

至于外患，只需要派遣一名能征善战的将领带领边地的异族人去征讨也就行了。

邓太后觉得甚是有理，便倾全部力量来赈济那些灾区的灾民。

至于平定异族人的祸乱，邓太后则是重新起用了任尚前往边境去征集羌族士兵。

可邓太后这次的用人可真是太错误了。

没错，对于行军打仗，任尚确实经验丰富、能力出众，可论治理一方，之前西域的前车之鉴难道还不够看吗？

综合以上，你给任尚一支现成的军队还行，可你让他前往边地去征集士兵，这不是闹戏吗？

再者说，现在汉族和羌族之间的关系早就不是邓训那时候的关系了。

话说自从羌族人向汉朝投降以后，汉朝便从了邓训的政策，将他们都统一安排在了各个郡县。

邓训那时候还好说，汉朝老百姓享受什么待遇，他们羌族人就会享受什么待遇。所以双方相安无事，那些羌族人过得还非常舒服。

可自从邓训死去以后，这些羌族人可就没有那么滋润了。那些管制他们的汉族官员任意地驱使他们，并将他们所有能够伤害别人的东西全部没收。有不从的还任意殴打，简直没有将这些羌族人当成人来看待。

所以现在的羌族人早就对汉朝人充满了敌视，只欠一个小火星子便会演变成熊熊烽火，焚烧西北这片肥美的草原。

而任尚，便是这个小火星子。

他到达西部以后，也不屑于了解当地的民生和羌族人此时的心理状态，便直接命令金城、陇西、汉阳等西北边地的地方官征调羌族人，准备随他前往前线平叛。

那些地方官员为了圆满完成任尚给他们分配的任务，便强征各地羌人从军，随任尚一起平叛。

如果用数值来算的话，这些羌人此时对于汉朝的感情已经变成了零。而这次汉朝的做法，让羌人对他们的情感直接变成了负数。再加上他们担心这一次会被派到远方屯戍，再也不能返回家乡，便开始不断逃亡。没等军队到达酒泉的时候，这些羌人就已经逃得差不多了。

本来，这时候的羌人还没打算和汉朝动手，只要汉朝不再征召他们出去打仗，他们还是会老老实实地待在西部边界的。可这世上不怕没好事儿，就怕没好人。

话说当初烧当羌首领东号带着自己那少得可怜的部族投靠汉朝开始就已经彻彻底底地老实了，并忍气吞声在汉朝边境安心发展。

如今，那个可怜的烧当羌已经重新发展到数百户人口。虽然人数还是不多，但也算是活过来了。

而现在烧当羌的首领，是一个叫麻奴的人。那麻奴率部族随军至酒泉以后，见绝大部分的羌族部众都逃亡了，便也带着本部族人逃出了汉人的监视。

可他并不像其他的羌族人一样只求留在原本生活的土地上，他有更大的野心。

麻奴自从脱逃以后，不断穿梭于先零羌和钟羌之间，劝他们和自己结成联军，彻底反抗汉朝的统治。

两羌大人听信了麻奴的怂恿，便开始和烧当羌一起寇掠汉朝的边境。

因为这时候的汉朝天灾不断，根本没有办法及时阻挡这些羌人对汉朝进行的寇掠活动，所以只能暂时容忍他们。

可这一容忍，整个西部都乱了套。

那些其他种部的羌族大人们见烧当等三羌得到了如此大的实惠，一个个眼红得不行，于是纷纷开始进入汉朝的边境进行抢劫活动。

一时间，汉朝天灾人祸不断，一片凄惨的景象！

洛阳方面无奈，只能大赦天下，赦免了这些羌族人最近的恶行，并承诺不再向羌人征召士兵，只要羌族人肯重新回到汉朝的怀抱中来。

可这一切都晚了，现在的羌族已经重新和汉朝展开了全面战争。

3.10 反败为胜

公元107年九月，因为持续的天灾，使得太傅张禹、太尉徐防和司空尹勤十分害怕，他们认定这一系列天灾都是因为邓太后掌权不放，而自己又是邓太后派系，所以吓得不行，直接向汉安帝递交了辞呈，希望汉安帝能将他们全部免职，哪怕是回家养老也比在朝中等死要强。

汉安帝准奏，不过并未将他们一撸到底，不过是稍稍降职而已。这也算是给邓太后留了一个不小的面子。

同月，汉安帝下诏天下，建议所有人禁止奢侈浪费，并裁撤黄门乐队、宫中官马、宫廷饮食，还停止现在官家的建筑项目，将所有节省下来的钱全部用在赈济灾民上。

这之后，汉安帝继续下诏天下，声明天下罪犯，不管犯了什么大逆不道的罪责，皆可花钱消灾，而这些省下来的钱，不用多说，全都用在了赈济灾民上。

可就是这样，现在国中所有的钱财依旧不能将所有灾民赈济，无奈的汉安帝只能再调扬州五郡之米支援给东郡、济阴、陈留、两国、下邳、山阳等重灾区。

还是同月，汉安帝将前太傅张禹提拔为太尉，并用周章为司空（周章乃是曾经大将军窦宪的左膀右臂，曾劝谏窦宪不要过分嚣张，是个"很有想法"的人）。

十月，远在东海的倭国听说汉朝现在正遭受千年难见的超级天灾，乃命使者团带着很多的食物和财物前往汉朝，给予了汉朝一定的帮助（明代以前，我国史书大多都盛赞倭国，认为他们是世界上最善良友好的民族）。

十一月，司空周章黑着个脸从官中走出，回到府中以后，他是越想越难受，越想越闹心，便准备培养死士，直接在洛阳发动武装政变。

那么到底是什么事将周章气到了这种程度呢？

话说自汉和帝开始执政以来，频频重用郑众等心腹宦官，使在汉朝极不得宠的宦官终于走上政治舞台。直到汉安帝时期，宦官更是得到了非同一般的重用。不用说郑众这等老人了，便是新出来的蔡伦都靠着自己的发明得到了重用。

周章对于这种交权于宦的做法极为不满。他认为，就是因为邓太后和汉安帝如此重用万恶的太监，才使得苍天发怒，进而一波接一波的天灾降临到了汉朝。

于是，周章找到了邓太后，希望她能大大抑制宦官手中的权力，将他们打压殆尽。

可邓太后偏是不依，原因很简单，不管是蔡伦还是郑众，干活都勤勤恳恳，从来没出过什么娄子。对于这种听话又能办事的人才为什么要打压？

于是，周章怒了，回到府中以后便频频招纳死士，意图废掉邓太后和汉安帝，再立其他王子为汉皇。

可现在这多事之秋，正是朝廷监视众臣最为严厉的时候，所以那边周章还没等行动，这边邓太后就已经提前知晓了。

结果自是不必多说，阴谋武装政变的周章偷鸡不成蚀把米，直接掉了脑袋。

十二月，汉安帝任用张敏为新任司空（姓名：张敏。字：伯达。特征：精通法律，善于治理地方。经历：被推荐为孝廉—活干得好，连续四次升迁—尚书—司隶校尉—汝南太守—议郎—颍川太守—司空）。

同月，经过这一段时间以来的赈济安抚，国内灾情得到进一步缓解，朝廷这才稍微空出手来，任命车骑将军邓骘为主帅，原主帅任尚为副帅，率领屯骑、步兵、越骑、长水、声射五营精兵及各郡郡国兵共五万人进驻汉阳（今甘肃省甘谷县东）屯兵，准备时刻应对诸羌的侵略。

同月，就在朝廷忙得不可开交之时，鲜卑大人突然遣使来到洛阳，希望汉朝能重新开通边市和鲜卑再次通商。

此举正中汉朝下怀。要知道，现在汉朝可是内忧外患，光是国内的各种天灾就够他们折腾的了，外部还有羌族这个心腹大患，如果再加上凶猛的鲜卑骑兵，说实话，那可真够汉朝人喝一壶的了。

所以邓太后和汉安帝想都没想，当即同意了鲜卑人的请求，和鲜卑重新成为友好邻国的关系，并重开关市，和鲜卑人相互往来。

公元108年正月，当时汉朝虽然已经连续抢救灾区和灾民半年多的时间，但依然有很多州郡因为天灾的关系大饥，据说有很多地方谷米的价格已经被炒到了两千钱一石，如此价格，不是土豪根本消受不起。那些老百姓只能相互攻杀吃食。那些老弱病残为了不被年轻力壮的人活生生吃掉，硬是拖家带口地逃出了本地，前往其他州郡就食。这其中河南、下邳、东莱、河内尤其严重。

于是，汉安帝再次从洛阳拨款给这些重灾区，借给他们粮食和种子，让他们一边活着一边种地。至于那些已经逃到其他地方的流民，汉安帝则让各个地方的一把手接纳他们，并用公田来给他们耕种。

同月，西部战线方面。此时邓骘的汉军前部已经抵达了汉阳近郊，可主力部队以及各郡郡国兵还没有来到。钟羌等部抓住了这个有利战机突袭了汉军部队，将汉军前部打得狼狈而逃，死伤一千余人。

此开头之胜利大大地提升了诸羌的勇气，使他们知道了，所谓汉军的五校精锐也不是不可战胜的。

可就在这时，梁慬的部队也刚刚从西域回国。当他到达敦煌的时候，同时接到了朝廷方面的助战命令。

于是，梁慬立即带领部队狂飙猛进，在钟羌刚刚战胜了汉军前部的同一时间突袭了钟羌等种部的大后方，斩杀了一万多人，并俘虏了羌族豪族三百余人。

如此，汉军才得以顺利进入汉阳并在此屯田以备进攻诸羌。

3.11　黑锅谁来背

公元108年二月，朝廷派遣光禄大夫樊准和吕仓分头巡视冀州和兖州，亲自监督两州官员赈济灾民的情况，检查是否有官员中饱私囊。

四月，钟羌派遣间谍成功潜入汉阳城内，并在汉阳城内放火。火势持续增大，等灭掉以后已烧死两千五百七十余人。

五月，汉朝又发生大型旱灾，邓太后因此亲自前往监狱审理各种案件，将那些"屈打成招"的犯人全部无罪释放。

巧的是那天邓太后刚刚释放了这些犯人老天就下起了大雨，使得邓太后得到了京城百姓的称赞。

可这种称赞不到一个月的时间便烟消云散了。为什么呢？因为这场及时雨下了以后就不停了。

这还不算，伴随着京城这场下不完的大雨，到六月中旬的时候，全国四十个郡国都持续不断地出现了水灾、风灾和雹灾。

七月，郁闷至极的邓太后不得不下诏天下，将天灾之事往自然科学方面引，以此为自己洗白。

不过古人皆信鬼神之事，老太太的自然科学论自然无人相信。

十月，洛阳方面再贷粮食往济阴、山阳和玄菟。

与此同时，西部战线。

本月，西部诸羌经过磋商，在同一时间对汉朝西部边境发动了潮水一般的攻势。车骑将军邓骘根本就没有领军作战的才能，所以驻边汉军接二连三被羌军所击败。

最后，邓骘连羌族的招都不敢接了，只龟缩于汉阳城中坚壁清野。诸羌也不攻汉阳，而是不停地寇掠汉阳周边的郡县。

一时间，整个西部边郡尸横遍野，不仅财物被抢夺一空，百姓也被屠杀殆尽，使得汉朝西部近乎瘫痪。那么本次到底死了多少汉人呢？用《资治通鉴》的话来说就是四个字——"不可胜数"。

本次的惨重损失使得三辅不安，京师震动，邓太后携汉安帝再次召开紧急廷议，和文武百官们共同商讨对策。

可半天过去了，谁都没有什么太好的办法。

原左校令、河南人庞参因为先前被指控犯法，所以现在还在牢狱之中做苦工。可当他听说西部羌祸以后，赶紧对自己的儿子庞俊说了一席话，并让其找准机会卜奏给朝廷。

所以就在朝廷百官束手无措之时，庞俊说话了：

"启禀太后、陛下。目前，西部地区的人民正在遭受着天灾和羌祸，朝廷的各种税务又没有半点儿削减。所以，百姓的资产枯竭，田地得不到及时的开垦，以至于整个西部都存在瘫痪的风险。这种情况如果不及时处理的话，即使到了明年秋天也不会有所改善。所以下官建议，现阶段应该免除凉州百姓的赋税，并将一部分百姓迁徙到三辅地区，让他们在那里开荒种田，以度过灾年。次年再重新将其召回凉州。不过想要实行这种策略，我大汉的西部军便是关键所在，如果他们无法抵挡得住羌族的进攻的话，那么一切都将无法进展下去。太后，请恕下官直言，车骑将军邓骘实在没有统兵打仗的才能，所以希望太后能够将其调回京都。至于前线，下官认为，只让任尚一人处理便好。"

邓太后想了想，觉得甚有道理，于是又问庞俊道："那让谁来主管这些迁至三辅的百姓呢？"

庞俊道："这……这下官就不便多说了。"

邓太后道："为何？"

就在庞俊欲言又止之时，樊准直接道："启禀太后，因为现在最适合做这件事的不是别人，正是庞俊的父亲庞参。而庞参现正被关押于牢狱之中，无法出任。正所谓'非常之时用非常之人'，还请太后能够下令将庞参放出，让他来主管这些迁至三辅的凉州百姓们。"

邓太后觉得甚是有理，便依言而行了。可那边刚刚运作，这边又传来了超级噩耗。

十月下旬，汉朝十二个郡又发生了大规模地震，灾区伤亡惨重，人们流离失所。邓太后悲痛万分，她真想问问苍天："我到底怎么得罪你了？"

十一月，诸羌中的新贵先零羌大人滇零在北地自称天子。他以绝强的号召力召集了参狼羌和散布在上郡、西河一带的杂种羌人组成联军，突然切断了陇道，并杀进了三辅地区，疯狂寇掠。

消息很快便传到任尚处，任尚很想率兵救援三辅，可现在他正在防守烧当羌等部，怕一旦前往救援，烧当羌又会从西部突入，便只能致信现在金城的梁慬，拜托他前往救援三辅。

那梁慬收到任尚的求救信以后没有丝毫犹豫，当即率领本部兵马前往救援，后转战三辅，这才将这些先零羌人赶回了老家。

也许是梁慬部队的战斗力太强将参狼羌大人给震慑了吧，所以本年十二月，身居于广汉边塞外的参狼羌重新向汉朝投了降。

朝廷非常高兴，将参狼羌归为广汉属国，并给其最优厚的待遇，意图分化其他反抗汉朝的羌种。

同月，东郡、巨鹿、广阳、安定、定襄、沛国等地因为之前地震的关系，使得贫民持续增多，朝廷只能再次贷粮给这些贫民，并降低各大灾区的赋税。

公元109年正月，突然有大臣上书朝廷，请求邓太后将所有的为政大权都交还到汉安帝手上。而现在的邓太后也实在扛不住这没完没了的天灾人祸和舆论压力了。所以，她只能亲自主持已经十五岁的汉安帝的加冠典礼，并将玉玺和虎符交到汉安帝手中，汉安帝从这一年开始终于可以独掌大权了。

只不过现在汉朝这个大摊子，并不是那么好接手的。这不，这边汉安帝刚刚举行完加冠典礼，那边羌人就给他送上了一份大礼。

本月下旬，当煎羌、勒姐羌和钟羌同一时间对汉朝发动了攻击，任尚命骑都尉任仁率军征讨，可任仁却屡战屡败，使得诸羌接连攻破寇掠汉朝郡县，甚至连陇西南部都尉都为这些羌人生擒。

紧接着，至本年三月，全国饥荒持续蔓延，甚至连现在的京城洛阳都已经出现了人吃人的惨况。

诸大臣恐惧至极，集体至宣德殿向汉安帝请罪，希望汉安帝能给他们惩罚。可汉安帝并没有这样做，反倒悲哀地道："朕以幼年继承大统，却不能宣扬教化，而感逆阴阳的变化，以致百姓遭受饥荒，人们自相残杀吃食。这是朕永远的悲伤，好似掉进了万丈深渊一般。所有罪责都在朕一人身上，和各位爱卿没有半点干系。现在主要的问题还是如何才能解决灾情，希望各位能给朕出出主意，渡过这次难关。"

可众多大臣都你看看我，我看看你，没一人言语。因为不管用什么办法都要有一个前提，那就是天灾的黑锅必须有人来背。而这个背锅的人是谁都行，就是不能是汉安帝。因为现在天下已经够乱的了，如果这个英明的皇帝还是不够格承天之命的话，那汉朝就真的完蛋了。

那么这个背锅的人应该是谁？自然是身份高贵的三公。而三公之中，又属司徒为首。所以，本月中旬，司徒鲁恭被罢去了官职，改任夏勤为新任司徒。

第四章

人定胜天

公元109年四月，汉安帝在万般无奈之下向天下颁布了一条新的命令，那就是在一定的时间内，允许民间一切身份的人花钱买爵（最高至关内侯）买官（没有绝对实权的官位，如虎贲羽林郎、官府吏、缇骑等），并将所有卖官爵挣来的钱用在赈济灾民上。

这之后，朝廷还在四月下旬将上林苑、广成苑等皇家之地开辟给百姓，让他们在那里种田养活自己。

由以上可见，现在的汉朝已经窘迫到了一种什么地步。

五月，京城再起风灾，造成了一部分损失。只不过这些小灾对于现在的汉朝人已经不算什么了，只要别再地震和干旱就谢天谢地了。

六月，渔阳乌桓和右北平胡人突然合兵一处，对汉朝东北边境发动寇掠行动，使汉朝东北损失较为惨重。

本月下旬，因为现在的汉朝内忧外患不断，甚至连国库都已经空了，南匈奴单于认为这是天要亡汉，于是再添一把大火，于本月突然袭击了汉朝边境，疯狂寇掠而还。

至此，整个北部边界已皆为汉朝之敌。

七月，海泽张伯路自称将军，齐聚青州三千余活不起的穷苦大众造反起义，一路攻占沿海九郡，意图自建政权割据，却被侍御史庞雄率郡国兵连番打击。最后，因实在不是大汉郡国兵的对手，乃向汉军投降。而现在汉朝正是多事之秋，秉承着多一事不如少一事的基本国策，朝廷并没有一棍子将其打死，便接受了他的投降。

同月，汉安帝下诏天下，从中央到地方，不管你是什么身份的大官，都要亲自下地种田，必须以身作则，带领百姓们一起耕地务农。

九月，乌桓、鲜卑、南匈奴各分出两千余族中最精锐者，合七千骑兵攻入五原郡，展开了凶残的寇掠行动。

五原太守亲率五原兵前往高渠谷和三族联军交战，结果被打得大败，五原沦陷，一时间变成人间地狱。

这之后，乌桓和鲜卑全都满载而归，只有南匈奴还嫌抢得不够，又继续侵略到美稷，甚至将美稷太守耿种打到城中不敢露头。

已经快被种种天灾逼疯的汉安帝这回动了真火，下诏书命大司农何熙为车骑将军，中郎将庞雄为副将，统率五校精锐及各边境郡国兵共两万多人前往攻击这些南匈奴骑兵。

这还不算，汉安帝还命辽东太守耿夔及梁慬在何熙攻击匈奴人的时候率本部配合作战，从另外两个方向合击匈奴人，务必将这些不讲信誉的强盗全部歼灭。

可就在汉朝大军频频调动之时，南单于却提前得到了消息。

见此，他第一时间命正在侵略美稷的匈奴人赶紧撤兵，务必在汉军赶到之前撤回南匈奴。

可这时候庞雄前部和耿夔的部队已经完成了会师，他们见这些南匈奴军队要逃，当即狂追，可无奈南匈奴骑兵的速度实在太快，他们根本追击不上。所以这一次声势浩大的歼灭战只能草草告终。

按说，凭借汉朝的脾气，你既然动了我，那就必须承担我的怒火。可这时候的汉朝已经完全没有这个心思了，现在汉安帝想得很实在，只要把这个天下稳住，在他有生之年汉朝能不灭亡，那就烧高香了。为什么？因为那贼老天实在是太能作了。

本年十二月，也就是汉朝刚刚将这些匈奴强盗吓跑以后，突然在一天夜里有彗星划过天际。次日，九个大郡在同一时间发生大型地震，使得刚刚有那么一点点好转的灾情再次恶化。而这还只是一个开始而已。

几日以后，京城及全国四十一个郡国同时爆发大雨、大水、大冰雹，使得无数汉人家破人亡。这其中并州和凉州尤其严重，人们相互残杀吃食的情景简直极其常见。

东汉王朝，已经被老天折腾得一片亡国景象。不过汉安帝依然没有放弃，甚至连后宫之首，邓太后都没有放弃。这老太太在本月下诏后宫，取消了后宫之中一切不是必需的活动，甚至连必需举行的活动和仪式都要削减一半的钱财和贡品。

公元110年正月，汉安帝亲自下诏，宣布照常举办一年一次的元旦朝会，不过以前所用的乐队及仪式等全部取消，甚至元旦宴会上的菜肴品级都大大地降低。

本月中旬，汉安帝下诏天下，免除三辅等严重灾区三年赋税。

次日，汉安帝再次下诏，宣布在一定的时间内削减天下所有官员的俸禄，并将节省下来的俸禄全部赈济灾区的灾民。

可就在汉安帝拼尽全力维护国家正常运转的时候，那些趁机发国难财的畜生又接二连三地出现了。

本月下旬，贼人张伯路自称为"天帝使者"，再次勾结快活不下去的百姓反汉，一路攻城略地，抢夺财物。汉安帝这次是说什么都不会再留着这个祸患了，于是命御史中丞王宗、青州刺史法雄为主帅、副帅，率幽州、冀州数万军队前往镇压。

张伯路听说此事以后，不敢和数倍于自己的汉军进行野战，只能退守辽东海岛，凭借地形和汉军硬抗，并再次请求投降。

不过这一次汉安帝是下了狠心了，当即拒绝了张伯路的投降，并下达死命令，哪怕是张伯路逃到天边也要将他的人头割下来献到洛阳。

于是，大军积极造船备战，准备总攻张伯路。

张伯路，已离死不远矣。

二月，就在汉朝内部忙得鸡飞狗跳之时，南匈奴又趁机寇掠常山，先零羌也在同一时间攻击褒中（今陕西省汉中市西北褒城镇东）。

汉中郡太守郑勤于是紧急率领郡国之兵驻扎于褒中，死死抵抗着先零羌的进攻。

任尚那边见此亦派兵来救，可却被先零羌以围城打援之法击退。

而朝廷见任尚所部驻扎在西部战区久无战功，还频频败给那些羌人，遂将其召回京师，然后在三辅地区设置虎牙都尉，将防御圈向后收缩。

凉州，这个汉朝最西北的地界，近些年来与外族作战连连失利，还是天灾最严重的地方，每年朝廷在这个地方所花费的军费及赈济费用都是最多的，所以一些人就开始对这个地方打起了其他的主意。

　　谒者庞参就因此向大将军邓骘建议，将所有凉州的人民全都迁徙至三辅居住，彻底放弃凉州，集中力量对付北边的兵祸，并用省下来的钱赈济国中的灾民。

　　邓骘觉得此提议非常可行，于是在一日朝会之上上奏汉安帝请求批准。可此提议一上，还没等汉安帝发话，郎中虞诩便坚决否定道：

　　"大将军的计策绝不可行，具体理由有三点。第一，先帝开疆拓土，历经血汗辛劳才取得了整个凉州，怎么能因为现在多出的一点经费便将其弃之不顾呢？第二，我汉家历代先皇的陵墓都在三辅和凉州的交界处。如果将凉州弃之不顾，他们的坟墓就将暴露在那些异族人的视野之中，大将军难道想要我们的先帝们死后也不得安宁吗？第三，俗话说得好'关西出将，关东出相'，我大汉天下的猛士和武将大多出在凉州，那里民风彪悍，惯于作战。如今的羌人、胡人之所以不敢肆无忌惮地攻击三辅，其根本原因便是有凉州为三辅之屏障。如果抛弃凉州，这些异族人必再无顾忌，可以肆意侵略抢夺汉朝资源，纵兵越来越深。到时候，我大汉即便是用孟贲、夏育那样的猛人当士兵，用姜子牙那样的人当统帅，相信也不够这些异族人祸害的了。"

　　话毕，群臣皆惊，甚至汉安帝都惊恐地站了起来，默默道："要不是你这一席话，险些坏了大事，那虞爱卿你说，对于现在凉州的局势，朕应该如何做才好？"

　　虞诩："录用在凉州有一定势力的豪族做官员，给他们一定的行政权和军事调配权，让凉州本地人来抵抗这些异族的侵略，并将这些豪族的家人也任用到京城为一小官，这样既给予了凉州那些豪族赏赐，又可以有效地控制他们的家人，使他们不敢背叛汉朝！"

　　话毕，满堂皆赞，几乎所有的人都赞成了虞诩的看法，汉安帝便依计而行了。只有邓骘满脸黢黑，从此恨上了虞诩，誓要将其斩杀，以泄心头之恨。

　　同月下旬，朝歌人宁季勾结一批快活不下去的青壮年在山川大泽中起兵造反，他们攻杀长吏，抢劫兵器库，掠夺富人的财富，兵力很快便发展到千余人之众。本地官府想要讨伐他们，但根本抓不住他们的踪影。

邓骘见宁季锋芒毕露，便通过关系将虞诩调为朝歌县令，意图用宁季之手弄死虞诩。

临出发之前，虞诩的朋友都为虞诩感到悲哀，认为这次前往朝歌就是彼此的永别。可虞诩却全不在意地道："你们错了，做事不避艰难，这是身为一名汉朝臣子的基本职责。而且，不遇盘根错节就无法辨识手中的刀斧是否锋利。现在横在我面前的宁季，只不过是一些盘根错节而已。而我虞诩，绝对是一把锋利的斧头。"

就这样，虞诩带着绝对的信心前往了朝歌县。

河内太守马稜听说朝廷竟然派了虞诩这个有名的儒者前来做朝歌县令，那真是又惊又气，惊的是朝廷对于这件事的重视，而气的是朝廷为什么派一个文官前来，这不是胡闹吗？

于是，马稜带着随从亲自至朝歌迎接虞诩。见到虞诩以后，马稜只是稍稍客气一番便道："先生，您是当世有名的儒者，像您这种人应该在朝中镇场子才对，怎么能跑到这种不安全的地方来做县令呢？我真是为您感到担忧。"

虞诩微笑着道："下官多谢太守的关心，可太守想得太多了。下官认为，这些所谓的起义军只不过是一些猪、狗、牛、羊混杂在一起求个温饱罢了，实在不足为虑。"

马稜摇头道："先生错了，这些匪徒自起义以来抢劫数地，本官也是拼了命地进行追捕，可他们来无影去无踪、进退莫测，实在让我伤透了脑筋。这种神出鬼没的部队，先生您怎么说他们只是一群猪狗废物呢？"

虞诩："朝歌位于古代韩国和魏国的交界处，背靠太行山，面临黄河，距离敖仓不过百里之地。青州、冀州，那是灾难最为严重的地方，逃亡的灾民要以万来计数，如果我是宁季的话，一定会率先攻占敖仓，用此地的粮食来笼络两州灾民，军队很容易就会发展到数十万人！到那时候，足以拥有威胁皇朝的力量，甚至改朝换代都不是什么不可能的事情。可宁季呢？只知道抢夺兵器库和民间的富贵人家。所以根本不值得担忧，如今这些叛贼士气正旺，难以用武力来使他们屈服，但兵不厌诈，我会用一些其他的手段来使这些叛贼瓦解，不用太守大人您出动一兵一卒，只希望在下官实行谋略的时候太守大人不要横加阻拦便可。"

虞诩这一套说辞将马稜忽悠得晕头转向，最后马稜迷迷糊糊便答应了虞诩的提议，然后返回了自己的郡治。

而就在马稜离开朝歌的次日，虞诩便开展了行动。

他竟偷偷摸摸地雇用了一百多名打架斗殴、偷鸡摸狗的匪盗之辈，并赦免了他们的罪名，让他们混入宁季的部队之中，将宁季的一举一动汇报给自己。

这以后，宁季的部队但凡想要袭击一个地方，总有官府士兵提前埋伏好对他们进行伏击，使得宁季的部队损失很大。

宁季无奈，只能让手下心腹假装成商人的模样前往各地去换取粮食。

见此，虞诩又雇用了很多会裁缝活的贫民混入了宁季的部队，为宁季的手下制作衣服。不过每一件不同样式的衣服里都有一个肉眼难以发现的标志。所以但凡出现在朝歌一带县邑里的"商人"皆被官府在第一时间抓获。

如此，叛军内部谣言四起，那些盗匪们都传说有神灵襄助汉军，汉朝命不该绝，早晚会消灭他们。

一时间，叛军人人自危，再加上最近一段时间没有抢到粮食，也没有买到粮食，人们非常害怕，便一个个地离开宁季，逃到别处去种地了。

于是轰动了整个河内的宁季之乱，在虞诩的手段下只短短一个月便被彻底平定。

公元110年三月，已抵挡先零羌一个月进攻的汉中太守郑勤认为现在的先零羌部队通过这一个月不停的攻坚战已经锐气尽失，可以打开城门主动迎击了。可其主簿段崇却不这么认为。段崇觉得现在时机尚早，先零羌的部队还很有精力，应该再等一段时间再行攻击才是良策。

可郑勤不从，认为现在就是最好的时机，如果再等一段时间，那些先零羌备不住便会撤退了，那时候再想立功就晚了。

于是，在当天夜里，郑勤率整个褒中汉军突袭了先零羌的部队。

可怎料这些羌人早有准备，竟在汉军突入以后突然将其合围。

于是，汉军全军覆没，郑勤和段崇皆死于战阵之中。这之后，先零羌闯进襄中城进行了大肆残杀和破坏，使得襄中成了人间炼狱。洛阳方面无奈，只能遣金城之民于襄武再次将防线向后收缩。

同月，得汉安帝之命，何熙继续率本部兵马向南匈奴进发。

这次汉安帝也是拼了，在这天灾不断、外敌环绕的艰难阶段，汉安帝必须要先除掉一个祸患，这样才能为汉朝重新创造生机，而不至于像以前那么被动。

何熙也知道这一次攻击南匈奴的重要性，绝对只允许成功不允许失败。于是稳扎稳打，缓步向前。

可就在大军抵达五原之时，何熙突然身患重病，使得他只能就地治疗，无法再深入南匈奴腹地。

可大军绝不能停，现在汉朝的国库本来就已经捉襟见肘，支撑他这样一支将近两万人的部队实在是万般不易。如果就这样撤回洛阳，不但对不起汉安帝，同样对不起天下的百姓们。

于是，何熙将所有的部队分别给了庞雄、梁懂和耿种，让他们分三路一齐向南匈奴王庭推进。

按说凭借现在南匈奴单于的力量和现阶段汉朝的能力，南匈奴是真的没有理由畏惧汉朝，可不知为何，当南单于见汉军消灭他们的决心如此巨大的时候，竟然怕了，之后直接派遣使者至汉军中请求投降。

对于此种突发情况，何熙不敢做主，派出使者以八百里加急之速前往洛阳请求汉安帝评定。

汉安帝和诸多大臣经过反复考量磋商以后答应了南匈奴单于的请求，不过必须要南匈奴单于亲自至汉军中投降，这样军队才能撤退。

汉安帝这样做的主要意图便是试探一下南匈奴单于是不是真心投降。因为如果这一次是南匈奴单于的缓兵之计的话，那么汉朝就白白浪费了如此多的粮食了。之后再想攻击南匈奴也近乎是不可能的事情了。

然而这一次南匈奴单于确实是真心向汉朝投降的。因为就在南匈奴单于接到了汉安帝的命令以后，几乎是在第一时间亲身前往汉军营中向汉军投了降。

这还不算，这南匈奴单于还脱掉了自己的帽子和鞋子，赤脚跪在何熙和庞雄等人面前，请汉朝皇帝赐自己死罪。

于是，汉安帝命令大军撤回了洛阳，对南匈奴的政策还和以前一样，没有半点儿区别。

而事实也证明了汉安帝这项措施无比英明。因为这以后四十余年内，南匈奴单于再也没背叛过汉朝。非但如此，他还帮助汉朝无数次地攻击羌族和鲜卑族等异族人，成为汉朝这个庞然大物手上真正的钢刀。

四月，海贼张伯路亦被汉军击败，只携带少数心腹逃亡至青州，又被青州刺史击败，再次逃亡。可他的手下们实在不想再跟着这么一个一天到晚只知道逃亡的人混了，所以杀掉了张伯路，提着他的人头向官府请赏去了。

南匈奴重新投降，让人痛恨的张伯路也被杀死，汉安帝终于可以稍微歇一歇了。可就在这时，那老天又开始找麻烦了。就在张伯路失败以后，汉朝九个大郡突然发生地震。没几天以后，六个州（东汉一共十二个州，算上司隶便是十三个）又暴发百年难得一见的大蝗灾。一个月以后，三个大郡又同时爆发水灾。两个月以后整个益州又爆发了超大规模的地震。

一时间，整个汉朝尸横遍野，为了活命而造反的老百姓不计其数。东汉王朝，一片亡国之象。

可汉安帝，这个坚强的男人依然不肯放弃，还在和老天不停地做斗争。

本月，汉安帝先是罢免了邓骘，然后再次下令削减宫中的一切饮食、器具的等级，用省下来的钱支援灾区，并下令相对还算"富余"的州郡支援其他灾区，同时下诏天下，将所有收入官家的奴隶全部变为庶人释放，以此捞取民心和节省粮食。

可老天很明显是不愿意轻易放过汉安帝和他的东汉皇朝。

公元111年正月的某一天，晴朗的天空突然变得漆黑一片。无他，日食来临了。

这之后，十个郡国在本月相继发生地震。

十余日后，也就是二月初，八个大郡又发生洪水。然后在秋收时节，九个州又暴发大型蝗灾。

这时候的汉朝百姓甚至连造反都不想了，简直都不想活了。因为每个人都知道，这不怪汉朝，更不怪那个兢兢业业的汉安帝，只不过是天要亡汉，哪是人力所能抗衡的？

然而这还不算，趁着汉朝最为虚弱的时候，先零羌举族攻击河东、河内地区；高句丽王和秽貊王率联军攻击玄菟（今辽宁省沈阳市东）；夫余王则率军攻击乐浪（今朝鲜平壤南）。

这其中先零羌的攻势尤其凶猛。他们作战勇猛凶悍，手段极为血腥残忍，汉军对他们屡战屡败，根本不能制止。

可是汉安帝依然没有放弃，这个打不死的男人永远不知道放弃这两个字怎么写。

在应对灾祸方面，汉安帝首先将太尉张禹罢免，任用光禄勋李脩为太尉。然后向天下下诏，再次削减宫中食品等级，发誓和天下百姓共抗灾难，并持续裁员，将那些可用可不用的官职全部免去，所节省下来的钱财全部用于赈济灾民。虽然依然无法彻底解决饥荒问题，但朝廷是什么态度，当今皇帝是什么态度，全天下百姓都看到了。

在应付兵祸方面，汉安帝无奈运用比较消极的办法。对于距离自己非常遥远而又威胁较小的高句丽和夫余，汉安帝只能暂时听之任之，容忍他们的抢劫行为，而将全部力量都集中在对付先零羌方面。

可凭借现在汉朝那所谓的后勤和国力根本无法主动出击，所以只能继续收缩防线，运用地形的优势在魏郡、赵国、常山和中山连续修建了六百一十六所小型堡垒，构建了一条庞大的防线。

另外，为了避免防线外的百姓再遭羌族肆虐，汉安帝还命令陇西、安定、北地和上郡四郡百姓向内地迁徙，并承诺他们，这都是暂时的，等汉朝度过灾年以后一定会将这些土地重新夺回，让他们再一次踏上故乡的土地。

可古时候百姓的恋土情结绝对超乎现代人的想象。绝大部分人坚决不肯迁徙至内地，声称哪怕是死也要死在故土之上。汉安帝无奈，只能下达死命令，让本地官府无论如何都要将这些百姓迁徙到内地去。

当地官府只能动用强硬的手段，毁坏百姓的庄稼，拆毁百姓的房屋，逼迫他们迁徙至内地。

七月，汉安帝重新规划本年工作重点，除继续加大力度赈济灾民之外，还下令三公、特进、九卿，每人必须想办法查找举荐能征惯战之士。没说的，现在汉朝的强将实在是稀有动物，汉安帝此举便是想大力发展军事人才以应对连绵不绝的外患了。

本年九月，汉阳人杜琦、杜季贡、王信等人聚集地痞无赖和活不起的本地人勾结诸羌叛汉。他们沿途抢劫，并攻占了上邽城（今甘肃省天水市秦城），给当地造成了相当大的损失。

汉阳太守赵博制止不了这些贼寇的暴行，于是派遣武艺高强的刺客混进上邽，成功将一把手杜琦刺杀。

杜季贡和王信见首领已死，料定汉军一定会在短期之内对上邽进行征伐。而上邽城并不适合防守，于是纷纷率兵驻守至上邽的必由之路，也就是易守难攻的樗泉。

公元112年三月，汉朝十州发生蝗灾，进而大旱。汉安帝当即罢免背锅者，也就是司空张敏，然后任命太常刘恺为新任司空。

六月，汉安帝亲命侍御史唐喜率中央野战军讨伐汉阳贼王信和杜季贡。

唐喜深知现在汉朝的局势，所以从出洛阳的那一天便以急行军的方式向西部狂奔，毕竟现在的汉朝，省一天的粮食就如同救命一般。

到达汉阳一带后，唐喜只命部队休整两天，便狂扑樗泉营。而王信和杜季贡的大营虽然守备森严，但士兵皆为流氓地痞，根本不是中央野战军的对手。

于是，这些贼寇一交战便连连败退，王信更是死于流矢之下。

眼看再无胜利的希望，只剩老哥一人的杜季贡也放弃了抵抗，仅率不到百人的亲信逃到了先零羌的地界，从此归顺先零羌的首领滇零的统治。

十二月，先零羌的首领滇零卒，其子零昌继承了大位，并以杜季贡为将军驻守丁奚城，意图以汉制汉。

公元113年二月，苍天大老爷再对汉朝出招。首先十八郡国地震，然后大面积干旱。而且一干旱便是数月无雨，汉安帝只能在五月带着文武百官起天坛向苍天求雨。

不过苍天貌似对汉安帝并不怎么感冒，不但没给他一丁点儿雨水，反倒是再对汉朝进行蝗灾打击。

八月，京师突然刮起了大风，然后不知哪里来的蝗虫群铺天盖地从洛阳上空经过。只一个月的时间，整个中原多个郡国遭遇大型蝗灾，这些可怕的蝗虫凡过之处，地方必颗粒无收。

九月，汉安帝下令天下，赐每户长男爵位一等，凡是被蝗虫扫荡过的地区皆免除一年的田租。

中旬，汉安帝再次下诏，调零陵、桂阳、丹阳、豫章、会稽之米赈济给南阳、广陵、下邳、彭城、山阳、庐江、九江等受灾严重的地区。

公元114年正月，汉安帝觉得自己这么多年来为了国家对抗天灾，每天都忙得不可开交，不敢对老天有半点不敬，还一门心思地为百姓造福，从来不享乐奢侈，所以这天灾的原因一定不是出在自己身上。而现在的朝廷中几乎所有的官员都一心奉公，在这特殊的时期，没有一个人敢冒天下之大不韪去做什么贪污腐败的事情。甚至连后宫中主事的邓太后都将自己的私人财产捐献出来给灾区的灾民。但是这天灾却始终没有半点儿缓解的迹象。这是为什么呢？汉安帝左思右想，最后灵光乍现！

没错，年号！一定是这可恶的年号闹的！自从自己在永初元年（107年）继位以来神级天灾便持续不断地发生，所以这一定是老天不满意永初的年号，于是给我的惩罚。

想到这儿，汉安帝即下诏天下，改永初年号为元初，并大赦天下，赏天下百姓爵位，希望一切重新开始。

之后，汉安帝心情忐忑地看着苍天，渴望苍天能让汉朝好好休息一下，不要再降下什么天灾了。

然后，老天又出招了。

二月的某一天，日南地区（今越南广治西北）突然发生地裂，天坑长达一百余里。然后八个郡国发生地震。之后京师及五个大郡接连发生旱灾、蝗灾。最后河东地陷，七个郡国再次发生地震。汉安帝只能近乎崩溃地罢免了太尉李脩，立大司农马苞为新任太尉。另外再免除受灾严重的地区三年赋税。除了这一点，现在的汉安帝真的再没有什么其他的办法了，一点儿办法都没有。

时间到了五月，先零羌不出意外地再次袭击了汉朝的边境。这一次他们袭击了雍城，并将此地"三光"殆尽。

七月，蜀郡周边夷种反汉，寇掠蚕陵（今四川省茂汶西北），杀县令。

九月，先零羌继续寇掠武都、汉中，断绝整个陇道。汉中太守程信无法阻挡，只能求援于巴蜀方面郡国兵。而这时候的巴蜀方面也抽不出来士兵，所以只能向巴郡蛮人请求支援。

这些巴郡蛮人还算够意思，并没有拒绝州郡的请求，当即率兵前往汉中帮助程信抵挡先零羌的入侵。

在巴郡蛮人和汉中郡国兵的合力阻击下，终是打退了这些先零羌人，保得汉中无忧。

可就在一个月以后，狡猾的先零羌人再次寇掠于凉州，并在狄道（今甘肃省临洮市）将凉州刺史的部队击败，斩杀汉军八百余人，之后一顿寇掠，无人能挡，而洛阳方面这时候是真的没有力量来管兵祸了，汉安帝现在几乎是将全部力量都用在赈济灾民上了。

公元115年正月，汉安帝下诏，再从洛阳抽出粮食支援三辅一带的灾民。这之后，汉安帝还下令地方政府，修缮战国时期西门豹所建之水渠，用以灌溉民田，将邺县一带变成产粮大地，用以支援各地。

二月，汉安帝下诏天下，宣布由各个地方官府收葬无人认领的死尸，并负责设祭于这些死者。同时，但凡家有死者而因为贫穷无法埋葬的，朝廷都会拨款，给这些人家每家五千钱，让他们安葬死者。

之后，汉安帝再次下诏，命河内、河东、上党、赵国、太原等地方官府官员都要带着民众修缮旧渠，疏通水道，以灌溉民田和官田。

汉安帝誓死不从天命，和其抗争到底。

三月，洛阳发生地裂，天坑现，紧接着风灾肆虐洛阳。

五月，洛阳发生大型旱灾，十九个郡国发生蝗灾。

几日以后，十个郡国又在同一时间发生地震。

这之后又是兵祸。周围的那些少数民族趁着汉朝又一轮天灾之际不断对其展开寇掠。

六月，先零羌寇掠益州，被郡国兵打跑。

八月，辽东鲜卑寇掠无虑县，烧杀抢夺后满载而归。

九月，西北鲜卑寇掠夫梨，宰杀县令。

十月，武陵蛮反汉，后被郡国兵击败。

同月，汉安帝再找背锅人，连续罢免了多名官员，然后任太仆马英为新任太尉，刘恺为新任司徒，光禄勋袁敞（袁安之子）为新任司空。

十一月，叛徒杜季贡再次率先零羌寇掠汉朝边境，汉安帝大怒，命令班超之子班雄率八千关中郡国兵驻扎三辅，防御这些贼人的寇掠，然后令庞参率羌、胡属国兵七千余人和司马钧兵分两路一同攻打驻扎在丁奚城的杜季贡。

那杜季贡虽然可恶，但用兵却是一把好手。他见汉军兵分两路对他进行攻击，竟然率先判定了汉军的路线，然后倾全军之力对付相对好打的庞参的汉军。

那为什么说庞参的汉军比较好对付呢？很简单，因为庞参一路基本上都是羌人和胡人组成的军队，而凭现在汉朝的国力，这些人怎么可能会用全力来帮助汉人打同为羌族的人呢？所以杜季贡料定，这支部队的士气必然极低。

而事实和杜季贡所料没有半点儿出入，当杜季贡将庞参的部队堵到勇士以东的时候，庞参手下的那些士兵没有怎么抵抗便溃散而逃了。反倒是司马钧的纯汉人部队行军顺利。

那司马钧听闻庞参战败的消息以后并没有半点儿泄气，反倒越发自信，因为他相信，只要自己速度够快，必定能在杜季贡赶到丁奚城以前将此地攻下。继而大跨步向丁奚城进军。

那司马钧所料不差。当他到达丁奚城，杜季贡还没能赶回此地，所以司马钧根本没有停歇，当即对丁奚城展开了猛烈的攻击。

丁奚城主力现在都在外面，根本挡不住汉军的猛攻，不到一日便突围而逃了。可就在次日，轰隆隆的马蹄声传遍丁奚城四周。杜季贡回来了。

他见丁奚城已经被司马钧拿下，又不敢攻击汉军所驻守的城池，于是心生一计，将强壮的士兵隐藏起来，只令军中战斗力最为低下的士兵强行攻城。

结果自是不必多说，羌军被"轻轻松松"地打退，杜季贡见汉军"如此强大"，乃率军"狼狈而逃"。年轻气盛的右扶风仲光见所谓的先零羌如此不堪一击，便请求率军追击，彻底将这群汉朝的叛徒斩杀。

可司马钧早就看出了杜季贡的意图，所以坚决不允许他追击杜季贡，反倒是让仲光率一半还多的士兵（三千兵）去将丁奚城周边的麦子全都给收了，准备在此长期驻守。

对于司马钧此种极度消极的行为，仲光实在是看不过去，便自作主张，率领这些士兵前去追击杜季贡。

结果，这些汉军在追击途中中了杜季贡的埋伏，局势瞬间陷入了绝境。

可这次司马钧带来的军队皆为中央野战军，属于天下精兵，所以并没有在第一时间溃散，反倒是在仲光的指挥下做着激烈的抵抗。相信如果司马钧在这时候派兵前来救援的话，不说将杜季贡打败，最差也是有机会将这些部队救出来一部分的。

可让人万万没想到的是，当司马钧听说仲光因为不听他的将令而中了埋伏的消息以后竟然怕被全歼而不救，还带着剩余的部队逃回了洛阳。

结果，仲光和所辖汉军被全部歼灭，这些汉军将士没有一个人向杜季贡投降。

同时，好不容易拿下的丁奚城也被杜季贡重新夺了回去。

气势汹汹地来，窝窝囊囊地回。当汉安帝了解了两路大军出征的始末以后愤怒至极，直接将庞参、司马钧和梁懂全部扔到了监狱里面（史料未表，不知梁懂因何故被扔到监狱）。

不久，司马钧在监狱中羞愤自杀，貌似庞参和梁懂也有那个趋势。校书郎中马融怕二人在监狱中再出什么娄子，乃上书汉安帝，首先声明现在国家缺乏军事人才，然后再以特殊时期特殊政策为由，希望汉安帝能放了庞参和梁懂，让他们戴罪立功。

汉安帝觉得此提议甚有道理，便将二人全都释放了。不过汉安帝是绝对不会放过杜季贡这等汉奸的，他必须弄死杜季贡，杀一儆百。不然在现在天灾不断的情况下，再接二连三地出现农民起义汉朝就要被搞废了。

于是，汉安帝任命马贤接替庞参，兼任护羌校尉，再调拨给任尚二十万郡国兵，让其驻扎三辅，准备时刻对杜季贡展开进攻。

二十万，在现在汉朝的国力下可以说是最大规模的军事行动了，哪怕是最终拿掉杜季贡对汉朝也绝对是伤筋动骨的（军粮的消耗），从此方面也能看出汉安帝恨杜季贡到了一种什么程度。

可就在任尚即将率军前往三辅之际，虞诩却突然找到了任尚，并对其语重心长地道："下官想请问将军，这次您平定三辅需要多长时间呢？"

任尚寻思了好一会儿，最终无奈地摇了摇头，因为他也不敢打包票多长时间能杀掉杜季贡。

虞诩又道："那下官再问将军，您觉得凭我大汉现在的国力，朝廷能支撑将军在外打仗多长时间呢？"

任尚："这，恐怕不会超过三个月吧。"

虞诩："是了，绝对不会超过三个月，并且这还得是在陛下强撑的结果下。试问如果这样将军还是不能消灭杜季贡，那等待着将军的将会是什么后果呢？"

任尚："这……那到底该如何是好，还请先生教我！"

话毕，任尚重重给虞诩行了一个大礼。

虞诩赶紧将任尚扶了起来，然后道："依据兵法及自然规律，弱的不能去进攻强的，走的不能去追赶飞的，羌人的士兵基本上全是骑兵，所以来去如风，日行数百里。反观我军，虽然有二十万众，但清一色全都是步兵，在机动力上和羌兵无法相比，所以羌兵进可攻退可守，我们拿他们无可奈何，就更别提杀掉杜季贡了。而长此以往，国家供不起将军，便会调将军回京。那时候，出征数月而徒劳无功，将军最后要遭受什么处罚，我想我不说将军您也知道。

与其这样，还不如遣散十九万士兵！让他们复员回家，不用去战场拼死拼活，不过这也是有条件的，那便是每个复员的士兵都要向朝廷缴纳五千钱，然后朝廷用这五千钱购买一万匹战马，分配给剩下那最精锐的一万士兵，这样，既为国家省下了巨大的开销，也增加了我汉军的机动力、战斗力，还为将军赢得了最宝贵的时间，大事必成！"

话毕，任尚大声称善，然后前往官中，将虞诩的计划汇报给了汉安帝，请求他定夺。

汉安帝听闻此建议以后也是拍手叫好，立刻按照此策组建了一支一万人的精锐骑兵团。

任尚最善指挥骑兵，得到这批骑兵以后快马加鞭便直奔丁奚城而去。

本次，任尚终是大胜了一把，在丁奚城一带击败了杜季贡的部队（史料未载本次作战过程），并夺取了丁奚城。不过遗憾的是，这一次虽然取得了大胜，但还是让杜季贡这个畜生逃回先零羌了。不过任尚并没有就此放过杜季贡的打算，他在等，等一个最佳的时机，不管用什么样的手段都要杀死杜季贡，以此向汉安帝交差。

本次的胜利，使得汉安帝非常满意，对任尚也开始信任了起来。不过得到最大好处的却并不是任尚，而是虞诩！

当邓太后听说本次讨伐杜季贡之所以能胜利，其根本原因便是因为虞诩的计策以后，当即向汉安帝建议，提拔虞诩为武都郡太守，让其造福一方。

史书上说邓太后之所以向汉安帝有此提议完全是凭才而举。可我却对此说法抱有怀疑态度。

武都郡是凉州最南部，和金城郡、张掖郡、陇西郡一样，为羌祸最为严重的地方。再加上现在金城、张掖和陇西都向后收缩了防线，所以说武都郡现在是羌祸最为严重的地方也不为过了。

果然，当武都周边的羌族人听说虞诩要来担任新任武都郡太守以后，提前聚集了数千人在陈仓崤谷集结，并建造壁垒拦住了虞诩的去路。

可当虞诩得知此消息以后却直接停止了行军，并对外宣称自己已经上疏朝廷请求了援兵，等援兵到达以后再行前进。

那些堵住去路的羌人听说此事以后便放松了警惕，认为虞诩还要很长时间才会再往前行进，于是四散开来分别抢劫周边郡县。

可就在这时候，虞诩动了，他率军以日行百里之速突破了羌人的封锁，直往武都奔去，并让每名士兵随身携带两个灶。

这以后，羌族骑兵虽然逐渐追上，但见汉军锅灶如此之多，便不敢随意靠近，只能远远跟随，虞诩终是在有惊无险的情况下到达了武都郡。

进入武都郡治赤亭以后，虞诩手下的将官非常奇怪，于是询问虞诩："以前孙膑使用过类似的计谋，但人家是减灶，大人您为什么要加灶呢？兵书上说每日行军的速度不能超过三十里，否则部队的战斗力便会大打折扣，而您的速度却是日行百里，最后敌人还是没敢发动攻击，这又是为什么呢？"

虞诩笑着对手下道："兵法是死的，而人却是活的，当初孙膑为什么要减少锅灶呢？那是因为他想让庞涓轻视他，来追他。而如今我们的兵力弱小，不想让这些羌族人来追我们，打我们，所以我增加了锅灶的数目，让敌人误以为我们的士兵数倍于他们。至于为什么我要日行百里，那当然是要在敌人反应过来以前赶紧到达目的地了，不然等他们反应过来，我们不就成了瓮中之鳖了吗？"

这话说完，此名将官恍然大悟，从此越发对虞诩心悦诚服。可现在虽然到了武都郡，但有一个实实在在的难题摆在了虞诩面前，那便是自己手中的兵力太少了，只有区区两千八百多名骑兵。而追击自己的羌族人足足有一万多名，之前这些羌人之所以没敢攻击虞诩那是因为搞不清汉军的虚实，如今已经到了地方，相信没几天他们就能弄清汉军到底有多少人了。到时候，这仗怎么打？

别担心，聪明的虞诩永远都有办法。

数日以后，羌军统帅听说虞诩只有两千多人的消息以后大为光火，当即命大军将赤亭包围得里三层外三层，然后一声令下，羌军从四面八方共同向赤亭发起了攻击。

不过在虞诩的指挥下，在汉军拼命的防守下，羌军虽狂攻四十多天，却依然没有半点儿建树，赤亭还是固若金汤。

不过就在将近五十天的时候，虞诩笑了。

那天，虞诩将所有的将领秘密召集到一起，然后布置一顿便让众人散去了。

次日，羌军如同往常一样，再次对赤亭发动了凶猛的攻击。可就在羌军冲到汉军弓弩的射程范围以后，他们却惊奇地发现，汉军那令他们畏惧的弩箭并没有射中他们，反倒是提前多少米就奔拉到了地上。

见此，那羌军统帅猖狂大笑，认定汉军大弩的箭矢已经用尽，遂命全军对赤亭展开了亡命攻击，不留半点儿余地。

可就在全部羌军冲到赤亭城下之时，伴随着砰的一声巨响，无数强劲的弓弩箭矢从城墙之上飞来，一次便射死一大片。

见此，羌军大恐，慌忙向后奔逃，你推我拽阵形大乱。

与此同时，赤亭城门突然打开，无数的近战骑兵挥舞着手中的首环刀冲他们冲杀而来。

而此时正在大乱中的羌军没有半点儿抵抗之力，只能被汉军疯狂屠杀。

羌军首领好不容易将这些混乱的部队重组完毕，正要反击，却见那些杀够了的汉军带着满身的人头回城去了。

此举将那首领气得大骂，但因大军新败，士气受挫，所以并没有于当日再向赤亭发动攻势，只能等待次日再作计较。

可到了次日，这倒霉的羌军首领再次被汉军所震惊。因为就在当天早晨，将近一千多名汉朝骑兵呼呼啦啦地从北门进入了赤亭城中。

第三日，又来一千骑兵。

第四日，又来了一千多骑兵。

这是什么情况？难道洛阳方面真的派出援军准备全歼他们了？羌军的首领在这时候心中已经有了退意。

那么这到底是怎么回事儿呢？原来，这都是虞诩的计谋，是他刻意造成的假象而已。

就在第一天，也就是虞诩用计谋狠狠地挫败了羌军以后，羌军首领解除了四面围攻的进攻姿态（士兵不够四围而攻了），转而将士兵集结在一处，准备次日对赤亭进行集点攻击。

虞诩正是利用此点，于当天夜里命一千多名士兵换上一身新的衣装，然后偷偷从东门出去，趁着夜色的掩护远行奔走，然后在次日清晨再返回来。如此多次，就给羌军造成了一种现在城内已经有五千多名汉军骑兵的假象。而这样来来回回到第五天以后，虞诩感觉那羌军首领快撑不住了，应该准备要撤退了。于是便又在当天夜里命五百精锐骑兵提前潜至羌军的退路埋伏起来，并下达死命令，只要看到羌族士兵，便狠狠地打。

果然，又过了两天多的时间，羌军首领实在没有胆量再和汉军耗着了，便在一天夜里偷偷收帐撤退了。

虞诩等的就是这个天赐良机，于是命汉军每人身插两旗，打开城门便向羌军猛追而去。

羌军首领见汉军军旗铺天盖地，更是不敢抵挡，急忙催促大军加快行军脚步，甚至连跟进的物资都不要了。

可就在他们到达一处浅滩之时，又一支汉军突然杀出，直接将溃逃的羌军拦腰截断。

一时间，整个羌军指挥系统失灵，一片大乱，在这无尽的黑夜之中，相互踩踏致死者不计其数。

而就在这时候，虞诩的主力部队又从后背杀来，这就使得羌军更加混乱。那羌军首领也不管剩下的羌军了，只带着少数精锐仓皇而逃。

那天夜里，此浅滩哭喊求饶声不断，一地的羌人尸体好不壮观。史书上并没有说这一万多名羌兵共死了多少，只说了六个字，"汉军斩获甚众"。

这以后，武都郡附近的羌族人算是被虞诩给打怕了，一直到虞诩升官调走之前，他们都没敢再侵略武都郡。

而行军打仗中的谋略百出只不过是虞诩一个小小的优点而已，实际上他最强大的地方还是在治理一方。

本年，也就是虞诩刚刚抵达武都郡，打跑一万多羌人之时，整个武都郡谷价每石一千钱，盐价每石八千钱，户也只有一万三千。

可虞诩到任以后，他勘察地形，修建营堡一百八十多处，用来防备羌人的入侵和召回流亡百姓。

虞诩还严明军纪，赈济贫民，开通水路运输，着重发展农业。于是三年以后，武都郡谷价每石八十钱，盐价每石四百钱，居民也增加到了四万多户。虞诩，真文武双全之大才。

公元116年，缑氏地裂，出现天坑，之后，京师大旱，十九个郡国接连发生地震。汉安帝紧急命地方政府修缮因地震损坏的设施，然后下令太原太守修建旧渠，以灌溉官田和民田。

另外，汉安帝还下诏天下，从此允许三公、九卿及两千石官员守孝三年，以此取悦上天。（注：父母死后要守孝三年是老早的传统了，谁要是不尊此传统便会为万人所唾弃，断了前程，西汉文帝感此习俗不当，严重地损害了国家的利益，于是在当年取消了此制度）

可这有用吗？当然是没有。

二月，苍梧（今广西壮族自治区梧州市）、郁林（今广西壮族自治区贵县南）、合浦（今广西壮族自治区合浦县东北）诸蛮夷反汉，寇掠汉朝边境，汉安帝在第一时间派遣侍御史任连督率州郡兵对其进行征讨。

双方激战一个月，却互有胜负，谁都占不了便宜。但汉朝现在的情况比较特殊，于是汉安帝特意赦免了三地蛮子，宣布他们无罪，只要不再反叛汉朝便不会继续追究。

于是，三地蛮子借坡下驴，宣布向汉朝再次投降。不过汉安帝并没有因为三地蛮子的投降而掉以轻心。因为他知道，真正对自己有威胁的只有羌人。他相信，这些可恶的羌人是绝对不会放过天灾以后的汉朝的。

不过这一次，汉安帝改变了策略，他不再被动防守，而是要在羌族人出动以前主动进攻，给他们一个深刻的教训。

五月，汉安帝突然命令南匈奴单于协助度辽将军邓遵攻击灵州一带的先零羌人。

那些盘踞在灵州一带的先零羌人根本没料到汉朝在这种时候还敢主动攻击

他们，所以全无防备，被汉匈联军大败。

不过这还没有完，因为就在派邓遵出击灵州先零羌的同一时刻，汉安帝还让驻扎在三辅的任尚对北地先零羌发动攻击（先零羌总部落便盘踞在北地，属于他们的大本营）。

先零羌大人零昌同样没想到汉朝敢主动出击，所以全无防备，被任尚打得大败，先零羌盘踞在北地的庐舍被汉军烧得一干二净，甚至连零昌的妻子都被汉军活活宰杀。

不过遗憾的是，这一次的袭击行动还是没能抓到零昌和杜季贡，但总的来说还是给了先零羌一个狠狠的大嘴巴子。

怎么说呢？来而不往非礼也。

公元117年二月，日食—三个郡发生雹灾—十几个郡大雨不绝—十三个郡国发生地震。

接下来的套路不用多说，又得找背锅人了。那么这一次的背锅人是谁呢？司空袁敞。

袁敞这人廉洁刚正，从不攀附权贵，从来都是有什么说什么，因此得罪了邓氏一族，为邓太后所不喜。于是在这一次天灾中，邓太后等一干邓氏官员便集体希望汉安帝罢免袁敞。

汉安帝准奏，罢免了袁敞。可谁都没想到的是袁敞这人自尊心太强，竟然在被罢免的当天便在府中自杀了。

汉安帝虽然很悲伤，但他现在实在是没有时间浪费在袁敞的身上了。新封了一个叫李郃的为司空以后便下诏天下，将本年的天灾原因推到了朝廷一众大员和地方官员身上，然后下令地方政府多多关照灾区的孤寡老人，之后训斥地方官员，并派遣中央大员巡视地方，检查有没有欺压老百姓的地方官。

这，都是做给天下百姓看的。

紧接着三月到四月，接连不断的好消息传到了洛阳城中。

三月，任尚派武艺高强的羌人榆鬼刺杀了杜季贡，然后上表朝廷，希望朝廷能够大赏榆鬼，进而继续打击羌人。汉安帝准奏，赏榆鬼为破羌侯，并赐给了他好多金银珠宝。

榆鬼的一夜暴富使得很多羌人羡慕，所以内心中生出了一些其他的心思。

四月，鲜卑数千铁骑突然寇掠辽西。汉安帝迅速遣使者往乌桓处，向其大人於秩居求救。

於秩居二话没有，立即派数千骑兵前往辽西与鲜卑骑兵激战。

此战，根本就没用上汉朝的郡国兵，光是这些乌桓骑兵（东胡种）便将那些鲜卑人（东胡种）杀得狼狈而逃（被宰杀一千三百多名骑兵），于是汉安帝大大地赏赐於秩居，并频繁增加和乌桓之间的邦交往来。

九月，任尚再遣羌人号封刺杀先零羌首领零昌。结果零昌顺利地死在号封手上。

任尚再上奏书，请求汉安帝册封号封为"合法"先零羌王，意图以羌治羌。

汉安帝准奏，当月便封号封为新任先零羌王。可这根本就没有半点儿用处，那些先零羌人非但不服从号封的统治，还直接杀了号封，立了一个叫狼莫的先零羌人为新任先零羌大人。

汉安帝听闻此事以后立即下令任尚和马贤，让他们迅速出击北地先零羌，给他们一个深刻的教训。

马贤和任尚得到命令以后没有半点儿停留，两路大军一齐出击，攻击身在北地的先零羌。

但这一次狼莫却早有防范。

首先，一年以前汉朝人就干过这档子事儿，他们不得不防，其次这一次自己带人杀了汉朝所封的所谓羌王，汉朝一定会再来进犯，于是狼莫早就在汉军攻击自己的必由之路上修建了防御壁垒，只等汉军来攻。

可就在两路汉军进入北地以后，面对着狼莫的壁垒却不动了，只是扎营对峙。一开始狼莫还对汉军抱有警惕之心，可一连六十多天汉军都没有任何动静，只是在对面休息打闹，这就使得狼莫和一众羌军放松了戒备。

可就在第六十一天之时，汉军突然对羌军发动了袭击，无数的巨型箭矢横空冲向壁垒之内，数之不尽的冲车井栏狂奔而来，几乎所有的汉兵都像疯了一般攻击羌人的防御壁垒。

直到这时候狼莫才知道，汉军之所以没有对自己发动进攻并不是惧怕自己，而是在一边迷惑自己，一边制造攻城器具。

面对两路汉军如同潮水一般的攻势，狼莫无法抵挡，于是只能弃壁垒而逃。可汉军怎能放过他们，任尚和马贤的军队奋起直追，手起刀落就是一顿砍杀。

此战，先零羌一共被斩杀五千多人，损失极为惨重。于是狼莫率部众向北迁徙，西河郡一带的虔羌大人受此战震慑，也率众向汉朝投了降。

于是，陇右地区被全部平定，一段时间内再无先零羌人祸乱。不过这还没有完。

就在狼莫率部在更北处定居以后，度辽将军邓遵又收买了上郡羌人雕何，让他去刺杀狼莫。

结果很顺利，狼莫被成功诛杀。

通过和汉朝之间的战争，现在的先零羌本来就已经是强弩之末，这一下子又再一次损失了首领。于是剩下的那些先零羌大人各带所部离去，先零羌宣告瓦解。

至此，汉朝与羌第二阶段战争宣告结束。

在第二阶段与羌（主要是先零羌）斗争这十余年中，汉朝共花费二百四十亿钱军费，整个凉州和并州因此被打空，消耗殆尽。然而这也不过是消灭了一个比较强大的种部而已。可邓太后却因此将灭掉先零羌的功劳全都归于邓遵一人身上，希望汉安帝能够给予邓遵足够的赏赐。

汉安帝还是比较尊敬邓太后的，因此赏邓遵为武阳侯，享受食邑三千户。可汉安帝此举却将身在三辅的任尚激怒了。

"哼！刺杀杜季贡的是老子，刺杀零昌的也是老子，率领大军拼死拼活大败先零羌并将他们赶出北地的还是老子。他邓遵算个什么东西？只不过是捡老子吃剩的罢了，怎么就封侯了？那老子呢？怎么什么都没有得到？"

任尚气疯了，直接派人前往宫中向汉安帝讨说法，和邓遵争功。

任尚说得是没有什么错，想要个说法也无可厚非。可他怎么不想想，如果是别人刺杀了狼莫，汉安帝会这么赏吗？可能这么赏吗？答案当然是不可能，之所以如此厚赏邓遵，还不是因为他后面站着一个邓太后嘛。而任尚你后面站着谁？谁也没有。

果然，当邓太后得知那不知死活的任尚敢和自己兄弟较劲以后雷霆大怒，当即命心腹手下前往三辅去调查任尚的种种，意图抓住其把柄将他弄死。

而任尚也确实不是什么好东西，率众行军打仗这么多年竟然贪赃枉法一千万钱之多。现在汉朝正处于风雨飘摇之时，正是君、臣、民一心共赴国难之时，所以当邓太后将此件事连同证据交给汉安帝以后，汉安帝那是气得青筋暴起。当即将任尚押回到洛阳，于闹市之中斩首弃市。

十二月，越巂郡一带的大牛蛮反汉，抢夺"三光"遂久县，并杀县令而退。汉安帝本年刚刚讨伐了先零羌，又要赈济灾民，实在空不出手来收拾他们，只能等着秋后算账。

公元118年，汉朝十四个郡国发生地震，京师及五个郡国发生旱灾，汉安帝紧急征调还算有点儿存粮的地区调粮支援灾区，并再次削减宫中饮食用度。

六月，高句丽和秽貊组成联军大大地寇掠了玄菟郡一带，州郡不能治。

同月，在大牛蛮的怂恿下，永昌、益州、蜀郡周边蛮夷皆反，他们奉大牛蛮为盟主，组成了一支十多万的联军攻击汉朝郡县，一举"三光"了二十多个大县，使得益州一带千里无鸡鸣。

汉安帝大怒，开始着手准备对西南的那些蛮夷发动进攻了。

七月，见大牛蛮等蛮夷于上个月在汉朝人身上捞取了不少便宜，旄牛蛮又在本月攻击汉朝郡县，抢夺了不少资源和百姓，并杀死了当地的地方官。

八月，鲜卑骑兵再寇代郡，"三光"地方并斩杀当地官员。

十月，鲜卑又攻上谷，一顿寇掠而去。

公元119年二月，京师及全国四十二个郡县发生地震，有的地方甚至连地下泉水都给震了出来，损失惨重。

汉安帝一边赈济灾民一边下诏天下，请各个地方向洛阳推荐清廉方正之士，并在全天下选拔贞洁妇女进行赏赐，并给予荣誉称号。

三月，汉安帝亲自带领一众文武在洛阳西北祭祀天神、地神，并语重心长地对这两个神请求道："差不多行了，别再搞我了。"

四月，会稽郡发生大型瘟疫，病死者无以计数。汉安帝在第一时间命宫中太医前往发病地点治病，那些已经死去了的，或者已经救不活的百姓，朝廷都给予棺材埋葬，并免去会稽本年田租。

五月，沛国、渤海发生大型风灾、雹灾，之后京师大旱。汉安帝风中凌乱，或者说，他已经习惯了，无力吐槽了。

七月，鲜卑的马蹄再次踏上了汉朝的土地，兵锋直指马城（今河北省怀安县）。可这一次，他们却被早有准备的度辽将军邓遵带着郡国兵和南匈奴骑兵所夹击，打得大败而回。

九月，已经淡出朝政多年的邓太后见自己退居幕后以后天灾也未有减少，便又开始频频参与朝政，有国家大事难以抉择的时候老太太甚至会出现在朝堂之上，坐在汉安帝旁边一同听政。

此举令朝中部分人大为不满，甚至连邓氏家族都有人看不过去了。邓康（邓太后堂兄）就是其中一员，他见邓太后又开始对朝政指指点点，便上书邓太后，声称现在汉朝内忧外患不断，邓氏一族在汉朝权势又太盛，所以请求邓太后能主动和汉安帝谈，将邓氏家族的整体权势给降下来，不要再过分干涉朝政，如果这样的话，老天兴许还能降下福泽，不再这么拼命地祸害汉朝。

邓太后听后大怒，直接将邓康给赶出了皇宫。

可那邓康也是一个直性子，同样很生气，自这天以后便称病在家不上朝了。邓太后以为自己的堂兄是真的生了病，于是率先服软，让自己的贴身宦官前去看望邓康。

此宦官因为专门侍奉邓太后的缘故，所以朝中很多大官都给他面子，有的时候为了让这个太监在邓太后面前为自己说两句好话，竟然都叫他"中大人"。这宦官对此称呼十分受用，所以经常称呼自己为中大人。

这不，这次前来看望邓康依然以中大人的名号来禀报身份。

邓康为人正直爽朗，最看不惯的便是这等仗势欺人的阉人，于是对中大人破口大骂，就差拽着他的脖领子削他了。

中大人狼狈地逃回了后宫，在邓太后的面前添油加醋，又说邓康装病，又说邓康欺辱于他，对太后完全不看在眼里。甚至还说邓康辱骂邓太后。

邓太后因此大怒，直接罢免了邓康的官职，并将他开除族谱。

从此以后，再也没人动邓家的权力了。

同年十二月，八个郡国发生地震。

之后，永昌、益州、蜀郡一带的蛮夷再次组成联军，准备寇掠汉朝西南边境。

不过这一次，他们是必定徒劳无功了。

其实早在上一次三地蛮人入侵汉朝以后，汉安帝便已经开始在中央调集野战军团，并将他们派往益州，准备给三地蛮子一个血的教训。可谁料到汉军还没出动，这三地蛮子便再次踏足了益州的领地。

于是，益州刺史张乔亲自率这支中央野战军直奔三蛮联军而去。

三蛮联军，这是一支由三地蛮夷诸种组成的部队，不管是兵器还是甲胄都和汉军没有半点儿可比性，更别说汉朝这支军队还是洛阳方面的精锐野战军。所以，只一战，三蛮联军便被汉军打得大败而逃回壁垒，硬是被汉军活活砍死三万多人。

大牛蛮首领这回知道怕了，于是请求向汉军投降。

张乔不敢擅自决定，遂将此事汇报给了汉安帝。

汉安帝表示，投降可以，不过必须有诚意，而这个诚意到底是什么，你大牛蛮首领自己把握。

于是，在某一天，大牛蛮首领直接将三地蛮子随军首领的首级全都砍了下来，然后进献给了汉安帝。

汉安帝这才真正地接受了大牛蛮首领的投降。

可受降以后，张乔又问大牛蛮的首领为什么要反叛，这一回答却出了大事。那大牛蛮虽然在诸蛮之中非常强大，但却从来都没有过反叛汉朝的想法。他们有自知之明。

不过近一段时间以来，益州边境的官员却频频向他们收缴各种赋税，直到将他们都逼得快活不下去了，这才冒险反对汉朝的统治，给自己拼出一条活路。

原来，因为汉朝频频遭受天灾，所以汉安帝曾下诏天下，鼓励地方政府发展农业，并大大赏赐了农业比较发达的几个郡县。那些周边县邑的小吏为了提高本县的政绩，便通过种种手段收缴四周少数民族的农产品，夸大上报。

张乔听闻此事以后大为震惊，赶紧将三蛮叛乱的起因汇报给了汉安帝。汉安帝雷霆大怒，当即派出调查团，在益州境内狠狠地调查了一番。

最终，查出九十多个官吏曾参与此事。汉安帝直接判处他们比死刑轻一级的残酷肉刑，并削为平民永不录用。

同时，汉安帝还派遣中央官员前往益州周边各个从属于汉朝的少数民族，告诉他们以后碰到了不平之事要懂得层层向上级告状，不要再贸然地起兵造反了。

于是，益州周围三十六部蛮夷通通表示投降汉朝，并发誓再也不会反对汉朝的统治。

公元120年，我们再将目光移向久未提及的西域方向。

现在的西域，除了乌孙、康居和大月氏这等老牌强国外，北匈奴也已经开始崛起了。话说自汉朝再次和西域断绝联系以后，隐匿于西域最西边的北匈奴人开始骚动起来。他们用无比精湛的骑术和射术征服了一个又一个西域小国，逼迫他们臣服于自己，向自己称臣纳贡。

这些西域小国没有了东汉皇朝的庇护，当然不是北匈奴的对手，于是全都向北匈奴称了臣。

距离西域最近的敦煌太守曹宗对此感到了深深的忧虑，便请示朝廷，希望洛阳能派出一个专门针对西域方面的官员驻扎敦煌，用他们劝降西域周边的那些小国，这样这些小国便能成为汉朝西边的一个屏障。

汉安帝对此提议表示赞同，于是命索班为西域长史，率一千中央野战军驻扎在敦煌一带。

而此举也确实奏效，比较靠近汉朝的车师前国和鄯善国的国王见汉朝有要重新涉足西域的意思，便在第一时间宣布再次投降于汉朝，使得汉朝在西部边境拥有了一个免费的屏障。

可谁料到汉朝那边刚刚有所行动，和汉朝有不共戴天之仇的北匈奴便开始行动了起来。

公元120年三月，北匈奴单于亲自率领一众西域小国对车师前国发动了攻击。

见此，西域长史索班立即率本部兵马前往车师前国救援。

可北匈奴单于料敌机先。他断定汉朝一定会对此事加以干预，于是带领北匈奴射雕者提前埋伏于敦煌至车师前国的必经之路，准备袭击汉军。

索班不知北匈奴动向，于是进入了北匈奴骑兵的埋伏圈，被北匈奴单于成功伏击，前去救援车师前国的汉军因此被北匈奴全歼。

车师前国的国王听说此事以后害怕得不行，连夜弃了国家，不知逃往何处。于是，北匈奴顺利占据了车师前国，完全控制了西域北道，鄯善国的形势岌岌可危。

基于此，敦煌太守曹宗上书朝廷，希望洛阳能派出精锐野战军，将这些北匈奴人赶跑，并一举重新将西域收回。

对于此事，朝中大臣们争论不休，有认为应该重新收复西域的，也有人认为应该将玉门关从此关闭，不再和西域有任何形式上的往来。

而这种人还占绝大多数。因为现在汉朝的天灾实在是太严重了，着实没有什么多余的钱再去管西域的事了，能把自己的灾祸扛过去就不错了。所以大部分人都不赞成援助西域。

坐在汉安帝身旁的邓太后见群臣实在争论不出个所以然来，于是和汉安帝道："老身听说军司马班勇（班超之子）有乃父之风，从小和班超在西域长大，对于西域的事情也非常了解，陛下为什么不将他召来询问良策呢？"

汉安帝觉得此提议甚有道理，于是便将班勇召来问策。

班勇道："早先武帝时期，匈奴极为强大，我汉朝单独一家并不能制。所以，武帝用张骞打通了西域，意图断去北匈奴的臂膀，夺取北匈奴的金库。这在当时是非常可行的战略。明帝年间，北匈奴又开始猖獗了起来，为了让北匈奴人彻底失去外援，明帝依然遵从武帝政策，并派班超前往征服了西域。在当时，这个也是非常有必要的。边境也因此得到了安宁。可自这以后，上天不眷顾我大汉，以致灾祸不断。四方异族也趁此机会脱离我大汉的统治，自立门户。羌族人还不停地侵扰我大汉边境，以至于我大汉从此和西域的关系再次中断。于是北匈奴便趁着这个机会四处攻击小国，以武力来威逼他们称臣纳贡，并对我大汉再行无礼之举。从表面上来看，我们大汉确实应该还以颜色，给北匈奴好看，并重新夺回西域，将北匈奴彻底赶走。但事情真的能这样干吗？不能！首先，现在北匈奴的诸地已经不在曾经的北方，转而到了更远的西北地区，我们无法再按照以前的策略对其进行打击。其次，近些年来我大汉天灾人祸不断，国库中还有多少东西相信陛下比末将更加清楚。而想要彻底收复西域，所需要的钱粮简直就是天文数字，毕竟这世间只有一个班超。所以，我不赞成曹太守全部收复西域的建议。可同时，我也不建议彻底放弃西域。凭借北匈奴的作战能力，如果没有我们汉朝的约束，相信他们早晚都会统一西域，到时候北匈奴倾全国之力来对付我们汉朝，事情就没有那么容易收场了。虽然不至于将我们大汉怎么样，但到时候又多出一个强大的敌人，末将请问陛下，我们的国库还能撑得下去吗？"

说到这儿，汉安帝一个激灵，然后赶紧问道："那具体应该怎么办？你拿出个章程。"

班勇："简单，我们首先应该在敦煌设置一个护西域副校尉，其掌管兵力要在一千左右，他所负责的并不是如何去打击北匈奴，而是安抚鄯善、于阗等和我大汉友善的国家，让他们不会向北匈奴投降。之后，再设西域长史，统兵千人左右驻扎在楼兰一带，其职责和西域副校尉一样，控制焉耆和龟兹，让他们不会轻易对北匈奴臣服。只要将这四个国家安顿明白，其他西域国家便会心有顾忌，不会那么轻易地投降北匈奴，我们汉朝也能以最小的代价来防范最大的损失。而只要挺到天灾过去，我们大汉重新恢复元气，北匈奴，不过蝼蚁而已。"

听此建议，汉安帝大喜，遂于当月设置护西域副校尉和西域长史。

这之后，果然如班勇所说，西域那些国家因为对大汉有所顾忌，所以并没有更多的国家投降北匈奴。北匈奴虽然在以后也曾多次侵入西域，但因为距离和实力的关系，也都没有对汉朝造成多大的冲击。

三月，西部诸羌中的沈氏羌突然侵攻寇掠张掖一带，一顿席卷后满载而归。

护羌校尉马贤听闻后当即率领一万多名汉朝骑兵突入了沈氏羌腹地，对沈氏羌一顿屠杀，几乎将沈氏羌全族屠尽。

沈氏羌大人怕得要死，直接宣布投降，并发誓以后再也不会反抗汉朝的统治。马贤这才率军而回。

可就在马贤回归的过程之中，当煎羌大人趁马贤不在金城一带，便带领着部众寇掠了金城。

马贤怒火中烧，当即命令全军加速行进，在当煎羌撤退以前赶到了战场，直接对这些羌人展开了宰杀行动。

那些羌人完全不是马贤的对手，于是一战即溃，疯狂向塞外逃亡。可马贤和他的士兵就好像地狱中爬出来的恶鬼，根本不放这些羌人生路。

马贤率军一路砍杀这些当煎羌到塞外，将他们全部屠杀以后才回归金城。

可就在马贤刚刚屠杀了当煎羌以后，烧当羌和烧何羌两个羌族种部又趁着马贤不在张掖而对此地展开了侵攻。

一时间，整个张掖被这两个羌种闹得鸡飞狗跳，被宰杀的汉人不计其数。

至此，汉朝与羌族第三阶段战争全面爆发。

如果第一阶段的汉羌之战可以称之为烧当羌与汉之战的话，那么第二阶段就该称之为先零羌与汉之战。

至于第三阶段，诸羌与汉之战。

四月，随着常年没日没夜地工作、加班、批阅奏折，再加上没有一天能够快乐，汉安帝的身体已经越来越差，大臣们皆因此事惶恐不安。

为稳定人心，汉安帝乃于本月立皇子刘保为太子，并大赦天下，改元永宁，赏赐王、公、三公、列侯及以下至郎官、从官金帛各不等，又赏赐了天下长子爵位，赏受灾民众布、粟数量不等。

八月，大半年过去了，可自从自己登基以后年年都有的天灾今年却没有来，汉安帝心情激动万分，是不是这场天灾真的熬过去了？是不是自己的努力终于感动了上天？是不是……

九月上旬，十八个郡国相继爆发水灾、风灾。

下旬，二十三个郡国接二连三爆发地震。

汉安帝风中落泪。

十月，汉安帝罢司空李郃，以卫尉陈褒为新任司空。

十二月，司徒刘恺实在不想再在这个司徒的位置上担惊受怕了，与其再等一个天灾给他罢下去，还不如自己主动辞退，这样还能有一个好名声。

于是，刘恺在这个月主动向汉安帝递交了辞呈。

汉安帝也没有挽留他，批准了刘恺的辞呈，然后立太常杨震为新任司徒（杨坚八世祖）。

同月，汉朝北方边境，有可能是见汉安帝实在太过强大，连老天都弄不死他，亦有可能是感觉汉朝的天灾即将结束，汉朝马上就会浴火重生，辽西鲜卑大人乌伦亲自率众向汉朝投了降，希望汉朝能够接纳他们，让他们成为汉朝的附属国家。

对此提议，汉安帝当然不会拒绝，直接准奏。

至此，辽西鲜卑在很长一段时间都没有再对汉朝进行侵攻行为。可辽东鲜卑和西北鲜卑依然与汉朝为敌。

公元121年正月，解除了先零羌之患的汉安帝终于能腾出手来收拾高句丽了。遂命幽州刺史冯焕、玄菟太守姚光、辽东太守蔡讽共同组成联军向高句丽发起进攻。

高句丽的国王宫不想和汉军正面交锋，乃遣使投降汉军，并承诺过一段时间便让自己的继承人前往洛阳为人质。

秉承着能省则省的基本原则，汉安帝同意了宫的请求，让联军撤退，等待着高句丽的储君前来为人质。

可最终汉安帝没有等到人质，却等来了高句丽的进一步寇掠。

二月，高句丽储君率领数千士兵以当人质为由突然杀进了玄菟和辽东二郡，在二郡大大寇掠了一番嚣张而去。

汉安帝闻讯大怒，便在洛阳组织野战军，准备一举踏平高句丽。

可就在汉安帝即将行动之际，那个亦正亦邪、一辈子和别人钩心斗角的邓太后却魂归西天了。

邓太后，后宫之主，她的死使汉朝举行了国丧，而从有周开始，中原王朝国丧期间便不准对外用兵。

于是，汉安帝忍了。

当然了，汉安帝之所以不对高句丽用兵也不光是因为国丧，他还有很重要的事情要做。是什么呢？当然就是重新用人。

邓太后在世之时，虽然早早便将执政大权还给了汉安帝，可宫中侍卫和一些重要的位置都是邓氏一族所把持，所以汉安帝投鼠忌器，用人不敢放开，甚至连认祖归宗都不敢。

于是，在邓太后死去的次月，也就是本年三月，汉安帝便追尊自己的生父刘庆为大汉孝德皇帝，生母左氏为大汉孝德皇后。祖母宋贵人也被追封为大汉敬隐皇后。

三月，汉安帝开始大面积排除异己。这第一个要收拾的人便是对世界造纸事业做出杰出贡献的蔡伦了。

多年以前，汉安帝的祖母，就是所谓的敬隐皇后曾非常得汉和帝的欢心，此事令当时还是贵人的邓绥十分不安，于是勾结蔡伦，让他以卑劣的手段陷害了汉安帝的祖母。汉安帝为此十分痛恨蔡伦，可因为邓太后的关系，他不敢妄动。

但如今，邓太后已经死了，汉安帝再无顾忌，于是，征召蔡伦，让他亲自到宫中向自己认罪。

蔡伦，大发明家，很有能力，也很傲气，他知道邓太后死后自己必死无疑，所以也懒得遭那份罪，直接选择在家中自杀身亡了。

不过蔡伦仅仅是一道开胃菜罢了。

干掉蔡伦以后，汉安帝又将目标瞄准了其他邓氏族人。他授意宫中某位官员诬陷邓氏族人谋反，于是以"证据确凿"为名连续废掉了邓广宗、邓广德、邓忠、邓珍和邓甫德的官爵。甚至连邓骘和邓遵都受到了牵连，被汉安帝赶回食邑，并连降数级爵位。

邓骘和邓遵不甘受辱，双双在家中自杀身亡。可汉安帝只是冷笑一声，没有一丁点儿怜惜。这之后更是将其他邓氏族人，不管官爵大小统统罢免。

权倾朝野的邓氏一族几乎是在一夜之间便被汉安帝处理得干干净净。此种帝王之术的无情程度使得朝中官员大为不满，他们认为汉安帝实在是太过冷血，翻脸就不认人。

大司农朱宠更是直接上奏汉安帝，为邓氏族人抱不平，大概的意思就是说邓氏族人是应该惩罚，但不能这么狠毒地惩罚，这简直是一棍子将一船人打翻，根本就不是一个圣君应该有的行为。

见朱宠如此不知好歹，汉安帝很愤怒，于是免去了朱宠的官职。可谁承想这一下却好似捅了马蜂窝。那些和朱宠关系颇好的官员统统上来指责汉安帝，并为邓氏一族打抱不平。

汉安帝并不是什么昏君，相反，他还非常聪明、贤能，见要犯众怒，汉安帝赶紧服软，允许邓骘、邓遵等已经死去的邓氏族人埋葬在北邙山，并允许这些邓氏族人返回洛阳，由国家供养，但却不再给邓氏族人一点儿官职。

如此，才使得朝野之怒有所平息。这之后，汉安帝开始着手任用自己相中已久的官员，他们分别是陈忠、杜根、成翊。

这三人无不是当初得罪邓太后而被罢免的忠直之士，贤能并且敢于直谏。汉安帝此举也赢得了满朝清流的一致好评，可接下来汉安帝的种种人事任命却让朝中的那些官员们有些不满了。

首先，汉安帝任命耿贵人的哥哥耿宝为羽林左军车骑总监，将祖母宋贵人之父宋杨的四个儿子分别封了侯，还让宋氏之人分别担任卿、校、侍中大夫、谒者、郎官长等重要职位。阎皇后的兄弟阎显、阎景、阎耀更是被任命统率皇家禁军。所以从这以后，内宠权势开始兴旺。

不过这也不算什么，毕竟保护自己的人身安全还是亲戚稍微靠谱一点儿，所以朝中大臣也挑不出什么大毛病。可汉安帝接下来任用宦官并偏向他的奶娘，这些大臣可就颇有微词了。

宦官江京、李闰，那都是汉安帝身边的红人，从始至终都跟在汉安帝身边对他鞍前马后，所以汉安帝封此二人为侯爵。奶娘王圣更是不用多说，汉安帝很小的时候便进入了京城之中，父亲和母亲都不准留在洛阳，只有奶娘陪伴汉安帝从小到大，所以汉安帝将王圣甚至看作自己的亲妈一般，将王圣的女儿伯荣也看作是自己的亲姐姐。于是赐给这母女两人很多的财富，还让她们能够自由出入皇宫，不必通报。

按说这也没什么，人懂得报恩是好事。再说赏赐宦官这码子事，人家宦官也不一定都是十恶不赦的大坏蛋，当初汉和帝也曾重用过郑众，人家郑众一辈子不也是为了汉朝鞠躬尽瘁了吗？可问题的关键却在王圣和伯荣身上，因为这两个老娘们实在太不是东西了。

她们仗着是汉安帝的至亲之人，任意出入宫廷索贿受贿，全无顾忌，甚至伯荣还和刘氏宗亲刘瓌私通，然后运用手中的权力帮刘瓌抢夺本不属于他的爵位。

司徒杨震对此极为不满，遂上奏汉安帝，说了一大堆大道理，希望汉安帝能够限制其母女，并从此以后远离这俩人。

可汉安帝却没有这样做，依然娇惯她们，不过稍微警告一下，仅此而已。

本年四月，高句丽与辽东鲜卑合兵一处组成了一支八千人的骑兵团抢劫辽东各处。

辽东太守蔡讽率兵前往阻击，可此时的高鲜联军已经闻讯撤退。蔡讽不甘，于是率军追击，岂料这都是高鲜联军的诡计，他们料定蔡讽一定会对他们进行追击，于是在撤退的路上埋伏了起来，汉军一到便四面出击，打了汉军一个措手不及。

见此，蔡讽岂不知自己已经中计？但他并没有因此畏惧，而是指挥全军继续和高鲜联军作战。可让蔡讽悲哀的是，这些鲜卑人和高句丽人深通兵法，竟然在攻击汉军的时候留了一条缺口，让汉军涣散，无法拧成一股绳。

那些令人不齿的汉军因此没有听从蔡讽的命令，而是冲着这个缺口狼狈而逃，跟着蔡讽抵抗高鲜联军的汉军士兵只有区区一百人而已。

最后，蔡讽连带这一百汉军勇士全部战死沙场，高鲜联军则满载而归。

七月一日，为了庆祝自己能真正完完全全地执政，汉安帝乃改元建光，大赦天下。

月末，太尉马英去世，汉安帝任命刘恺为新任太尉。

八月，烧当羌大人麻奴勾结一些羌族部落组成联军侵入大汉湟中地区。马贤为了给汉朝节省成本，只率一些投降汉朝的羌人便去迎战了。结果马贤所率羌人士气低落，在战场之中不肯用全力拼杀，于是马贤败退，准备聚集麾下汉军再攻烧当羌。

但麻奴可没有那么多时间等马贤整顿部队。他利用马贤回撤整顿这段时间疯狂扫荡武威和张掖二郡，并乘胜胁迫周围已经投降汉朝的羌族部落四千余户和其一起寇掠汉朝边境。

这些部落不敢违背麻奴，便和他合兵在一处共同抢劫汉朝。

本月下旬，此时的马贤已经重新整顿好了部队，追击烧当羌到了鸾鸟县，可当马贤得知贼军甚众之时却停止了进军。

马贤认为，现在麻奴刚刚凭借自己的武力整顿了四千多户羌人，其心必不统一，所以这种时候最需要做的并不是攻击他们，而是用手段离间，分化他们。

于是，马贤派出斥候兵四处散播消息，说大汉军队即将对烧当羌展开凶猛的进攻，之前那些投奔烧当羌的部落如果能够主动重新投降的话，汉朝将不予追究。

结果，麻奴好不容易收服的四千多户羌人中有三千多户私自奔逃，重新投降了汉朝。

麻奴见大事不妙，便立即率剩下的人逃回湟中地区，而马贤则没有放过他的意思，率军继续对其进行追击。

九月，西北鲜卑出动大规模骑兵团攻击居庸关。云中郡太守率部进行回击，可却被狡猾善战的鲜卑人全歼（从这时候开始，鲜卑人那天生卓越的战斗素养便开始逐渐地显现出来了）。

可这一次，击败了汉军之后，这些鲜卑军并没有继续寇掠汉朝的边境，反倒是折向攻向了马城（护乌桓校尉徐常驻扎在马城），意图杀死护乌桓校尉徐常，进而分化乌桓和汉朝之间的关系。

度辽将军耿夒和幽州刺史庞参深知马城一旦丢失，对汉朝意味着什么，于是第一时间便齐聚广阳、渔阳和涿郡三郡突骑前往救援。

与此同时，马城附近的乌桓人也在频频集结兵力，准备辅助汉军将这些可恶的鲜卑军全部宰杀。

可无奈的是，这些鲜卑人实在是大大的狡猾。他们狂攻一段时间以后，断定马城在短时间内无法拿下，便立刻撤退，使得好不容易聚齐的汉军无功而返。

九月，老天再次出手。这个月京师以及全国二十九个郡国相继发生洪灾。

十一月上旬，三十五个郡国又相继发生地震。

汉安帝紧急下令三公会集二千石以上高官讨论如何应对此次灾祸。可就在商讨事宜的当天，汉安帝惊奇地发现，很多官员都不在现场，甚至连三公九卿都有人缺席。

汉安帝因此大怒，质问这些人都哪儿去了。结果一名官员哆哆嗦嗦地道："启、启禀陛下，没来的那些同僚全都回家守孝去了。"

汉安帝崩溃了。

于是，汉安帝当天宣布废除了守孝三年的规定，重回旧制，并派出官员，通知那些回家守孝的官员快点儿回来。

于是本月下旬，经过和众多大臣反复磋商，汉安帝以光禄大夫为首，专门组建了一支中央慰问团前往各个受灾地区巡查灾情，并赐因灾祸死难的家庭两千钱，免除本年田租。对于那些受灾格外严重的地区，汉安帝还免除了他们本年所有的赋税，并额外给予孤寡老人等无法生活自理者三斛谷子。

同月，趁着汉安帝忙着处理灾情的时间档，辽东鲜卑再次入侵玄菟，大掠而回。汉安帝怒不可遏，于本月在渔阳一带近郊增设渔阳营，令士兵专门屯田于此，还下令三公、特进、侯、九卿、千石以上校尉都要推荐能征善战的将帅之才。

十二月，高句丽王宫撺掇马韩、秽貊组成三国联军（数千骑兵）共同侵略玄菟。

本以为这次还要比以前更加顺利，岂料刚刚进入玄菟郡内，却突然蹿出来两万多大军。这两万多大军异常凶猛，身穿奇装异服的他们见到三国联军就是一顿猛砍狂杀，不过多长时间便将三国联军砍得狼狈而逃，联军部队几乎损失殆尽，甚至连高句丽王宫都被砍成了重伤。

那么这两万多奇装异服的人到底是谁呢？他们便是夫余国的军队了。

原来，自上一次被宫所欺骗以后，玄菟太守姚光便以此为奇耻大辱。为了报此血海深仇，姚光请奏朝廷，希望朝廷能遣使往夫余，请夫余王秘密派遣军队驻扎在玄菟，准备应对下一次高句丽的入侵。

汉安帝无奈（因为现在汉朝的经济很差，玄菟郡又距离中央实在太远，派兵长期驻扎实在赔本，说夸张一点甚至都会动摇国本，所以汉安帝很无奈），只能派遣使者团往夫余王处，给予夫余王很多的宝物，希望他协防玄菟。

那夫余王也真是个实惠人，收钱办事没有半点儿拖拉。他收了汉安帝的财物以后立即命儿子尉仇台率两万部队入驻玄菟，帮助汉朝防守玄菟，这才有了以上的那一幕。

高句丽王宫逃回国内以后，因为伤势过重，没多长时间便驾鹤西去了。他的儿子遂成继承了王位，成了新的高句丽王。

可遂成并没有父亲宫的凝聚力，所以继位之初政局不稳。南方还有强大的汉朝对他们虎视眈眈，所以现在遂成最怕的就是在此政局不稳之时汉朝打过来，那他就完了。

这可怎么办？难道还要向汉朝投降？祈求汉朝的原谅？你别说他不愿意，就算是他愿意，自己那些好战的臣民能愿意？被抢了多次的汉朝能愿意？

唉，走一步看一步吧，还能怎么办？

与此同时，玄菟郡太守姚光听闻宫的死讯以后当即上书朝廷，请求朝廷趁高句丽王宫新死，国内政局不稳之际联合夫余一起侵攻高句丽，一举将高句丽踏平。

汉安帝觉得此提议甚有道理，但要是进攻高句丽的话战线拉得实在太长，消耗实在太大，所以不敢轻易下决定，遂召集文武百官共同商议对策。

可此提议却令满朝文官嗤之以鼻，坚决反对在这个时候攻击高句丽，其具体理由是这样的："宫虽然阴险狡猾，但高句丽的人民不一定都像他那样无耻卑劣。我们大汉是一个懂得礼仪的国家，怎么能在人家国丧期间对其发动攻击呢？这是不义的行为，我们大汉不屑去做。兵法的最高境界是什么？'以德服人，不战而屈人之兵'，现在高句丽国内一片哀痛，我们大汉何不趁此时机遣使进行安抚呢？这样的话，那些异族人一定会对我大汉感恩戴德，进而成为我大汉抗击异族的一大屏障，最次也不会再攻击我汉朝边境了。"

汉安帝也许是不想再在战争上浪费粮食了吧。这种言论提出以后他竟然准奏了，还在本月派出了使者厚重地慰问了高句丽新王遂成。

那遂成简直不敢相信自己的耳朵，于是，遂成被感动了，感动得要死。接下来，遂成终其一生也没对汉朝发动过一次侵略，而他这一执政就是好几十年。对于此，我只能说，有的时候，德行确实可以服人。

公元122年二月，高句丽王遂成遣使往洛阳，交还所有之前从玄菟郡所抢夺的汉朝奴隶，并表示向汉朝投降，从今以后愿意成为汉朝的属国。

汉安帝非常高兴地接受了遂成的投降。

同月，本已经归顺汉朝的虔羌再次反对汉朝的统治，并攻击寇掠穀罗城。

度辽将军耿夔在第一时间出兵平息了叛乱。

之后，什么都没有了，虔羌再也没出现在历史的长河中，不知道是投降了还是被灭族了。

三月，此时的护羌校尉马贤已经追击麻奴到了湟中地区，他毫不间歇，直接对烧当羌展开了疯狂的冲击。现在的烧当羌已经是人困马乏，根本不是汉军的对手，所以交锋不到两个时辰就被汉军打崩溃。

麻奴见败势已呈，实在无法再抵挡汉军的侵攻，于是化整为零，命部队分散而逃，从此隐藏于山泽之中。

我们再将目光瞄向幽州方向。因为在本年四月，幽州刺史冯焕和玄菟太守姚光出事了。

话说不管是冯焕还是姚光，他们为人都相当严格，管理地方只认法不认人，所以这些年来得罪了不少当地土豪恶霸。

这些人被冯焕和姚光逼迫得没有了活路，便心生一计，找来两个曾经在京城做过小吏的人，让他们假冒京城使者，并带着伪造的诏书分别前往玄菟郡和幽州治所蓟城，让冯焕和姚光自杀。

先看玄菟郡方面。那假冒的使者宣读完诏书以后直接扔给了姚光一把钢刀让其自杀，可姚光根本不认账，他自从为玄菟太守以后忠心卫国，坚定守法，从来没有贪污过一分一毫，朝廷怎么可能会让其自杀？这里面一定有问题。于是拒不自杀，还准备派遣使者往洛阳为自己辩护。

此举令这名"使者"大为惊恐，为怕露馅儿，这使者赶紧跑到了辽东郡尉庞奋处，拿出了所谓的诏书，希望庞奋能出兵帮助自己弄死姚光。

那庞奋收到诏书以后没有半点儿迟疑，直接便带领着士兵将姚光弄死了。

再看冯焕方面。

冯焕接到了"使者"的诏书以后捡起钢刀便要自尽。可他的儿子冯绲却一把拽住了他，极为严肃地道："父亲你自从为幽州刺史开始从来都没犯过半点儿错误，在朝中也没有什么要置你于死地的政敌，朝廷怎么可能会让你去死？依儿来看，这诏书一定有问题，不如派一心腹前往洛阳为自己申辩，如果朝廷真的一定要杀死父亲的话，等那时候再自杀殉国也不迟！"

冯焕觉得此提议甚有道理，遂遣使往京城探明真伪。

不过这身在蓟城的"使者"明显没有派往玄菟郡的使者胆子大。他见冯焕不上当受骗，反倒派使者往洛阳申辩，竟直接吓跑了。

洛阳方面，当汉安帝得知此消息以后大为愤怒，假冒汉朝使臣，伪造诏书意图斩杀朝廷大员，这还了得？

于是第一时间派遣调查团往幽州地界追查此事的幕后真凶。

几日以后，当汉安帝再得知姚光被庞奋斩杀后，气得青筋暴起，不但加派人手调查此事，还将庞奋召回了洛阳。

最后，找没找到真凶史书未载，反正庞奋是得到了应有的惩罚。

而就在姚光事件刚刚落幕之时，不甘寂寞的老天又对汉朝出手了。

四月，京师及全国二十一郡相继发生了雹灾，据说有的地方雹子甚至和一个小筐那么大。因此汉安帝罢免了司空陈褒，改命刘授为新任司空，并改元延光，大赦天下，希望老天能稍微消停消停。

结果时间到了六月，全国各地又暴发了大规模蝗灾。

七月，京师和十三个郡又相继爆发了地震。汉安帝因此下诏天下，说明朝廷从此用人只用清白之人，地方大员和在京城为官的人更是必须要有十年廉洁的名声才可以任用。但这依然没有什么用。

九月，全国二十七个郡国又相继爆发了地震。已经无奈的汉安帝赶紧下诏天下，赐因为灾害被压死、淹死年纪在七岁以上者，每人每家两千钱。但凡有被震毁房屋的，每户每人赐粟三斛粮食。灾区的田地被冲毁者，一律免收本年田租，若一家全都死光了，只剩下生活无法自理的弱小者，便由郡县政府机构收养（类似于孤儿院的慈善机构）。

十月，西北鲜卑不出意外地趁着汉朝灾祸期间寇掠雁门和定襄，然后转攻太原方向大掠而归。

十一月，因为烧当羌在本年也遭受了灾荒，还因为之前受到了汉朝强烈的打击，使得烧当羌的民众在这月已经开始活不下去了。所以麻奴亲自前往汉阳向太守耿种投降。他们不期望别的，只希望汉朝能够允许自己的子民在汉阳外围生存便可以了。

汉安帝以德服人，答应了麻奴的请求，并给予了他们一定的援助。

结果，这一次又成功了，麻奴终其一生也没有再对汉朝进行过一次侵略活动。

公元123年正月，蜀郡旄牛夷反对汉朝的统治，寇掠汉朝的边境，但没嚣张多长时间便被益州刺史张乔率领的郡国兵所击败。

同月，河东、颍川发生风灾（这种灾祸对于现在的汉朝人已经不算灾祸了）。

四月，汉安帝更加惯纵乳母王圣和"姐姐"伯荣，先是册封王圣为野王君，之后更是常用伯荣为自己的私人使者，经常出入各地为自己宣读旨意，默许她收受贿赂。

同月，北匈奴和车师联合起来攻略了汉朝河西地区，汉安帝随即以班勇为西域长史，率五百兵屯驻于柳中，给其他西域诸国以一定的震慑。

六月，汉朝十一个郡国发生风灾。

九月，五个郡国发生了水灾。

十月，太尉刘恺被罢免，以杨震为新任太尉。光禄勋刘熹为新任司徒。

那杨震是一个眼睛里揉不得沙子的直言之人。上任以后便狂参王圣母女非法乱纪的行为，可汉安帝依然不予理会。

同月，西北鲜卑大人亲率一万骑兵突然对南匈奴奥鞬日逐王发动了袭击。

本次袭击极为快速。杀人、抢物、焚烧，一套流程干净利落，完事儿直接跑路，等南匈奴援军到来以后甚至都看不到这些鲜卑人的身影了。

十一月，京师和三个郡国相继发生了地震，不过有心人却发现了一件非常有意思的事，那就是对比往年的灾害来说，这一年的灾害实在是太轻了，甚至轻得可以忽略不计，难道，这场已经持续了十六年的世界末日即将结束了吗？我们拭目以待。

公元124年正月，西域长史班勇率五百余精锐汉军抵达楼兰，并同时派出使者拜访鄯善、龟兹、姑墨、温宿等西域国家，希望他们派出军队一起攻击驻扎在车师后国的北匈奴军团。

鄯善老早便重新投降了汉朝，属于西域诸国中最亲善汉朝的国家，所以班勇的使者一到，鄯善国王便派出了自己的精锐军团归班勇统治。

可龟兹国王却迟疑了。为什么呢？因为对他们来说，北匈奴骑兵的战斗力实在是太强大了，并不是他们龟兹能够抗衡的，而汉朝又不怎么靠谱，如果这边自己和北匈奴开战了，那边汉朝又弃西域于不顾，那后果他根本就承受不了。

如果是一般使者的话，龟兹国王早就将其赶走了。可那班勇并不是一般人，那是班超众多儿子中最厉害的一个，行为和世界观简直和他父亲一个模子里刻出来的一样。所以龟兹王犹豫了，不知如何是好。

而姑墨和温宿从多年以前便是龟兹的小弟，老大都没有发话，他们自然也不敢做主张。班勇好似看穿了龟兹王的心理一般，遂再遣使者往龟兹王处，说明汉朝这一次不将北匈奴彻底赶出西域是绝对不会善罢甘休的，并且以自己的人格做担保，哪怕最后汉军真的撤出西域，他班勇也会和他老爹一样，绝不会弃西域于不顾。

西域诸国对于班超的崇拜已经到了骨子里，所以班勇的这一句承诺非常有分量。

于是，龟兹王当即向班勇投降，并遣国内军队前往听从班勇指挥。

而姑墨和温宿见老大已经有了决断，便也紧跟步伐，派出军队往班勇处听从指挥了。

本次，班勇共聚集了一万多名士兵，这在西域诸国中也算得上是一支规模不小的部队了，于是直接前往车师后国，对驻扎于此地的北匈奴骑兵团发起了猛烈的攻击。

本以为这次战争会相当惨烈，可班勇实在是高估了北匈奴人的勇气。他们见班勇率一众西域联军气势汹汹而来，像一阵风一般落跑了，只留下可怜巴巴的车师后王风中凌乱。

于是，汉朝通往西域的主干大路被重新打通，北匈奴亦离彻底灭亡不远矣。

同月下旬，因为之前汉安帝没能听从杨震等人的建议处罚王圣和伯荣，所以王圣、伯荣，以及汉安帝身边的宦官樊丰、周广、周悝等人便伪造诏书，征调公家的钱粮为自己修建巨型府宅。

此事在当时做得还算隐秘，所以知道的人不多，杨震却对此表示怀疑。王圣和伯荣也就算了，人家是汉安帝故意放纵贪污腐败的，有些钱也是正常。可你樊丰等人算是个什么东西？充其量不过是几个死宦官，上哪儿弄那么多钱去给自己修建豪华府宅？

因此，杨震再次上疏汉安帝，请求汉安帝能够彻查并处理这几个不知死活的宦官。

但汉安帝并没有对此多加理会（汉安帝经过多年没日没夜地工作，现在的身体已经越来越差了，因此思路不清，非常重视和身边人之间的感情）。杨震因此言辞越发激烈，简直要在朝堂之上和汉安帝吵起来一般。

但汉安帝知道这个老家伙是一心为国的，所以也是忍着怒火没有对其发泄。恰巧这时候有一个叫赵腾的河间男子上疏分析批评朝政得失，认为天灾之所以没完没了，完全就是因为汉安帝惯纵王圣母女和身边宦官所致。

汉安帝因此大怒，竟然命廷尉署亲自将赵腾抓到京城的监狱之中，准备大刑伺候。

杨震因此上疏汉安帝，列举了很多能听得进民言的贤德之君，并请求汉安帝将赵腾给放了。

但汉安帝并没有听取杨震的意见，还是将赵腾给弃市了。

三月，汉安帝决定东巡，亲自去视察一下现在民间百姓的疾苦。不用多说，其奶娘王圣和"姐姐"伯荣，还有樊丰等和汉安帝走得比较近的贴身太监自然也跟着汉安帝东巡了。

见此，杨震便利用这千载难逢的好机会在京城之中彻查了樊丰等人。

最终，还真让杨震将樊丰等人挪用公款的事情查出来了，并且证据确凿，列成了一章奏折准备在汉安帝东巡回来以后递上去。

可杨震那边刚刚准备好，樊丰等在京城之中的眼线便将此消息汇报给了樊丰。樊丰等一众死宦官听后大恐。因为他们知道，汉安帝最恨的就是贪污腐败这档子事，这个皇帝虽然喜欢自己这一行人，但绝不会像对王圣母女俩那样宽容他们。一旦让汉安帝知道自己这些人用他的名义挪用公款，那等待着他们的只有死路一条，没有第二条路可走。

所以，樊丰等一行人也是拼了，他们联合找到了汉安帝，声称杨震是邓氏家族的旧人，本来就对汉安帝有怨念，如今赵腾又被汉安帝弄死，杨震就更对汉安帝不满了，所以希望罢免了杨震的官职，不要再让他留在京城了。否则，绝对会对汉安帝的人身安全造成一定程度的隐患。

说实话，汉安帝对于这种言论是不屑一顾的，杨震是一个什么样的人他比谁都清楚，如此对汉朝忠心耿耿的人怎么可能会谋害自己呢？所以并没有听取樊丰等人的挑唆。

可就在这时候，一名主管星象的官员却突然向汉安帝汇报，说星象出现了逆行的现象，新一轮的灾祸很有可能会在今日发生。

一听灾祸二字，汉安帝直接打了个冷战，没办法，他实在是让老天给弄怕了。

见此，樊丰等三人再次以上天警示提醒汉安帝，要他赶紧罢免杨震，不然悔之晚矣。

而这个时候，汉安帝也开始动摇了，最后经过反复思量，还是罢免了杨震太尉的官职，准备等回到洛阳以后再给杨震一个新的职务。

三月中旬，汉安帝回到了洛阳，进城之后便命人召见杨震，想和他一起商讨新任官职之事。可那杨震是个暴脾气，自汉安帝罢免他官职那天就窝在家中不出来，现在竟然连汉安帝的召见都不从了。

于是，樊丰等勾结大鸿胪耿宝借题发挥，再一次向汉安帝进谗言，说杨震是多么多么得痛恨汉安帝等。

这一番说辞真把汉安帝给惹怒了，于是降下圣旨，将杨震贬为平民，并让其赶紧收拾东西滚出京城。

那杨震收到汉安帝的圣旨以后先是震惊，然后便是满满的失望。他并没有再多说些什么，而是在收拾东西以后默默地离开了。

当杨震到达洛阳城西的夕阳亭以后，他满怀慷慨地对前来送他的儿子和门徒们说："死亡，乃是士人最平常的遭遇，这没有什么可抱怨的，也没有什么可畏惧的。我承蒙皇恩浩荡而身居高位，痛恨那些奸臣狡诈却不能将其诛杀，厌恶那些淫妇作乱却不能予以禁止，还有什么面目再见日月星辰？我死以后，要以杂木作为棺材，用单被给予包裹，只要能盖住尸体就够了。另外，我的尸体不要归葬祖坟，以后也不要再进行祭祀，我没脸面见祖先，也没脸面对后辈，就让世人将我忘记吧。"

话毕，没等下面的儿子和门徒们有所反应，杨震竟直接服毒自杀了，周围众人虽奋力抢救却依然无济于事。至此，直谏之忠臣杨震，离开了历史的舞台。

可几日以后，杨震的遗言却传到了樊丰等人的耳中，这让樊丰等人大怒。因此，樊丰等将杨震死前的话报告给了汉安帝，并建议不准埋葬杨震的尸体，就让他放在大道旁边自行腐烂，再让杨震的儿子们为大路旁驿站的小吏，每天看着杨震的尸首。

多大的仇？多大的恨？死者已矣，就是有再大的仇怨也应该过去了吧？何苦要为难死人？樊丰等人的奏报实在是太过分了。可更令人惊异的是，汉安帝竟然准奏了。

这之后，杨震的尸体就那么放在大道边上，凡是看到杨震尸体的百姓无不潸然泪下，汉安帝此举，使得满朝官员和百姓都对其大为不满。

同年四月，南匈奴单于去世，其弟继位，是为乌稽侯尸逐鞮单于。

这些年，由于鲜卑屡次侵犯汉朝边境，所以度辽将军耿夔经常征召南匈奴的部队抵抗。

同时，还因为这些年来的天灾人祸，使得汉朝的经济严重下滑，所以为了节省成本，耿夔还让这些南匈奴士兵来替代汉朝的士兵驻守部分边疆。

对于此，一些匈奴人对于汉人十分愤恨。一个叫阿族的部族首领便因此想要率部众脱离汉朝。这还不算，他还怂恿管辖他们的温禺犊王呼尤徽和他们共同独立。

可呼尤徽却道："我现在已经老了，这辈子深受汉朝重恩，实在不想背叛汉朝。要走你们走吧，我不会加以阻拦，可我宁可死也绝对不会和你们一起走的。"

见呼尤徽如此坚决，阿族也不再规劝，于是便带着部队准备向漠北而逃。

可他们刚刚走出部落，汉军中郎将马翼便带着胡人骑兵追杀过来，阿族所部不是对手，全都被马翼所部擒杀，无一人逃脱。

九月，汉安帝的奶娘王圣和汉安帝身边宦官江京、樊丰同太子身边的奶娘王男及厨监邴吉等发生冲突，于是王圣等人上奏疏污蔑王男、邴吉，说他们大逆不道。

汉安帝对于王圣是一千个一万个纵容的，所以他根本连调查都不调查便将王男和邴吉斩杀，并将他们的家人统统流放。

现在只有十岁的太子刘保，少了奶娘等人在身旁以后非常孤单，经常因此长吁短叹。

樊丰、王圣等人害怕等刘保继承大统以后会报复打击他们，于是找到了阎皇后，想要废掉刘保以后再立年幼新储君。

那刘保现在已经十岁了，开始有了自己的思想。而阎皇后也是一个野心极大，想要操弄政治的女人，所以二人一拍即合。

之后，这些人便开始各种诬陷刘保及其身边一些近臣。而曾经贤明的汉安帝这几年也不知道到底是怎么了，对王圣和樊丰等人的话偏听偏信。像上一次对杨震一样，这一次同样查都不查便废除了刘保的太子之位，将其贬为济阳王。

这一突然举动使得满朝文武震动恐慌。太仆来历、太常桓焉、廷尉张皓因此前往皇宫拜见汉安帝，并提出异议："书中说，年龄不到十五岁的人，他们所犯的过失和罪恶都不用怎么负责。况且王男、邴吉所犯的罪恶太子也并不知晓。我们觉得，对于这件事，陛下您仅仅需要为太子挑选忠良之臣作为太傅好好教育也就够了，实在用不着废了太子的位置。"

可汉安帝根本不听，坚持不让刘保再行复位。

见汉安帝如此犯浑，张皓也不怎么客气了，进而道："从前大奸臣江京捏造证据，对戾太子进行诬害，使得戾太子遭遇横祸。武帝很长时间才醒悟过来。虽尽了全力去补救当初犯下的错误，但这又如何来得？如今呢？太子刚刚十岁，没有受过多少正规的教育，即使犯了错也是可以原谅的，就更别说还没什么证据来证明太子犯了错误，所以微臣认为，陛下的决定实在有些草率。"

说了一大堆，张皓认为汉安帝说什么也会考虑一下。可当他再抬起头来的时候，却发现面前已经空无一人，汉安帝早在他刚刚说话之时便走了。

此举更使得朝中大臣愤怒。于是，次日，来历携光禄勋祋讽、宗正刘玮、将作大匠薛皓、侍中间丘弘、陈光、赵代、施延、太中大夫朱怅等十余人跪在鸿都门前争辩，说太子刘保根本没有半点儿错误，希望汉安帝能够重新让太子复位。

汉安帝左右都非常慌张，甚至连樊丰等人都开始害怕了，怕事情再这样下去会闹大。可汉安帝却没有半点儿畏惧，只是冷冷地对身边的小太监道："去，传朕旨意，'父子一体，本是天性，也是家事，以大义割断亲情，乃是为了天下苍生。来历、祋讽等人不识大体，与众多小人一同鼓噪喧哗，表面上来看是忠诚正直，可内心真正想的却是以后的好处。他们掩饰邪念，违背正义，这难道是侍奉君皇的礼节吗？朝廷允许众位大臣广开言路，所以朕没有在第一时间惩罚你们，如果你们再继续这样执迷不悟的话，那就谁都别活了，朕将拿你们彰显我大汉刑法的威严'。"

那小太监将汉安帝这番话传达完以后，四周先是一片寂静。之后祋讽等人相继站起身来谢罪准备告退。只剩下来历一人站起来对这些准备知难而退的同僚近乎嘶吼地道："你们都给我站住！进宫以前你们说的是什么？说的是不达目的誓不罢休。现在你们干的是什么？见到危险就退？涉及自身的安危就逃？你们还算是国家大臣？你们还算是国家的子民吗？"

话说得铿锵有力，可在场的这些人只是默默地低下了头，然后掩面而走，只有来历一个人还跪在原地声嘶力竭，一连几天都不肯退走。

汉安帝彻底怒了，便命尚书台弹劾来历，然后直接罢免了来历的官职，将他赶出了皇宫。

至此，太子刘保被废之事已经盖棺定论，无法挽回。

公元125年二月，也许是感觉自己的身体真的是越来越差了，汉安帝开始了人生中第一次也是最后一次南巡。

三月，汉安帝在南巡中突然崩于叶县（今河南省叶县），当时年仅三十二岁，死因未知。

汉安帝，从继位开始便天灾人祸不断。他是老天的弃儿，不被承认。可汉安帝从来不知道什么叫屈服。他带领汉朝百官和民众与老天及各个少数民族斗争了大半辈子，最后硬是在"天欲亡汉"的情况下杀出了一条血路，使得汉朝得以重生。

他死的那一年，困扰了汉朝长达十九年的灾祸终于结束了，但遗憾的是，汉安帝直到死去都没有看到。

从以上的政绩可以看出，汉安帝是一个非常贤明且有能力的君主。可到了他人生的最后那两年，汉安帝宠幸奶娘王圣和"姐姐"伯荣以及身边的一众宦官，使得大汉政令出自房帷，奸人得道飞升，忠臣却死的死贬的贬，这大概就是汉安帝一生中为数不多的污点吧。

05

第五章

汉顺帝

5.1　黄雀

汉安帝离开了人世，但他的死讯却被瞒得死死的，除了某些太监和女人以外没有一个人知晓。

这一年三月十日下午（汉安帝死于十日上午），阎皇后、阎显（阎皇后的哥哥），以及宦官樊丰、江京秘密聚集在一起商议道："如今陛下死在路途之中，他的亲生儿子济阴王刘保却因为年龄不够，还在洛阳而没有前往封国。如果陛下死去的消息传到洛阳，那么身在洛阳的那些大臣们一定会聚集在一起，拥立济阴王为新任汉皇，到时候将给我们带来无尽的灾祸。所以，不如秘不发丧，等赶回洛阳以后立一个孺子为皇帝，到时候皇后，哦不，太后您也能顺理成章地临朝执政了。"

阎皇后觉得此提议极有道理，便依计而行，秘不发丧，同时命队伍以极快的速度往洛阳赶。

十三日，阎皇后一行人顺利抵达了洛阳。

十四日夜，阎皇后突然发丧，然后自尊为太后，主持朝政，并立阎显为车骑将军，控京师兵权，仪同三司。

掌握了兵权以后，阎太后再无顾忌，遂立济北王之子，现在还在襁褓之中的刘懿为汉朝新任皇帝。

同时，为怕济阴王刘保再掀什么波澜，阎太后严令禁止刘保进宫哀悼自己的父亲。刘保因此悲痛不止，饮食不进，几日之间便瘦了好几圈儿。宫廷内外文武无不对此表示哀伤。

四月，宫廷大换血，阎太后命阎景为卫尉，阎耀为城门校尉，阎晏为执金吾，将宫廷安全牢牢把在手中。至于三公则用李郃为司徒，刘熹为太尉，兼管尚书事务。

原本的太尉冯石被升为太傅，之后卸磨杀驴。

本月十三日，阎显突然在宫廷之上上奏弹劾，说耿宝和他的同党中常侍樊丰、虎贲中郎将谢恽、侍中周广、野王君王圣（汉安帝奶妈）及王圣的女儿伯荣等结党营私，作威作福，理应全部判处大逆不道的罪名。

阎太后当即批准，遂将王圣母女流放雁门，其他弹劾之人皆下狱处死，不准临死申辩。

六月，阎太后大赦天下，诏令先帝（汉安帝）之前所巡行之处皆减本年田租一半。

七月，西域长史班勇征发敦煌、张掖、酒泉等郡六千骑兵和鄯善、疏勒、车师前国组成联军向车师后国发动总攻击。

车师后国现在已经没有了北匈奴这个强大的后盾，所以根本不是联军的对手。于是，本次大战车师后国大败，被斩杀八千余人，联军将车师后国国都团团围住。

十月初，尚在襁褓之中，刚刚成为小皇帝不到一年的刘懿突然身患在当时不可治愈的重病。阎太后也没怎么当回事，哪怕这小孺子死了，再立一个孺子上来不就行了。

可就在这时候，一场阴谋却在宫中开始成型。

刘懿患病的当天晚上，济阴王的谒者长兴渠鬼鬼祟祟地潜入了皇宫的一处阴暗的小屋中。当他打开这房屋之门，吓得赶紧将屋门关上。因为十几个宦官正像看一个蛋糕一样在看长兴渠，让他不寒而栗。

过了一会儿，长兴渠壮着胆子走到一名宦官的身前小心翼翼地问："孙长侍，这么晚了，不知召唤我到此有何要事？"

孙程阴狠狠地道："长兴兄，我就直说了吧，我们这些人想要扶立济阴王上位，不知道济阴王敢不敢一搏。"

这话一说，长兴渠暗道果然，然后直接和孙程道："孙兄，实话实说，我家大王当然敢干，不然也不会派我到这儿来见你了，不过恕兄弟直言，这等一锤子买卖的事情不是大生便是大死，谁都不敢贸然决定，如果起事的人就只有在座这些的话，这个力量是不是有点……"

长兴渠话没说完，但任谁都知道这话中的意思，就是怕一群宦官力量不够。可孙程却全不在乎地道："我们这些人怎么了？我告诉你，有些事情不在力量够不够，而是在你敢不敢去做！济阴王为先帝独子，血统的合法性及众人的拥护之心毋庸置疑，阎氏一族倒行逆施，早就失去了天下人心。我敢拿性命保证，只要济阴王肯干，整个京城的官员全会支持他！"

长兴渠想了半天，然后狠狠地点了一下头，之后坐在众人中间坚定地道："说说你们的计划……"

本月二十日，宦官江京和阎景道："北乡侯（刘懿）已经患病多日不见好转，怕是危险了，我想新的继承人应该及早确定，以免发生什么不可预知的危险。不如现在便征召诸王之子前来京城，挑选最小之人重新继位。"

阎显觉得很有道理，便将此事汇报给了阎太后，阎太后遂命各地诸侯王将自己的幼子送至京师。

二十七日，在一众皇子还没能来到京师之时，北乡侯刘懿突然病死，阎太后秘不发丧，并关闭宫门驻兵把守，等待着那些王子们的到来。

十一月四日夜里，孙程突然齐聚十八个宦官（王康、王国、黄龙、彭恺、孟叔、李建、王成、张贤、史泛、马国、王道、李元、杨佗、陈予、赵封、李刚、魏猛、苗光），然后突然对章台门发动了攻击。

当天夜里，也不知道是什么原因，章台门只有江京、刘安、李闰和陈达在此。于是十九个宦官一起发力，分分钟便将江京、刘安和陈达的脑袋砍了下来，只留一个李闰没有杀掉。

为什么呢？因为李闰常年在宫中任职，口碑极佳，为宫中侍卫所认同，所以孙程等人没有杀他，反而对其毕恭毕敬地道："大人，我们想让您带头拥立济阴王为帝，不知道您答不答应。"

李闰看了看这些眼冒凶光的宦官，又想了想现在的局势，以及济阴王血统的高贵性，之后把心一横，直接答应了他们的请求。

这之后，李闰迅速召集了自己的心腹，和他们共同到达西钟楼下迎接早已在此等候的济阴王为新任皇帝。这便是东汉皇朝的第七任皇帝，汉顺帝了。

汉顺帝见已有不少士兵支持，便立即奔赴南宫，并命孙程等把守禁门，断绝内外交通，然后登上南宫云台，分别派遣使者前往京城中一众官员的家中将他们请到南宫。

汉顺帝知道，只要等到这些官员到达南宫，自己成为新任皇帝的事情就铁板钉钉不会再有任何问题了。

与此同时，阎显还不知道危机已经慢慢向他逼近，还沉浸在睡梦之中（今日阎显在宫中值班，所以现在正在宫中睡觉）。

可就在这时，门外传来一声大吼："什么人？不知道现在车骑将军正在休息吗？"

宫人道："我有十万火急的事情要拜见将军，必须现在通报，晚了就来不及了。"

侍卫道："不管什么消息都不行，现在车骑将军正在休息，有什么事还等明天……"

阎显道："让他进来。"

砰，那前来通报消息的人也不管什么规矩了，直接推开阎显住所的大门慌张地道："将军，小人宫中黄门樊登，有重要的事情要向将军禀报。"

阎显表情略带不悦地道："樊登啊，我知道你，看把你急的，缓一缓，有什么事慢慢说。"

樊登："我的将军，现在可不是慢慢说的时候了。孙程等十九人胁迫李闰造反，现在宫廷已经被济阴王控制，济阴王本人也已经入驻南宫，并广发圣旨，让所有的京中官员往南宫一见。恕小人直言，如果等到百官入朝，到时候大人您的末日也就到了！"

话毕，阎显腾的一下从床上跳了起来。此时的他已经六神无主，完全没有了之前的淡定。

见阎显走来走去半天想不出什么好办法，无奈的樊登赶紧道："大人，您就是急也没有用，现在唯一的办法就是赶紧用太后的诏命征召越骑校尉冯诗和虎贲中郎将阎崇，让他们立即带人进入宫中，将一众叛贼全部剿灭。还有，现在您的弟弟阎景也在官中值班，大人应该马上让他回府，将府中所有的士兵全都带过来援助您剿贼。"

阎显道："对，对，樊登，你马上以我和太后的名义前去冯诗和阎崇的住所，让他们赶紧出兵。"

樊登道："诺！"

阎显道："来人！"

下人道："在！"

阎显道："你，赶紧去叫醒我弟弟，让他迅速回府搬兵援救。"

下人道："诺！"

就这样，两拨使者全都出发了，那么事情的进展会顺利吗？我们先来看樊登那一路。

那樊登先是到达了冯诗的大营，然后直接拿着车骑将军的印信和冯诗道："将军！车骑将军和太后说，只要能拿获济阴王的，便封万户侯，能拿获李闰的，封五千户侯！现在正是建功立业之时，时不我待，还请将军快些行动。"

冯诗："好，使者稍微等我片刻，我这就整顿士兵前往救援。"

一听这话，樊登安心了，可笑容可掬的冯诗回到内室以后，脸色却变得阴沉无比，进而对一旁的手下道："官内的线人回来了吗？"

手下："启禀将军，已经回来了。"

冯诗："现在官中什么情况？"

手下："如此这般……"

冯诗："局势已经到这种程度了吗？嗯，去，把那樊登给我杀了，然后紧闭大营，不准任何人进出！"

手下："诺！"

如此，樊登求援一路以失败告终。

再看阎景一路。

话说那阎景得到了阎显的命令以后不敢有半点儿迟疑，赶紧带领自己仅能调动的一些侍卫，想要奔出官去，将府中所有的士兵全都收纳。

可就在阎景到达南止车门之时，接到汉顺帝命令的尚书郭镇也带着羽林军前来南止车门封路了。

他见到阎景以后直接将其拦在了南止车门。

阎景拔刀直指郭镇怒吼："不要挡道，都给我滚开！"

见此，郭镇也不废话，直接拿出了汉顺帝的诏书当众宣读汉顺帝的旨意。

宫中的这些羽林军全都知道已故汉安帝只有汉顺帝这么一个儿子，所以在心中都认为只有汉顺帝才能真正地继承大统。所以当郭镇宣读汉顺帝诏书的时候，这些跟随着阎景的羽林卫士，全都默默地放下了把在刀柄上的手臂。

阎景见此又惊又怒，不等郭镇宣读完诏书，阎景大骂一声"诏书是假的"，便挥刀直接砍向郭镇。

那郭镇也是个练家子，见此没有半点儿惊惶，而是非常潇洒地一个转身，直接躲过了阎景的进攻，然后顺势将腰中宝剑抽出，扑哧就是一下，阎景直接被刺成重伤。

接下来，那些跟随着郭镇的羽林卫士顺利将阎景生擒。

至此，阎显两路求援皆告失败。阎氏再无半点儿胜算。

次日，宫廷已完全被汉顺帝控制，阎氏一党皆被关押入狱，只剩下阎太后一人在北宫瑟瑟发抖。

汉顺帝没有再和阎太后客气，直接派人到北宫将玉玺和虎符全都抢到手中。而就在这个时候，身在京城的文武百官全都聚集在了宣德殿。

汉顺帝当众宣布了阎氏一族的罪恶，并将其满门抄斩，只留阎太后一人打入冷宫，终年不得再踏出一步。至于其他之前跟随阎氏一族的人，汉顺帝全不追究。

之后，汉顺帝官场大换血，任命当初为自己求情的将作大匠来历为卫尉，之前曾参与为自己求情的诸多官员也都升官提拔。罢免司空刘授，并任命少府陶敦为新任司空。

最后，汉顺帝大大地赏赐了参与政变的那些宦官。十九个宦官全都被封了侯，并且给予一定的官职和封地，各位来看一看吧。

孙程，列侯，赏食邑万户。

王康，列侯，食邑九千户。

黄龙，列侯，食邑五千户。

彭恺、孟叔、李建，列侯，食邑四千二百户。

王成、张贤、史泛、马国、王道、李元、杨佗、陈予、赵封、李刚，列侯，食邑四千户。

魏猛，列侯，食邑两千户。

苗光，列侯，食邑千户。

此十九人便是汉顺帝时期的东汉十九侯了。不过这还没有完，远远没有。

除了封侯及赏赐食邑外，汉顺帝还给予了这十九人大小不一的官职，这头开得那是相当霸道。从此，东汉之宦官开始干预国政，权力逐渐可倾朝野。

本年，东汉有户九百六十多万，人口四千八百多万，垦田六百八十多万顷。

5.2　十九侯的危机

公元126年正月，太傅冯石、太尉刘熹、司徒李郃皆被免去官职，汉顺帝用太常桓焉出任太傅，大鸿胪朱宠出任太尉，少府朱伥出任司徒。所用之人皆是之前对自己有恩之辈。

当时朝野上下都在暗地里悄悄议论汉顺帝，说他任人唯亲。

同月，阎太后卒，汉顺帝隆重地安葬了她，毕竟除了极少数人以外，谁都不会和死人过不去。

同月，汉顺帝大赦天下并发布诏书，明里暗里地说他爹那时候怎么怎么样，我当政以后将会怎么怎么样诸如此类。

还是同月，杨震的门生虞放、陈翼一齐到朝廷为杨震鸣冤，说杨震一生为国尽忠，希望汉顺帝能够尊重死者，让杨震能够安心魂归九泉。

汉顺帝一是敬重杨震的为人；二是痛恨自己老爹所做的一切。于是当即任命杨震的两个儿子为郎，赏钱一百万，并用三公之礼将杨震厚葬于华阴。

当时，杨震远近的亲友全都赶过来为杨震吊丧。而就在一众人为杨震举行葬礼之时，一只一丈余高的大鸟竟然直接降落在灵堂之前。郡太守因此将此情况如实报告给了洛阳。

汉顺帝认为杨震为大鹏转世，正直刚勇，于是亲自下令，又给杨震追加了一羊、一猪的中牢进行祭祀。这事儿在当时引起了不小的轰动。

二月，陇西钟羌反汉。护羌校尉马贤第一时间率军对其进行攻击，结果大胜，斩杀了一千多名钟羌士卒，使得钟羌重新向汉朝投降，凉州再一次短时间内得到了安宁。

五月，汉顺帝下令幽、并、凉三州刺史，命此三边之地以后每年秋天都要进行大阅兵，州刺史要亲自坐镇检查，一旦发现有地方的士兵训练不精，必须在第一时间拿下。

再看京城。

本年八月，身在京城的司隶校尉虞诩出事了。

话说自汉顺帝继位以后，司隶校尉虞诩只在数月之间便连续弹劾了冯石、刘熹、孟生、李闰等人，并将他们全部搞倒。其执法极为严格，不管什么公卿大臣，不管什么皇亲国戚，只要你犯罪被虞诩抓住了，那没说的，直接弹劾搞倒。

朝中那些文武百官因此对虞诩极为不满，都说他执法太过于苛刻，完全没有人情味，和大汉儒家治国的温和方针有所不符。

三公更是联名弹劾虞诩，说他违反常法，于盛夏之际大肆逮捕和关押无罪的人，致使吏民深受其害，给大汉造成了相当恶劣的影响。

汉顺帝特意因为此事召见虞诩，让他针对此事给一个合理解释。

虞诩并不畏惧，而是直言道："陛下，对于我之前的做法我并没有什么可申辩的。我只是想说，凡国之灭亡，政权崩盘，贪污腐败绝对是第一要犯！无罪能出其右。对于这点不知道陛下是否认同？"

汉顺帝想了想，然后道："你继续往下说。"

虞诩深深一拜，然后道："臣自从为司隶校尉以后，一直都在查处京城之中的各个权贵，可查来查去臣发现一件非常有意思的事情。我大汉京师中的官员权贵们，他们一个个腰缠万贯，生活奢靡，这种等级的生活，光靠他们每年每月发的那些饷钱是绝对不够的。所以臣便开始调查他们。结果却惊奇地发现，这些人真的从来都没有运用手中的职权来克扣国家金钱为自己谋私。那么这些钱都是从哪里来的呢？结果臣通过层层调查发现，地方上的百姓想要得到推荐，便大肆贿赂当地官府。当地官府想要推荐，便要贿赂州中刺史。州中刺史想要升迁，或者躲避中央调查，便要贿赂京中官员。总之，如果你想要上位，就必须要付出，不然根本没有任何机会。那么这些收受贿赂的京官又是谁呢？我只能用四个字来形容，盘根错节。所以三公恐怕受到牵连，这才诬陷微臣，想要置我于死地。微臣并不怕死，但死了之后还会有谁来管这件事情？还会有谁敢去冒着得罪天下权臣的风险来处理这件事情。微臣言尽于此，还请陛下三思。"

话毕，汉顺帝沉默了好久。最终，汉顺帝什么都没做，既没有惩处虞诩，也没有批评三公，甚至也没有对当时的制度做出改革。为什么呢？因为牵连实在太大、太广。

按说故事进行到这儿就应该结束了吧。可遗憾的是，还没有。

话说在汉顺帝还是太子的时候，身边有一个叫张防的小太监成天贴身伺候，汉顺帝和他的关系非常不错。

后来，汉顺帝被废掉了太子的位置，这贴身小太监也就被赶走了。

再后来，汉顺帝通过政变重新夺回了皇位。这张防也就再次回到了汉顺帝的身边，被汉顺帝提拔为中常侍。

这之后，张防仗着是汉顺帝身边的宠臣，便大肆收受贿赂、各种请托，以至于宫中被这厮弄得乌烟瘴气。

而此种败类虞诩是绝对不会放过的，于是便开始疯狂地弹劾张防，一次又一次地请求汉顺帝将其法办。但汉顺帝非常喜欢张防，所以便将这事儿压下来了。

最后，刚烈的虞诩怒了，直接把官服一脱，将自己关到廷尉署里面去了。

汉顺帝听闻这件事以后又是郁闷又是疑惑，于是便遣人前往廷尉署询问虞诩这样做的缘由。

虞诩根本没客气，直接和汉顺帝的使者道："先帝晚年的时候曾重用樊丰，偏爱王圣、伯荣，致使皇室正统遭到废除，差那么一点儿便使社稷灭亡。如今，张防玩弄权术，疯狂收受贿赂，恐怕灾祸就要再次降临到我大汉的身边，大汉距离灭亡也已经不远了。我不愿意和张防这等败类共处于一个朝堂之上，所以将自己关到了廷尉署，免得重蹈了当初杨震的覆辙。"

这话说得简直太不客气了，汉顺帝直接被虞诩气疯了，不过汉顺帝却没有杀掉虞诩，而是将他罢免，然后送到左校去做苦工。

乍看之下，如今的虞诩好像再不会有东山复起之日。可张防却知道，虞诩现在这种情况只是暂时的。汉顺帝早晚还会起用他，不然就凭之前虞诩那大逆不道的直言，汉顺帝就有一万个理由诛杀他。

可最后汉顺帝没有杀他，这难道还不能说明问题吗？而一旦等到虞诩再次复出，那么遭殃的一定便是他张防无疑了。所以张防当然不肯放过虞诩，遂运用手中的职权到处找虞诩的碴，没几天的工夫便将虞诩毒打了四五次之多。

这时候的虞诩已经是遍体鳞伤、奄奄一息，所以张防不敢再对其进行殴打，乃命一狱吏装作好心的样子来劝虞诩自杀，以结束这种惨无人道的日子。

可虞诩却根本没理会这个装作好心的狱吏，只不过冷笑着道："呵呵，我知道是谁派你来的，你回去转告你的主子，就说是我说的。我虞诩，哪怕是死在千刀万剐之下，也要让远近的人都知道是谁害死了我。"

没说的，张防根本就搞不定虞诩。

次日，朝会之上，百官刚刚站定，不等三公发言，十九侯中的浮阳侯孙程便站出来和汉顺帝道："陛下当初起事之时，最痛恨的便是那些祸国殃民的奸臣、佞臣！深知任用奸佞之辈便会使国家颠覆。可如今，陛下您继位以后却纵容包庇奸佞，您又有什么资格来责备先帝？司隶校尉虞诩为陛下尽忠，最后反倒遭受逮捕囚禁。中常侍张防贪赃枉法证据确凿，可却安安稳稳地立于朝堂之上，陛下您就是如此治国吗？"

此时，张防就在汉顺帝身边，孙程瞪着一双铜铃般的眼睛对张防嘶吼道："奸佞之辈说的就是你这个畜生，你还有什么脸面站在我众多大臣之前，给我滚出去！"

"这，这……"

看了看已经青筋暴起的孙程，又看了看默不作声的汉顺帝，张防哀叹一声，只能无奈退走东厢。

见此人已走，孙程接着和汉顺帝道："臣请陛下立即逮捕这个狗东西，以防他前去陛下奶娘处求情，让陛下难做决定。"

汉顺帝："这……这个，那个贾爱卿啊，你对这个事儿是怎么看的呢？"

贾朗，东汉尚书，和张防勾结在一起狼狈为奸，这个事儿谁都知道，所以汉顺帝一张口孙程就知道汉顺帝要搪塞他。

果然，那贾朗一张口就极力为张防辩护，并诬陷虞诩，说他这个不好那个不好。

见孙程又要暴走，汉顺帝赶紧制止道："行行行行，今日这事就先议论到这，容朕想一想再作计较。"

可就在大臣们都退了下去，各自返回府中路上的时候。虞诩的儿子虞顗却带着虞诩一百多个门徒堵在了中常侍高梵的马车前面，并集体给高梵下跪，声称现在虞诩在狱中已经要被张防折磨死了，请求高梵大人有大量，能够将虞诩给拯救出来。

同样身为中常侍，那高梵也对张防备受汉顺帝的宠爱而羡慕嫉妒恨，正巧这时候这些士人都有求于他，还证据确凿，何不答应这些士人，再把张防搞掉呢？

于是，想要一石二鸟的高梵直接答应了这些士人的请求，然后返回皇宫，将现在虞诩在左校的遭遇如实禀报。

张防，确实是太过于嚣张了，汉顺帝知道，自己无论如何都保不住张防了，不然非得落个昏君之名不可。

于是，汉顺帝无奈，只能将张防流放到边疆，并将其党羽贾朗等六人全部贬为平民。

至于虞诩，汉顺帝虽然不想再用他，但碍于孙程等人的"逼迫"，只能重新起用虞诩，并任命其为尚书仆射。至于司隶校尉，你还是别当了，省得弄得整个天下的官员都惊恐不安。

可不管怎么说虞诩都是被放出来了，还重新做了朝中大员。孙程还是成功了。可就在次日，一堆官员却集体弹劾孙程，说他咆哮于朝堂、不分尊卑，希望汉顺帝能将十九侯等一众宦官全部赶出京师。

汉顺帝也确实为之前被孙程"逼迫"，进而赶走张防而懊恼，所以当即批准了众人的建议，将孙程等十九侯全部改封到偏远的地区，并勒令他们赶紧滚。

这事儿发生以后，虞诩心中非常愧疚，虽有心帮忙，但现在这种情况他还真就不能出头，不然落个结党营私的罪名就跑不了了。到时候不仅仅是自己，甚至连孙程都有可能遭遇杀身之祸。

于是，虞诩偷偷找到了司徒掾周举，几乎是跪地恳求他劝司徒朱怅拉孙程一把。

那周举也十分敬重虞诩的为人，便答应了他，劝朱怅为孙程求情。可朱怅却害怕被牵连，推脱道："这个……皇上现在正是发怒的时候，如果我单独去替孙程求情难免不被波及，还是过一段时间再说吧。"

话毕，朱怅就要送客，周举却直接站起来厉声道："大人！您现在的年龄已经超过八十岁了，却依然位列三公高位，这是国家给您的恩赐，是大汉授予您的荣耀。可如今，正是需要您为大汉尽忠的时候，您却百般推搪，明哲保身。请问您还想得到什么？还能得到什么？我怕这之后，您的官位虽然能够保住，但定会被后人辱骂，在史书中留下浓厚的一笔！说多无用，您自重吧！"

话毕，周举潇洒转身，直接退去了。

周举走后，朱怅想了好久，最终哀叹一声，还是单独去找了汉顺帝，并对其说道："陛下，您当初在西钟楼之时，如果不是孙程等人拼死效命，您如今怎能坐得如此高位？现在大位已定，您却去计较孙程等人微末的过失，进而重罚，完全不顾及当初的情感。我想请问陛下，如果这些人在封地遭遇了什么不测，或者想不开自杀了，您就不怕担下千古骂名吗？"

汉顺帝一听承担千古骂名这几个字以后，当时就犹豫了，于是立即撤回了之前的处罚决定，并赶紧派人阻止十九侯前往所谓的"新"封国。

可让人郁闷的是，别的次要的人都找到了，就最重要的孙程没有找到。

他哪儿去了？难道死了？

当然不是，那孙程自打听说汉顺帝要将他赶出京师以后，直接将汉顺帝之前赏赐给他的封地印信及金银财宝全部退还，然后竟然逃到洛阳附近的大山之中不出来了。

汉顺帝都快被这莽夫气蒙了，那怎么办？汉顺帝无奈，只能遣人前去洛阳周围的各个山头搜山，最终是将孙程给搜了出来。

这之后汉顺帝先是宣布解除处罚，然后再将之前的封地还给孙程。最后好说歹说才将孙程重新请了回来。

5.3　班勇之殇

公元126年八月，鲜卑对代郡突然发动袭击，斩杀太守李超，大肆寇掠而还。

同月，鲜卑又突然袭击了南匈奴，南单于不堪其扰，遂上书洛阳，请求汉顺帝能派人修复朔方以西之壁障，尽量阻挡鲜卑人的侵入。

汉顺帝准奏，并征调黎阳兵到中山以北驻防。

同时，汉顺帝还下令增加北方驻军的郡国兵编制，制定了终身训练制度。（时汉朝经济已见回转）

十月，车师后王再也抵挡不住联军的进攻，遂向班勇投降，表示从今以后唯大汉马首是瞻。

但班勇很明显信不过这个北匈奴的死忠，乃废其王位，立车师后国前任国王的儿子加特奴为王。

至此，西域东部除焉耆一国以外，已全部重归汉朝的统治。

十月下旬，成功收复了车师后国的班勇并没有解散联军，而是率一众联军继续向北方行进，攻击驻扎在此地的北匈奴呼衍王所部。

呼衍王不敢和联军交锋，率部仓皇往西北本部而逃。

得此讯息，班勇亲率联军骑兵疯狂追击，终于在呼衍王所部逃回本部之前将其追上，并一举斩杀两万余人。呼衍王所部几乎被残杀殆尽。

北单于闻听此事以后极为愤怒，当即率一万骑兵向东攻击车师后国，意图重新立威。

可就在北匈奴骑兵抵达金且谷之时，班勇亦命曹俊率联军万余人前往此地阻击北匈奴军队。

那北单于见联军来到以后，竟然连抵挡都不敢便向后撤退。

曹俊见敌军未战先怯，感觉机不可失，遂命部队即刻对北匈奴发动了狂攻。

结果，北匈奴大败，损兵数千，北单于狼狈而逃，北匈奴骨都侯亦被斩于马下。

公元127年正月，汉朝国丧期过，汉顺帝命中郎将张国率汉朝和南匈奴联军共同向鲜卑发动进攻，势必要给鲜卑强盗一个"小小"的教训。

结果，还真是一个"小小"的教训。那张国率联军到达鞬以后，只是寇掠一番便率军回国了，此举给鲜卑大人都弄蒙了。最早，他听闻汉匈联军气势汹汹而来的消息以后极为紧张，乃迅速征调全国军队。本以为要经受一场大战，闹了半天这就完了？鲜卑大人有一种极不真实的感觉。

二月，辽东鲜卑再次寇掠辽东玄菟郡。乌桓校尉耿晔紧急征发边境各郡和乌桓骑兵，组成了一支数万人的联军，紧赶慢赶终于在这些鲜卑人撤退以前将其堵住并予以围歼，捕获甚众。

此一役，使得辽东鲜卑损失惨重，辽东鲜卑很多种部之长感到恐惧，怕再过一段时间后汉朝和乌桓会一举灭掉辽东鲜卑，遂率部众前往辽东向汉朝投降，前前后后共有三万人之多。

三月，班勇上奏朝廷，声称现在西域诸国已经全部投降汉朝，只剩下一个焉耆而已，所以希望朝廷能够允许他带兵出征焉耆。

敦煌太守张朗听闻此事以后急速派人往洛阳，挖门盗洞地走关系，金银财宝那是哗哗地往外送，只求一样，那便是也能让他参与其中。

那么这是为什么呢？难道是为了升官发财吗？

非也，张朗虽为边地重郡太守，却贪污腐败无恶不作，最后东窗事发，被朝廷某些官员弹劾，所以正面临着罢官斩首的生命之危，这才主动请缨，意图戴罪立功。

京城的那些大佬们收钱办事，乃在朝堂之上极力称赞张朗，希望汉顺帝能够允许张朗戴罪立功。甚至汉顺帝的奶娘都收到了张朗的贿赂，祈求汉顺帝让张朗随同班勇的部队出征焉耆。

汉顺帝见这么多人替张朗求情，认为张朗还是个人才，于是便批准了张朗的奏请，让他率三千汉军往班勇处协助班勇。

结果，班勇倒霉了。

那班勇早就听说过张朗在京城人脉很广，为了不得罪他，就分给了他两万士兵，让他走北道向焉耆进攻，自己则另外带领两万士兵走南道，向焉耆发动进攻。同时，班勇还和张朗约定日期，在某日共同抵达爵离关，然后对焉耆发动攻击。

张朗表面上答应得好好的，可当他分兵以后却日夜兼程向焉耆疾奔，在约定日期前好几日便到达了爵离关，然后对此地发动了疯狂的进攻。

见联军阵容庞大，元孟害怕爵离关攻破之日便会被杀，便主动向张朗投降了。

于是，张朗轻轻松松便拿下了焉耆国。

这之后，张朗根本没通过班勇便上奏表于洛阳为自己表功，同时，为了突出自己的英勇贡献，张朗还极力贬低班勇，说他延误日期，声称所有的功劳都是自己的。

而汉顺帝身边的奶娘和那些大臣也在一旁煽风点火。于是偏听偏信的汉顺帝根本不经过调查便免去张朗的罪过，并以延误军情之罪将班勇罢免，关入牢狱之中。

5.4　梁皇后上位，东汉葬歌的唱响

七月，日食现，同时，太尉朱宠和司徒朱伥也都已年老，所以汉顺帝"准"其免官回乡养老，之后任命太常刘光为太尉，参尚书事。光禄勋许敬则出任司徒，协助其处理日常事务。

公元129年正月，年满十五岁的汉顺帝为自己举行了加冠典礼，再一次向天下表达自己皇位的合法性，之后大赦天下，赏百官金帛数量各不等，天下男子每人一爵。已经做了父亲的，还有孝悌、力田，则每人赏赐爵位两级，孤寡老人等生活无法自理者，官府则赏帛一匹。

五月，五个州发生水灾，汉顺帝下令宫廷节俭，然后以阴阳不和为由将司徒许敬、太尉刘光、司空张皓全部罢免。

八月，用宗正刘崎出任司徒、大鸿胪庞参出任太尉、王龚出任司空。

九月，尚书仆射虞诩上奏朝廷："安定、北、上三郡山川险要，沃野千里，土地非常适合放牧。那里的河水既可以灌溉农田也可以运输粮食，可先帝时期，天灾人祸不断发生，致使我国经济水平呈直线下滑。先帝等为了节省更多粮食，便收缩了防线，将此三郡的百姓全都撤回来了。如今，天灾已去，人祸已平，我大汉经济开始复苏，这时候正是收复三地之时。所以臣请陛下将多年前住在三地的民众全部遣回本籍，让他们从今以后在此生活。这样，国家每年不但会多生产很多粮食，还使得我关中地区拥有了屏障，不必再担心羌人的骚扰。"

汉顺帝准奏，本月便予以实施。

驻扎在三郡一带的羌人见汉朝人要重新取回原本就属于他们的土地，所以一个个全都远遁，不敢和汉朝人叫嚣。

十一月，鲜卑再攻朔方，大掠而去。

十二月，于阗王放前擅自诛杀一个西域小国拘弥国的国王，并立拘弥国的王子为新任国王，逼迫他们每年都要向于阗上供。

而后，先斩后奏地放前遣使往洛阳送了很多贡品，意图破财免灾，让汉顺帝批准拘弥国从此成为自己的属国。

当时很多大臣都对放前这一先斩后奏的行为大为不满，遂建议汉顺帝出兵讨伐于阗，以起杀鸡儆猴之效。

可汉顺帝并没有这么做，而是派遣使者往于阗，命放前放了这个叫拘弥的西域小国，取消每年上贡品的命令。

但放前却当着整个于阗文武的面拒绝了汉朝使者的要求，使得汉朝大丢面子。两国也从这一时刻开始关系紧张，大战一触即发。

公元130年十月，京师定远侯府，此时整个定远侯府邸都被一个女人的谩骂声所淹没。

阴城公主（汉安帝之女，汉顺帝的姑姑）："班始！你算个什么东西，本公主下嫁给你那是你班家的福气，别说是你，就算是你爷爷班超也不算个什么，还不是我们皇室说废就废的？你竟然敢给我偷偷摸摸地在外面……"

班始："闭嘴！我告诉你，你侮辱我可以，但绝对不能侮辱我的爷爷，不然我对你不客气！"

阴城公主："哼！不客气？你敢对我怎么不客气？你还敢动我不成？要是你真有那胆量，我还敬你是个爷们！我今天就说了，你爷爷也和你一样，都是……"

扑哧，没等阴城公主骂完，一把冰凉的匕首便插进了她的胸膛，堂堂大汉公主，就这样死于班始刀下。

阴城公主的死讯很快便传到了皇宫之中。汉顺帝盛怒至极，当时便命人将班始以及他的兄弟姐妹们全都收押至大牢。

十月下旬，班始和他的兄弟姐妹全都被斩杀于洛阳闹市之中，并陈尸示众。班氏一族，从此再未出现在东汉的历史之中。

公元131年三月，有官员上奏朝廷，声称伊吾（今新疆维吾尔自治区哈密市）一带土地肥沃，距离西域最近，北匈奴经常以此地为跳板寇掠汉朝边境，所以希望汉顺帝能按照先辈之法，重新在此地屯兵，这样一来方便控制西域诸国，二来也可以抵挡北匈奴的寇掠。

汉顺帝准奏，于是在本月，命数百汉军屯驻伊吾，并设伊吾司马一人。

当初汉安帝当政时期，由于天灾人祸不断，所以汉安帝一心只发展农业经济，忽略了文化上的事情，所以从那时候开始，博士便不再讲习，儒生们也逐渐懈怠离散，以至于到现在，太学的房舍都已经倒塌殆尽，校园成了菜园或者荒地，牧童、樵夫甚至在里面割草砍柴。

对于此种现状，一些官员实在是看不下去了，于是他们上奏汉顺帝，请求重新修建太学，再兴儒家文化。

汉顺帝批准，于是汉朝在本年九月重新修缮了太学，建房二百四十栋，房间一千八百五。博士得以重新开始讲学。

同月，鲜卑再寇汉朝边境。护乌桓校尉耿晔调兵遣将虽然还是很迅速，但这回鲜卑人学奸了，抢了一个地方就跑，根本不给耿晔堵后路的机会。于是怒火中烧的耿晔直接带着集结完毕的士兵杀到了鲜卑人的领地，同样一顿"三光"而回。

与此同时，大汉西北地区。

护羌校尉韩皓在这个月将湟中地区的屯田兵转移到了赐支河和逢留河两河之间，使得这些士兵更加接近了诸羌地界。诸羌首领惧怕不安，因此相互签订盟约，交换人质，积极备战。

汉、羌双方再一次大战已一触即发。

可就在这时候，韩皓不知道犯了什么罪，被朝廷召回了洛阳，同时命张掖太守马续接替了韩皓护羌校尉的位置。

马续接任护羌校尉以后，在第一时间将屯田军重新撤回湟中，使得诸羌的紧张之心得以缓解，眼看就要爆发的汉、羌之战得以平息。

同月，于阗王放前想要缓和和汉朝之间的关系，遂命自己的储君亲自往洛阳向汉顺帝进献贡品，汉顺帝得了面子，对于阗的责备之意也就不是那么强烈了。

十月，一些大臣认为汉顺帝继位已经有些年头了，可这些年来却从来没有立过皇后，所以请求汉顺帝在次年正月之时选立皇后。

在当时，汉顺帝所喜爱的贵人一共有四个，对这四个中的每一人汉顺帝都非常喜爱，所以对于选立皇后这档子事儿非常犯难。当时有一个小宦官，他见汉顺帝因为此事如此头痛，便建议让汉顺帝抽签来决定。汉顺帝觉得是这个道理，便打算将此事交给上天，让四个贵人轮番抽签。

可这事儿传到大臣之中却炸锅了。选皇后那是什么级别的大事？怎么可能用抽签这种如此儿戏的方法来决定呢？

于是，众多大臣联名上奏汉顺帝，阻止了他看似愚蠢但却十分英明的决定，并建议汉顺帝从四个贵人中间挑选出最贤德的贵人来封为皇后。

贤德，贤德……我身边那四个爱妃中谁最贤德呢？想来想去，汉顺帝最终选出了最为贤德的梁贵人来作为新一任的大汉皇后。

于是公元132年正月，梁贵人正式成为了东汉新一任皇后，同时也宣告了东汉之葬歌正式开唱。

梁皇后，本名梁妠，是以后的大将军梁商的女儿，恭怀梁皇后弟弟的孙女。梁妠在很小的时候便"文武双全"，不但对纺织、刺绣等女工极为擅长，还喜欢读各种史书，从中学习前人的知识和经验。

到小梁妠九岁的时候，她已经比较精通《论语》和《韩诗》了。梁商对这个小女儿的才华感到非常惊异，便时常对自己的兄弟们道："咱们的先祖曾经拯救了无数的河西民众，虽然没有因此而得到高官厚禄，但积累的阴德一定会得到回报。倘若这种回报能够庇护子孙的话，我相信这个人一定就是梁妠了。"

所以从小梁妠九岁开始，梁商就开始着重培养她了。

那么身为一个女人，走到什么地步算是最高峰呢？这个自然不用说。

于是到公元128年后，也就是小梁妠长成十三岁以后，梁商便通过关系将梁妠送到了后宫之中，并买通了当时的相工茅通（相工：一个专门为后宫嫔妃看相的职位，很多时候一句话甚至可以决定一个嫔妃的前途），让他多为自己的女儿说说好话。

基于此，茅通只见了梁妠第一眼便对其大加赞赏，简直把这小梁妠吹得天上有地下无，所以梁妠很快便在后宫中出了名，进而被汉顺帝相中。

汉顺帝宠幸了她第一次后便对这女人无法自拔，有时候连续一周都会待在梁妠的寝宫而不去找寻其他的嫔妃。

可熟读史书的梁妠非但不是那么高兴，反倒是教育起了汉顺帝。她是这么说的："阳以博施恩泽为美德，阴以不独宠专幸为仁义。如果后宫中的嫔妃们都像螽斯一样不妒忌，那么帝王一定会子孙满堂，洪福则由此而兴。希望陛下能够时常思考一下如何均施恩泽，雨露均沾，这样小妾我也不会因此受到妒忌和诽谤。"

这话说完，汉顺帝可真的是对这个小贵人另眼相看了，所以从这时候便认定梁贵人是一个非常贤良淑德的女人。

可事实真的是这样吗？

5.5 好坏建议

公元132年二月，海贼曾靓在会稽起义，相继攻杀三县之长，寇掠很多物资，可不到一个月便被本郡郡国兵剿灭。

三月，扬州贼人章河以神鬼妖道迷惑众生，聚众起义，竟相继攻克了四十九个县邑，并杀长史，建立政权，大赦天下，不收贫困者年税，以此收买人心。

汉顺帝对于此事极为重视，立即组织了中央野战军和扬州一带郡国兵协同作战，在极短的时间内便消灭了这股势力。

虽然这前后两次起义都被汉朝在极短的时间内平定了，但仅仅两个月便一连出现两次叛乱，这在汉安帝天灾人祸极端严重的时期都没有出现过。汉顺帝，你是不是应该思考一下原因了？

四月，汉顺帝封梁皇后之父梁商为执金吾，其余梁氏一族也皆有分封，梁氏，从这时候开始崛起。

七月，太史张衡创造了世界上第一座预测地震方位的候风地动仪，此地动仪能够粗略地测算出即将发生地震的方位，比国外地震仪足足早了一千七百多年。

九月，辽东鲜卑寇掠大汉河东一带，犹如风来风去。可护乌桓校尉耿晔在数日之后便还以颜色，命乌桓酋长戎末魔率领乌桓骑兵杀到了辽东鲜卑的境内，疯狂寇掠而回。

辽东鲜卑大人非常愤怒，遂于几日以后亲自组织大批量骑兵前往攻击乌桓部落。

耿晔自不会让其得逞，乃率兵屯驻于无虑城，以抵挡鲜卑人的进攻，同时还可以侧援乌桓。

鲜卑大人见耿晔行动如此迅速果决，只得暂时撤兵，以待后发。

十一月，因为现在汉朝贪污腐败的现象已经非常严重了，有贪得厉害的地方甚至大大地影响了当地民生，以致之前接连出现农民起义，所以尚书令左雄上疏汉顺帝，请针对于此进行整改行动："臣，左雄，请奏陛下。当初宣帝时期，地方官吏如果经常调动，则下民不能安居乐业。如果官吏任职时间较长，那么人民便能得到教化，官员也肯用心为国家办事，一个人的政绩便一点一点地出来了。国家也能凭借这些人的政绩来给他们升迁，安排他们进入京城出任相对合适的官职。所以宣帝时期的地方官吏都比较称职，人们得以安居乐业，汉代优秀的地方官吏在那一段时期也是整个汉朝最为鼎盛的。而现在，一个县的县令或者县长却经常更换，有少的甚至干不到三年就会去别的地方任职，这么短的时间内是很难干出政绩的。所以那些到任的地方官便有了别的心思，再不就欺下瞒上，胡乱建造改革，没有半点儿效用便可以此来作为政绩，再不就贪污受贿，疯狂往自己裤兜子里划拉钱财，等下台之后便一生无忧。所以我大汉现在的官场风气便是以滥杀无罪小民被认为有威严，擅长搜刮钱财被认为有能力。相反，能约束自己、安定人民的人则被认为是低劣软弱，奉公守法则被认为是没有治理一方的才能。现在的那些地方官们因为一点小小的怨恨便会对无辜的百姓施以肉刑，只一个心情不好便能让一户人家家破人亡。他们把人民看作是自己的仇敌，征收苛捐杂税比虎狼还要凶残。朝廷派往地方的监察官虽然左一批右一批，但最终的结果却是被这些地方官收买，进而与他们同流合污，没有半点儿效用。因此，地方官吏中，善于弄虚作假的，最终能够通过贿赂得到政绩。而那些踏实肯干，不贿赂监察官的，最后反倒会被诬陷诋毁。如果这种情况继续下去的话，我大汉再过不久便将不复存在。所以我建议，延长各个地方官在当地的任职时间，只要不是升迁就不能随便平级调动。对于那些真正爱护百姓的人，要及时增加他们的俸禄，不能使真正有能力的人没落。而对于那些不遵守法律、贪污腐败的畜生，则要用法律的手段来惩治他们，并终生不得录用。同时，朝廷还要选用家庭富裕、清白的年轻儒生来担任监察使一职，每次前往地方调查都要微服出巡，这样才能让陛下真正地了解地方民生。如此，地方官吏作威作福的道路就会被堵住，弄虚作假也会被慢慢杜绝，全国各地的人民也会因此安居乐业，我大汉便会万年不朽，还请陛下能够准许。"

对于左雄的这个提议，汉顺帝深感认同，毕竟前一段时间接连出现了两次农民起义，这绝对不是闲得没事儿就能整出来的。

所以，汉顺帝当即批准，并打算在次月便予以施行。

可当这个消息传出去以后，朝中大臣们和各个地方官们全都慌了。为什么？还用说吗？一旦此改革予以实施，他们能捞到的钱便会大大减少，甚至还会受到法律的制裁。

于是，这些官员们分批贿赂汉顺帝身边的宦官和奶娘，让他们没事儿的时候在汉顺帝面前说说"好话"。最终这事儿还是黄了，汉朝官场也是越发黑暗。

5.6　惩善扬恶

公元132年十二月，汉朝在玄菟郡复置屯田六部，增加玄菟郡的武力布防，进而应对辽东鲜卑。

同月，汉顺帝亦下令在湟中新增屯田军五部，以防止鲜卑和羌人的寇掠。

如此，算上之前五部屯田兵，现在汉朝在湟中的屯田兵已经增加至十部。

十二月末，因为最近一段时间汉朝还算是风调雨顺，所以国库有点儿钱了，汉顺帝便开始修建西苑，并大规模装修宫殿，分分钟将国库败坏干净。

公元133年，汉顺帝听说民间有一个叫郎𫖮的人对天象研究得非常透彻，便派人邀请至朝中为官。

可郎𫖮并没有前来洛阳，而是写了一封奏折请使者带回了洛阳交给汉顺帝观看。

此奏折是以汉朝最近一段时间的天象来推演未来及即将发生的事情，还针对现在汉朝贪污腐败遍地的现象来预示即将发生的天灾。

汉顺帝看过此奏折以后只是认为很好，却没有半点行动，并在当月再次派遣使者往郎𫖮处，请他至朝中任职。

郎𫖮见这次来的使者没有提及半点儿有关他之前奏疏上的事情，便对汉顺帝大失所望，说什么都不肯往洛阳任职。

三月，汉顺帝接连封其奶娘宋娥为山阳君，梁商之子梁冀为襄邑侯，使得朝中清流大震。

要知道，这两个人都不是什么好东西。

梁冀，天生耸肩，眼睛往竖了长，看人斜视，说话经常嘟嘟囔囔，人们根本听不明白是什么意思，学识方面，也只不过能粗略地认识几个字而已。

此外，他还仗着家族的势力无恶不作，周围的朋友也尽是些鸡鸣狗盗之徒。如果让他掌握了大权（汉朝皇帝给那些皇亲国戚们走后门通常都是先封侯后封大官），那本就贪污腐败遍地的汉朝就将更加暗无天日。

所以，当汉顺帝连封了两人以后，尚书令左雄立即跳出来劝谏汉顺帝道："陛下，高皇帝曾经定下过'非刘氏不得封王，非有大功不得封侯'的制度。宋娥与梁冀，两个人对国家并无大功，所以贸然册封他们真的不符合制度。当初安帝时期曾封江京、王圣等人，于是引发了地震，导致了日食。难道陛下还想重演当初的故事吗？现在青州正在发生饥荒，盗贼也还没有彻底平息，所以陛下实不应该顾念个人之间的小恩小惠而使朝廷纲纪受到损害，还请陛下三思啊。"

汉顺帝道："够了，封两个人的爵位而已，哪里有你说的那么严重，不要再说了。"

左雄好像没有听到汉顺帝的话一般，继续争辩道："书中圣贤常说，没有一个君主不喜欢忠良正直的臣子，没有一个君主不讨厌阿谀奉承之辈，但纵观历朝末期，在它即将毁灭的时候，没有一个朝代不是忠良获罪而小人受宠。因此，那些末代的君王们都喜欢听夸奖他们的话，而不喜欢听批评他们的话，如果陛下您是贤君，还请听我把话说完。"

汉顺帝："……"

左雄道："根据我尚书台所掌握的资料来看，纵观历朝历代，没有一个君王会将自己的乳母封为列侯并赐予食邑的。只有先帝时期曾经将其乳母王圣封为了野王君，并赐予食邑。结果，王圣陷害您，险些酿成了大祸。她在世的时候就遭到了天下人的诅咒，身死以后天下臣民更是拍手称快。所以这天下的人对乳母封侯皆充满了厌恶。您的乳母宋娥虽然对国家没有大功，但也不是王圣那等大奸大恶之徒，陛下为什么一定要将其封侯，让其陷入万劫不复之地呢？至于梁冀，我不想多说什么了，陛下只要随便派一个人出去打探一下便知道外人对其的评价，所以陛下您实在……"

汉顺帝道："不要再说了。"

左雄道："陛下！"

汉顺帝道："朕叫你不要再说了！君无戏言！朕说出去的话，难道还要咽回去吗？出去！"

左雄失望至极，对汉顺帝深深一拜后便退了出去。

可梁冀他爹梁商却知道自己儿子是个什么德行，就像左雄说的，随便派出去一个人打听一下就能将梁冀的恶行打探得一清二楚，所以梁商不敢冒险，赶紧向汉顺帝辞去了梁冀的封地。

可汉顺帝偏是不准，就这样来来回回辞了十多回汉顺帝才不情不愿地收回了赏赐梁冀的封地。

四月，汉廷在陇西复置南部都尉官，增加在陇西的军事编制。

同月，京师地震，汉顺帝因此罢免司空王龚，用太常鲁国人孔扶担任司空。

六月，京师再次地震，这次震级比较吓人，甚至都将洛阳的大地震得向下塌陷。左雄、李固、马融、庞参以此哭求汉顺帝，砰砰磕头求他将宋娥的封地收回，并将其赶出皇宫，另外祈求汉顺帝将梁冀等一干人全部免官（梁冀的封侯事件黄了以后，汉顺帝为了补偿梁冀，给他大封官爵，直接提到了步兵校尉，成为东汉中后期京师五大校尉之一）。

这几个人全都是京城清流中的代表人物，汉顺帝实在无法再行推脱，便只能暂时收回宋娥的封地，并让她退出皇宫，在自己的府宅中生活。

可宋娥非常不甘心，便和皇宫中的宦官们勾结在一起，共同罗织虚无缥缈的罪责来诬陷李固。

汉顺帝连查都不查便将李固关到了牢狱之中。幸得大司农黄尚及梁商出面求情，汉顺帝这才免去了李固的牢狱之灾，却将其一脚踹出了京城，将他安排到一个小地方担任县令。

而此时的李固，心已经死了。他不仅对汉顺帝灰心至极，还对汉朝失去了信心。

于是，李固辞去了县令的职位，从此回到故乡隐居养老。

七月，宋娥和诸多宦官再次勾结司隶校尉，让他去告太尉庞参的黑状，司隶校尉哪里敢得罪这个权倾天下的老奶娘，便从其言，又虚构了很多罪责给庞参，并上报汉顺帝，就如同李固之故事。

结果，庞参亦被免去官职。至于其他像左雄、马融等辈，也从此进入了汉顺帝的黑名单之中，再也没得到过升迁。

东汉，在汉顺帝的带领下正一步一步走向毁灭的深渊。

5.7 乌桓之反

公元134年四月，汉朝驻车师后国的车师后部司马率领车师后王加特奴突然向北匈奴总部发动了袭击。因为这名不知名的车师后部司马隐蔽工作做得非常到位，所以北匈奴全无防备，被打得狼狈不堪，北匈奴单于只率少数部众落荒而逃，其余部众全都落入了车师后部司马的手中，甚至连北匈奴单于的母亲也被这车师后部司马生擒。

经此一役，本来便已是苟延残喘的北匈奴再遭重创，距离彻底消失在亚洲已经越来越近了。

七月，钟羌首领良封等突然率兵进犯陇西和汉阳，其行动来去如风，抢完就跑，两地郡国兵根本奈何不了。汉顺帝因此任命前任护羌校尉马贤为谒者，带领中央野战军和本地郡国兵主动出击钟羌。

马贤到了陇西以后，直接命护羌校尉马续为先锋，带领周边郡国兵先行从西南道出击，自己则带领中央野战军坐镇后方，从北道缓慢迂回前进，给予马续声援。

结果马续根本就用不到马贤的力量，自己率领郡国兵便将钟羌打得大败而逃，有力地震慑了陇西一带的诸羌部落。

当初，汉顺帝之所以能顺利地继承皇位，这和宦官是有脱不开的关系的。再加上十九侯中还有很多的忠直刚烈之士，所以在汉顺帝心中，宦官是一个十分纯洁高尚的职业，里面的人大多也都是一心奉公的廉洁之士。于是在公元135年二月，为了感谢这些"崇高人士"为自己做的贡献，汉顺帝专门为宦官颁布了一个新的制度，那就是宦官死后，他们的养子可以继承他们的爵位和食邑。

这破天荒的政策一颁布立马引来朝中诸多清流的不满。御史张纲（张皓之子）更是上疏汉顺帝，称文帝和明帝的时候，中常侍不过两人，赏赐宠爱亲信的黄金也不过数金，其余的财产几乎全都用在国家正道上，百姓得以家家富足，安居乐业。可最近，没有功劳的小人却不断得到官位和食邑。这本也就算了，现在还允许这些小人再将国家的财产转送给其他的小人，这根本就不是保护人民、重视国家，所以还希望汉顺帝能够收回成命。

可汉顺帝根本就没搭理他，还是自顾自地颁布了这项命令。

于是自此以后，宫中宦官多收养子，然后利用手中的权力想方设法给自己的养子升官，"内外结合"。

在如此背景之下，宦官的权力将越来越大、越来越牢固。

公元135年四月，汉顺帝意图用梁商为大将军，可梁商心中顾忌很多，因为现在梁氏一族在梁皇后这个大背景的衬托下本就强悍至极，如果再将大将军这个汉朝军中第一顺位的官职拿下的话，铁定会遭受满朝文武的妒忌。尤其自己还是外戚，如果权势过高的话，朝廷中的那些清流必视自己为眼中钉肉中刺。他梁商可不想在以后的史书中留下"厚重"的一笔，于是坚决辞让大将军的职位，说什么都不肯担任。

可这一次汉顺帝是铁了心，一定要让梁商接受大将军之职，每次看到梁商，不管是在什么场合，汉顺帝和他讨论的都是这事儿。

后来，梁商只能装病在家不再上朝，意图躲过汉顺帝的册封。

可汉顺帝竟直接派遣使者拿着诏书到了梁商的家中，当场封梁商为大将军（凡重大官职必须在宫廷之中任命）。

梁商见实在躲不过去，便只能亲身前往皇宫，接受了大将军的职位。

可自从这以后，本就温文尔雅的梁商更加低调，不管见谁都没有架子。为了表示自己也是清流中的一员，梁商还征调巨览、陈龟、杨伦和已经归隐的李固为自己的手下心腹。

李固当初的命就是梁商救的，所以虽然不愿再涉及官场，但为了报恩，也只能投靠了梁商。

接触了一段时间以后，李固发现梁商虽然不是什么有能力的人，但也不是什么大奸大恶。相反地，这梁商还通晓儒家学问，且谦虚恭敬。

于是，李固向梁商列出了一大堆整顿吏治的改革措施，希望梁商能向汉顺帝建议一下，这样汉朝还兴许有救。

可梁商看过这个改革计划以后只是狠狠地夸赞了李固一下，却并没有去向汉顺帝建议。

这是为什么呢？

一、梁商本身就是外戚，他族中甚多子弟都在京城之中为官，多多少少都贪污受贿过，如果按此计划汇报汉顺帝，梁氏一族必受牵连。

二、现在汉朝基本上满朝皆贪，如果此奏由自己来上，那么自己必定会成为全民公敌，到时候梁氏一族必受四方打压。

三、此计划哪怕是上奏给了汉顺帝，汉顺帝也绝对不会听，因为他身边的那些宦官和奶娘也一定会在第一时间阻止汉顺帝，这并不是没有前科的。

综上而论，无论从哪一点来考虑，梁商都不会将李固的计划汇报给汉顺帝。

而其结果就是，从这以后，心灰意冷的李固再也没有向梁商献过一次改革计划。

十月，久为汉朝抵挡鲜卑屏障的乌桓突然反叛了汉朝的统治，在本月突袭了云中地区。度辽将军耿晔（不知何时改为度辽将军）并没有慌张，而是立即集中了云中一带的郡国突骑两千余人前往阻击。

那些乌桓骑兵见耿晔亲自率军前来征伐，只稍稍接触便战败而逃。耿晔并未对此离奇现象抱有怀疑，而是当即率全军进行急速追击。

可就在耿晔追击到沙南之时，突然杀声四起，无数的乌桓骑兵从四面八方向汉军冲杀而来。耿晔已知中计，但具有多年战阵经验的他没有丝毫慌张，而是立即命士兵下马布结防骑之阵，然后用汉朝强悍的弓弩去射击这些冲杀而来的乌桓骑兵。

汉朝的弓弩，其技术传承于战国时的韩国，后来经过数百年的发展，到现在，其杀伤力已是天下之最，同时也是四方骑马民族最为畏惧的武器，所以这些乌桓骑兵还没等冲到汉军近前便被汉军射得人仰马翻。

乌桓大人不敢再冲，只能将汉军团团围住，意图和汉军消耗下去，反正汉军只有随身军粮，吃食并不能坚持几日。

可就在次日夜晚，汉军已经重新补充了体力，耿晔立即率领他们对乌桓人进行了突击。

耿晔带领的这些汉军骑兵都是当时最为精锐的专业突骑，突击能力自是没的说，所以乌桓所谓的包围圈根本挡不住他们，瞬间便被突出了一条口子，然后扬长而去。

对此，乌桓大人感觉极为羞辱、愤怒！于是率军对汉军展开疯狂追击。

但同样都是骑兵，人家耿晔已经先一步离去了，你上哪儿去追？所以，当这些乌桓骑兵追上耿晔的时候，人家耿晔早已经进入蓝池城，并做好防御措施了。

攻城？乌桓大人不敢，但就这么退去乌桓人还非常不甘心，便只能将蓝池城团团围住，走一步看一步吧。

可汉人却不会给你乌桓人这个时间。因为当北方的狼烟燃起之时，身在洛阳的汉顺帝便已经知晓了。

于是，汉顺帝下令边郡各地，必须要在一个月之内组织士兵前往救援蓝池。

所以一时间，整个北边地频繁调动，果然在十一月就组织了一支规模较大的军团前往蓝池。

那乌桓大人见汉援军即将到达，只能无奈撤退。

5.8 河南尹梁冀

公元136年七月，一天朝会上。

现在的汉朝，已经有很长时间没有过清流在朝中奏事了。那些在朝会之中向汉顺帝汇报工作的要么就是中立派，要么就是宦官和外戚们的走狗。

为什么呢？因为那些敢于向外戚和宦官叫嚣的清流们要么被赶出了京城，要么就被罢为了平民，甚至有的官员被残忍地杀害，以至于现在还在朝中的清流之士少得可怜，哪怕还剩那么几个也势单力孤，便是心中有所想法也不敢再和汉顺帝提及了。

对于此种现象，汉顺帝表示很奇怪，不明所以，于是在这一天的朝会上，汉顺帝叫出了张衡，询问他对于现在的朝政有什么想法。

那些紧随着汉顺帝身边的宦官们害怕张衡说他们的坏话，于是一个个都凶狠地盯着张衡，用眼神杀来威胁。

张衡自是不畏惧这些宦官，但同时他也知道，自己说什么汉顺帝都不会采纳，反而会赔掉性命。与其这样，还不如缄口不言。于是张衡只是对汉顺帝敷衍了事便默默退去了。

可哪怕是这样，这些宦官依然对张衡不放心，害怕哪一天这个人会坏了自己的大事。于是这些宦官通过种种手段来诽谤张衡，终于在这个月的末尾将张衡赶出了京城，让他到河间国担任一国之相，意图借河间王之手弄死张衡。

当时的河间王是哪位刘氏宗亲史书未表，只说这河间王霸道骄奢，不遵守法度，再加上河间国在河间王的糟糕治理下土豪遍地，黑社会乱象层出不穷，所以法度非常混乱。

汉顺帝身边的那些宦官们认为，类似于张衡这种极清廉之官到河间国以后早晚会和河间王产生矛盾，进而被河间王所杀，所以才让张衡前去河间国。

但结果却大大出乎这些宦官所料。史书中也没有表张衡是怎么做的，总之他到河间国没多长时间，河间王就被张衡收拾得服服帖帖。一个月之内，河间国那些不守法度的豪族和黑社会全都被张衡一锅端，整个河间国在瞬时上下肃然，百姓们都对张衡的治理称赞有加。

这之后，张衡大力发展河间国的农业和经济，只短短一年时间，河间国便成了全国经济增长最快的一国。

可朝廷并没有因此提拔张衡。为什么？因为汉顺帝根本就不知道张衡的政绩，他的政绩全都被宦官和宦官的狗腿子们压得死死的。

这之后连续三年的时间里，河间国在张衡的治理下越发繁荣，几乎每一年张衡的政绩都是最好的，但汉顺帝依然不知道，似乎在他的心中已经将这个能臣给忘得一干二净。

三年以后，心灰意冷的张衡上疏汉顺帝，请求辞去河间相的职位。而直到这时候汉顺帝才想起汉朝有张衡这么一个人。

但汉顺帝没有批准张衡的辞呈，反倒将其调到宫中担任了尚书令一职，但当时汉朝已经乌烟瘴气，张衡就算是担任了尚书令也再没有了什么作为。

至此，汉朝已经距离灭亡越来越近了，我们还是再将目光瞄回公元136年吧。

这一年十月，也就是张衡被赶出京城的三个月以后，澧中、溇中、象林蛮皆反对汉朝统治。至于原因，则是当地官府欺压这些少数民族，不但给他们增加税款，还各种欺诈。这些蛮子派人到京城去告御状，但却都被宦官的那些狗腿子挡了回去，所以汉顺帝根本就不知道地方的情况。三蛮在无奈之下只能反叛汉朝的统治，为自己拼得生存和自由。

十二月，白马羌开始袭击汉朝边境，诸羌也在这一时间段蠢蠢欲动，准备瓜分东汉这个大蛋糕。

然而汉顺帝现在在干什么呢？他正在疯狂地提拔梁冀呢。

自从朝廷的那些清流们一个一个被赶出京师以后，汉顺帝便再无顾忌，遂疯狂提拔梁氏一族，各种任人唯亲。梁冀更是从侍中之位一路升迁（侍中—虎贲中郎将—越骑校尉—步兵校尉—执金吾），一直坐到了执金吾一职。

可就是这样汉顺帝依然不满足，遂于本月再提梁冀为河南尹。

梁冀当上河南尹以后凶狠残暴、为所欲为，只要是他看上的，除了女人以外什么他都要抢夺。

那梁冀的诸多恶行虽然招致河南百姓的不满，但因为他的背景太硬，也没有人敢说些什么，甚至在朝中的一些官员为了溜须拍马梁氏一族，还在汉顺帝面前夸赞梁冀，说他如何如何有能力，如何如何为国为民。而这些，汉顺帝选择全部相信。

当时梁商的门客中有一个叫吕放的人，对于梁冀的为所欲为实在是看不下去了，便将这些事全都告诉了梁商。

梁商听闻以后大怒，把梁冀叫到身边便是劈头盖脸地一顿骂。

梁冀怀恨在心，买通刺客，将吕放残忍暗杀。

同时，为了不让梁商怀疑这事儿是自己干的，梁冀还提拔了吕放的弟弟吕禹为洛阳令，对他非常好，并声称找到了证据，杀死吕放的正是京城的一户大族。因为这一户大族的族长和吕放曾有大仇。吕禹便对此深信不疑，于是直接带人将这族长及其族人、门客一百余人全部杀死。

此丧尽天良的屠杀行动在当时震惊了整个京城，这完全就是视国家法律于无物，但因为这后面有梁冀的影子，所以此事也就不了了之了。

由此可见，现在的汉朝已经黑暗到了一种什么地步。

5.9 乌烟瘴气

公元137年春季，蛮族各部在三蛮的带领下接连反对汉朝的统治，至本年春季，部队的人数已经发展到了三万之数。京师为此震动不安，汉顺帝广求文武双全者为武陵太守，镇压一众蛮族。

当时也不知道是哪个大臣以性命作保推荐了李进。汉顺帝见实在无人可用，便死马当作活马医，用李进为武陵太守，让他平定叛乱。

然而这一用，还真起到了非常的效果。（李进，字子贤，在当时，他和赵云的师傅童渊武艺并列天下第一，年纪没有多大便已经属于泰山北斗级的武术大宗师）

那李进进入武陵以后，立即将全郡的郡国兵组织在了一起，然后亲自带着这些正规军正面迎击数倍于自己的庞大蛮军。

李进凡战必冲锋在前，手中宝剑让他用得出神入化、沾之必死，汉军在他的带领下士气节节攀升，悍不畏死，蛮军在他的打击下一退再退，不久便溃不成军。

而就在蛮军即将彻底溃败之时，李进却突然遣使与蛮族首领和谈，并向此蛮族首领保证，只要他李进作为武陵太守一天，就绝对不会欺压蛮人，还会给他们非常好的政策，让蛮族百姓衣食无忧。

现在的蛮军已经兵败如山倒，别说那李进好言相劝，就算是用武力来威逼他们投降他们也没有二话，所以蛮族首领当即答应了李进的要求，率众回到本来的领土。

这之后，李进确实没有食言，他不但明令禁止郡中官吏不得欺压蛮人，还创立边市，和周围蛮人做买卖，很快便将武陵的经济带了上去，使得这些蛮人和汉人之间相处得其乐融融。

与此同时，广汉属国都尉亦击退了白马羌。东汉周边的兵祸皆被平定。

四月，京城发生了地震，在这地震过去的次日，一封匿名信不知通过什么手段竟传到了汉顺帝手中，信中说山阳郡宋娥这些年来勾结奸佞之辈陷害忠良，贪污受贿，并且证据确凿。

汉顺帝最开始本想将这件事情给压下来，但这匿名信不知何故又多出了许多，且相继传到了很多人的手中。

一时间，朝野震动，虽然没人敢在明面上对汉顺帝说些什么，但舆论压力已经将汉顺帝压得喘不过来气了。

最后，汉顺帝在万般无奈之下只能将宋娥贬为平民，并送其回到老家。黄龙、杨佗、孟叔、李建、张贤、史泛、王道、李元、李刚这九侯也受到宋娥牵连而被遣回封国，并削四分之一食邑。

五月，日南蛮、象林蛮等南蛮种族相继反叛汉朝的统治，并攻杀县邑官吏。交趾刺史得讯以后迅速征集郡国兵一万余人准备救援，但因为现在汉朝的那些官吏们贪污腐败严重，经常克扣军饷，所以很多地方的士兵对于行军打仗非常反感。这其中还要数交趾和九真二郡为最。

所以，这两郡的士兵拒不服从命令。甚至公然反对汉朝的统治，起兵造反。

于是，南部诸蛮无人治理，蛮族的势力逐渐转强。

八月，江夏又突然出现了一堆盗贼，他们攻杀邾县县长，抢夺本县财物，扬长而去。

十月，现在朝中仅剩下的几个清流之一，太尉王龚此时正在家中穿戴整齐。他手中拿着写好了的奏书，表情一片肃杀便要出门去往皇宫。

家人见其表情如此郑重，当即断去了他前行之路，死活要看王龚手中的奏书。王龚不给看，他们便直接硬抢了过来。

结果，奏书之上全都是参奏中常侍等宦官的文章，说现在宦官几乎权倾朝野，希望汉顺帝能够将这些宦官一举斩杀，还朝廷一个朗朗乾坤。

王龚这些家人吓蒙了，直接将王龚给赶回了家中，宁可死也不让他前往宫中上奏，并同时举了杨震的例子，说现在的汉顺帝还不如当初的汉安帝，他就是死了也不会起到半点儿效果。与其这样，为什么还要去送死？

就这样，在家人拼了命的阻止下，王龚才没有前往宫中上奏。由此可见，现在的宦官已经嚣张到了一种什么地步，而汉顺帝又昏庸到了一种什么地步。

公元138年四月，九江蔡伯聚众造反，他抢夺资源，杀害郡县长官，然后隐匿于山川大泽之间。周边郡国兵正要讨伐，蔡伯却派人到州郡宣布投降了。

汉顺帝秉承了多一事不如少一事的原则答应了他的投降请求。

于是，蔡伯一众人平白抢夺了那么多财物却被判无罪，此举使得天下唏嘘。

五月，九真和交趾的叛军见蔡伯投降了都没有被判有罪，便也派遣使者往洛阳投降。结果，汉顺帝再一次原谅了他们，并叛他们无罪。吴郡丞羊珍见这买卖这么好做，便也想勾结亲信造反，意图抢得肚满肠肥以后再向汉廷投降，可消息提前泄露，羊珍被当地政府一把手斩杀，谋反行动以失败告终。

八月，汉顺帝为增强汉朝的军事力量，乃下诏大将军、三公推荐将帅之才为朝廷任用。

当时，那些有点儿门路和关系的人听闻此事都想让家中的小辈们被推荐，但他们并没有去走三公和大将军的后门，而是一个个全都找到了朝中的那些宦官们，希望他们在大将军和三公的面前美言几句，将自己的后辈们推荐上去，因为他们知道，这些太监如果去求大将军和三公，他们一定会给面子。

而这些宦官呢？来者不拒，就看谁给的钱多，只要你给我钱，我便去大将军和三公那里推荐，甚至有胆大的直接找到了汉顺帝推荐。

一时间，整个宫廷乌烟瘴气，太监们忙里忙外地替汉顺帝"搜刮人才"。

而在这些宦官之中，其中一个叫曹节的最得汉顺帝欢喜（此曹节便是曹腾之养父，曹操的养曾祖父）。他就通过了委托，找到了大将军梁商。

梁商哪里敢得罪这个汉顺帝身边的红人，乐呵呵便答应了曹节的请求。

这还不算，梁商还让自己的儿子——梁冀和梁不疑与曹节结交，意图更加巩固梁氏一族在朝中的权力。

其他的那些宦官见曹节这老宦官左右逢源，忌妒得不行。

于是，已经忌妒红了眼的中常侍张逵、蘧政和杨定便打算将曹节给拉下神坛。但具体应该怎么做呢？难道要直接攻击曹节吗？

不行，曹节是现在汉顺帝身边的第一红人，还和满朝文武处得特别好，又得到了大将军梁商的力挺，根本不是他们能动得了的。

所以，他们将目标转移到了曹节身边的亲信上。

那谁是曹节的亲信呢？不用说，现在曹节在宫中最亲信的两个人便是孟贲和儿子曹腾了。

于是，这三个中常侍便打算拿此二人开刀，便上疏汉顺帝，称曹腾、孟贲准备和梁商勾结，暗中征召天下诸侯王于京师，然后发动武装政变，废除汉顺帝而新立诸侯王为帝。

那汉顺帝一听张逵等人的话以后便哈哈大笑地道："大将军父子是朕身边最亲近的人，曹腾和孟贲都是朕最宠爱的宦官，他们在朕的身边会得到最好的东西，怎么可能会反叛朕呢？我看你们只是忌妒人家得到我的宠爱而已吧。算了，退下吧，这次就算了，下一次不要再用这种小儿科的手段来哄骗朕了。"

虽然汉顺帝放了张逵一众人，但这些宦官却不会轻易罢休。反正现在已经将梁商和曹节等人都彻底得罪了，不如狠下心来彻底将他们整死，不然等梁商一众人回过神来，死的便是自己了。要知道，这些宦官和外戚没有一个不是狠角色。

于是，张逵等人次日便假传圣旨，准备逮捕自己的政敌，瞒着汉顺帝将他们全部诛杀。到时候生米煮成熟饭，料想汉顺帝也不会拿他们怎么样。

可这事却提前泄露，汉顺帝闻讯大怒，遂将张逵一众人全都收押斩杀，这一次乱局才算是告一段落。

不过从此件事也能看出来，东汉末期的宦官在汉顺帝的纵容之下已经嚣张到了什么地步。

5.10 南匈奴之祸

公元138年十月，烧当羌那离率军侵犯金城，为校尉马贤所击败。

同月，以几个月前张逵"谋反"事件为由头，京城中的宦官们开始狗咬狗，相互以此事进行攻讦。

于是，受到牵连的人越来越多，甚至有一些和此事沾不上半点儿边的清流官员也因此而遭到了殃及。

梁商怕这件事愈演愈烈，进而动摇国本，遂上奏汉顺帝，希望将此事赶紧结束。

汉顺帝亦感觉事态的发展越来越超出自己的掌控，所以提前结案，并下令宫中不准任何人再因此事参奏。

公元139年二月，汉顺帝再升梁商之子梁不疑为侍中、奉车都尉，使梁氏一族在朝中地位更加巩固。

同年，汉朝仅剩下的几个清官中的张衡亦离开了人世。

公元140年二月，南匈奴句龙王吾斯和车纽突然率部突袭了汉朝河西郡，抢夺了很多的物资。

这还不算，这两个南匈奴人还找到了右贤王，忽悠他也带着本部兵马寇掠汉朝。而南匈奴右贤王见两人所抢夺的资源实在眼红，又听闻现在汉朝政治昏暗，乃从二人之计，将所辖兵马分两路突袭汉朝，一连攻破了代郡和朔方郡，所抢夺的资源无以数计。

度辽将军马续和护匈奴中郎将梁并听闻此事以后，立即集结了两万多郡国兵开始对南匈奴展开报复，并袭击了吾斯和车纽的驻地，大胜而回。

右贤王听说此事以后非常害怕，便聚集士兵防御边地，并遣斥候遍地，以防汉朝大兵什么时候心血来潮再突袭他一下。

由是，汉、匈边地一时之间处于箭在弦上的态势，随时可能擦枪走火。汉顺帝对于此事非常重视，便遣使者往南匈奴单于处对此事进行调查。

那南匈奴单于本就没参与此事，按说稍稍调查一下也就完了。可那使者却狠狠地训斥了南匈奴单于一顿，并逼迫他前往护匈奴中郎将梁并那里道歉。

这南匈奴单于被汉朝的使者吓破了胆，竟真的脱下帽子，赤着脚往梁并处向其道歉。

南匈奴人因为此事大恨，都认为这是汉朝给他们的侮辱，所以汉匈之间的关系越发紧张。

汉顺帝因此大恨，直接将梁并给弄回了京城，并派遣了一个叫陈龟的为新任护匈奴中郎将。

可谁都没能料到，这个陈龟要比梁并更加不堪。

陈龟上任以后直接将南单于和他的弟弟还有左贤王招到了大营，对他们一顿痛骂，通过种种理由逼迫他们自杀。

最后，南匈奴单于、左贤王以及南单于的弟弟没有丝毫办法，只能自杀了事。

可这三人死后，事儿却大了。

为什么呢？因为这事儿以后，几乎所有南匈奴人全都对汉朝同仇敌忾，无数的匈奴骑兵不断游走于汉朝边境，蠢蠢欲动。

汉顺帝真是被这帮愚蠢的贪官污吏给气蒙了，便以最快的速度将陈龟弄到了监狱里，然后重新任命了护匈奴中郎将。

可这一切都晚了。

以右贤王为首，无数的南匈奴骑兵逐渐往汉朝边境靠拢，小规模寇掠行动不断上演，大将军梁商因此上奏汉顺帝，请朝廷遣数万中央野战军往北边境，并以度辽将军马续为主帅，准备防御南匈奴即将而来的狂攻。

马续得到中央派出的援军以后，立即在北边境布置了超大防线，守得叫一个水泄不通。南匈奴虽数次侵略，却都没得到什么实惠。

而汉军这边呢，只防守，不进攻。

三个月以后，马续感觉礼数已经尽到了，南匈奴的气也应该撒得差不多了，便派遣使者往南匈奴诸部，表达了汉室的歉意，并声明汉朝皇帝已经惩罚了之前那些逼迫南匈奴单于自杀的祸首，希望南匈奴能够和汉朝"再续前缘"。

南匈奴右贤王和吾斯、车纽等部皆无反应，但其他那些随大溜的匈奴人这时候反汉的心情却是没有那么坚决了。

所以，他们瞒着这些大佬偷偷投降了汉朝，只一个月之内便走了一万三千多口匈奴人。

吾斯等人见此大惊，如果再不采取行动的话，恐怕最后除自己的部众以外，所有的南匈奴人全都会逃亡的。

基于此，吾斯和右贤王经过反复磋商以后，终是扶立了车纽为新任南单于，这才止住了南匈奴诸部投降的势头。

车纽上位以后，见汉军来势汹汹，人数众多，实非自己一个南匈奴所能敌也，便勾结乌桓、西羌及各个胡族数万人在同一天从各个方位向汉朝发动了突袭行动。

一时间，并、凉、幽、冀四州皆被"胡匪"所侵，民不聊生。汉顺帝无奈，只能将各郡郡治向后迁徙，再一次收缩防线。

同时，汉顺帝还命马贤为征西将军，率左右羽林五校精锐及各州郡郡国兵共十万屯驻于汉阳郡，准备随时对诸羌发动攻击。

九月，马续突然率全部汉军向南匈奴发动攻击。车纽不敢怠慢，遂命手下将领带几乎全部兵马前往迎击。

可让人匪夷所思的是，汉军进入南匈奴境内以后却修筑营垒按兵不动，就这么死死地拖着匈奴人而不发动进攻，这令南匈奴人大为不解。要知道，汉军进攻南匈奴战线可是拉得不短，这么拖下去的话粮草很快就会被耗尽的。

不过很快，南匈奴人便知道马续为什么要拖延他们了。因为就在几日以后，中郎将张耽突然率全部幽州突骑从东方突袭了南匈奴的王廷。

现在王庭之中的主力部队基本上全都派出去抵挡马续了，王庭之中仅有不到一万的士兵，这如何能是汉军的对手？

结果，汉军在南匈奴王庭之中一顿屠杀，车纽见实在敌不过汉军的突击长枪和首环刀，便只能宣布投降。而身在前线抵挡马续的南匈奴士兵们见单于已经投了降，遂军心涣散，每个人都有重新向汉朝投降的想法。

吾斯见大势已去，只能率本部兵马提前逃走，投奔了乌桓人。

5.11　狼将的悲鸣

公元140年九月，率京师五部特种兵及各郡正规军共十万大军的马贤已经入驻汉阳数个月之久了。可这期间马贤从来都没有向诸羌发动过哪怕一次进攻，只是在汉阳纹丝不动，不知何故。

朝廷相关大臣听闻此事以后集体弹劾马贤，有说他畏敌怯战的，有说他贪图享受的，还有说他图谋不轨的，总之说什么的都有，但汉顺帝却对这些人的弹劾嗤之以鼻。因为马贤这一辈子都在和羌人抗争，且胜多败少，具有相当丰富的战争经验，所以说他畏敌怯战是绝不可能的。

至于其他的汉顺帝就更不相信了，要知道，马贤为官这么多年很少传出过什么"绯闻"，是汉朝少有比较自律的官员，士兵也愿意为了马贤而去战斗，所以汉顺帝根本就不相信这些弹劾，他只认为，马贤有更大的图谋，这才一直到现在都按兵不动。

史料记载，在一个月以后，也就是公元141年正月，马贤竟然只带五六千骑兵进入且冻羌境内，并在行进至射姑山的时候被且冻羌的伏兵所击，马贤和其两个儿子全都死于乱军之中，至于战斗的过程，以及那谜一般的十多万精锐哪去了，史料无一记载。

而这一次战败以后，诸羌完成了会师，从此更加强大且肆无忌惮。

本月下旬，击败了汉军的诸羌种部全面寇掠汉朝边境，其中巩唐羌最为"耀眼"，用十多天的时间连续寇掠了陇西和三辅诸多县邑。

朝廷新败，对这些强盗在短时间内亦无可奈何。幸得武威太守赵冲率全郡士兵坚决抵抗此羌，这才使损失没有进一步扩大。

但武威虽然得到了保全，其他地方的羌祸却频繁不断，这就使得朝廷西北边地成了"乱世"，而但凡乱世，总能造就英雄。

当时西北的安定有一个叫皇甫规的普通平民，这个平民虽然没有什么尊贵的身份，但从小就酷爱兵法，年纪轻轻便通晓兵书百部，是一个不折不扣的军事天才。

当初马贤屯兵汉阳，皇甫规就曾上书地方政府，声称马贤必败，请地方政府能将自己的奏策上交到洛阳。

一个普普通通的平民，还批评著名将军马贤的能力，是不是太过于狂妄了？

地方政府的官员根本就没拿他当回事儿，便把他打发了。

可一段时间以后，马贤真的败了，并且这一次败得过于彻底，连命都没了。紧接着，羌祸来临，边地受灾，安定自然也是首当其冲。

直到这时候，那个地方政府的官员才想起皇甫规这么一号能人，遂命其为功曹，给了他八百正规军，让其率领部队和西羌人交战。

结果，皇甫规带领的这八百正规军但凡遭遇小团羌人都能大获全胜，和汉军一起与诸羌大集团军作战也经常能拿到首功，前前后后竟斩杀了数千羌人士兵。

地方太守有感皇甫规之功，遂将其提拔为上计掾，并给了他更多的士兵，让他打击羌人。

这之后，皇甫规频频出征作战，凡战必胜，没过多长时间便将整个安定一带的羌人全都给扫荡清了。

由于武威和安定两郡打击羌祸非常成功，汉顺帝遂重赏两郡太守和将官，甚至单独点名了皇甫规这个之前名不见经传的小人物。

此举使得周边各郡的太守和将官士气大振，便开始在两郡的带领下展开全面反击。

诸羌侵略者见汉军士气复振，有感大事不可再为，遂退出汉朝领地，以待后续时机。

诸羌撤退了，可锐气正盛的皇甫规却不想这么放过他们。现已经成为上计掾的皇甫规偷偷瞒着顶头上司给汉顺帝上了一封这样的奏疏：

"末将皇甫规请奏陛下，当初在西羌军队还老老实实的时候，末将就预言他们一定会再次反叛。当初在马贤入驻汉阳的时候，末将就预言他必败无疑！这几年来，末将曾提出了好几次西北战略预言和应该采用的应对方针，最终全都言中了，但本郡太守却始终不肯将末将的建议呈给陛下一观，如今末将的能力陛下您已经看到了，如果不相信末将的话您可以派人来安定调查，如有半句虚言，末将愿献上头颅。西羌，一个卑微的少数民族群体，他们兵器落后，文化近乎没有。曾经，这些人根本不敢侵入我大汉疆土半步，可如今为什么如此肆无忌惮呢？末将认为，这并不是因为国家安定，进而使得士兵们战斗力下降，而只是因为四个字——贪污腐败。朝中现在是什么情况末将并不知晓，末将只知道，现在边境的这些将领们已经腐败透顶。陛下您知道吗？在和平安定的时候，这帮边境所谓的将军们克扣军饷，并带着士兵们骚扰欺辱百姓，无恶不作。在有异族入侵之时，这些将军有半点儿微弱的功劳便会大肆宣扬，而遇到失败便会通过各种途径来隐瞒不报。于是边境战斗力越来越差，统率这些士兵的将领皆为猪狗之徒，不能有半点儿作为。所以现在大部分的士兵都被怨恨的心情充斥着，被奸猾的将领统领着，所以他们阵前不能痛痛快快地战斗立功，战后又不能维持温饱来保全自己的性命，因而常常饿死在荒野之中，尸骨暴露于原野。这便是末将手握大计而叹息不已的原因啊。说这么多不为别的，只希望陛下能够相信末将，给末将北地两郡骑兵（突骑五千）和两个边郡的治理权。这之后，末将拿人头担保，这些羌族人便不能再进入我大汉边境一步。非但如此，末将还敢在此立下军令状，十年之内必率本郡精锐突入诸羌种部，将其屠戮殆尽，永久解除羌祸。"

可惜汉顺帝看过此封奏疏以后并没有半点儿理睬。他只看到了一个背叛自己上司、以污蔑同事而力图升迁的无礼之徒。

皇甫规啊，看来距离你出头还要等好久。

5.12　人如其名

公元141年五月，护匈奴中郎将张耽和度辽将军马续分兵两路，分别在同一时间攻击了乌桓本部和吾斯在乌桓的驻地，并且都取得了胜利。可惜最后并没有擒获乌桓大人和吾斯，却逼迫他们将领地向后迁徙，远离了水草肥美的原住地。

下旬，巩唐羌侵入北地，大败本地郡国兵，疯狂寇掠而还。

七月，朝廷突然下达了一个让人瞠目结舌的指令，那就是向全天下有钱的人每户借钱一千。

八月，汉朝大将军梁商突然患重病，众多朝中医师久治不愈，最终宣告这老家伙活不过今年了。

梁商见自己的身子已无药可医，便在死前将自己的儿子梁冀和梁不疑都叫到身边说："我活着的时候并没有为国家做什么大贡献，还得到了陛下无尽的赏赐，死后怎么能浪费国家的财产呢？我死以后，包裹着身体的东西用被单便可以了，放在口中的含玉也不要添加。至于其他陪葬的金缕玉衣、珠宝金银等更是不要添加。我这样做不仅是给我梁商留名声，同时也是给你们留一条后路、留一条命，切记切记。"

数日以后，梁氏一族族长梁商病逝。梁冀和梁不疑本想按照老父的意思简办葬礼，但汉顺帝说什么也不肯，而是以极为隆重的国葬葬了梁商。

这之后，梁冀继承了梁氏族长之位，还被汉顺帝封为了汉朝新一任大将军，梁不疑也被封为了河南尹。梁氏一族，现在朝中已独掌政权，除汉顺帝和整个宦官集团外，无人能够动摇。

九月，羌人诸种联合在一起攻击武威郡，武威太守组织本地郡国兵疯狂抵抗羌族的进攻，使得羌族没有得到什么实惠。

十月，无数的羌族种部寇掠凉州边境，使得整个凉州震动惊恐。汉顺帝只能再次将凉州各郡郡治向后迁徙，将防线收缩，并在三辅增设一万五千中央野战军，准备随时防御羌族的入侵。

此时的南部荆州地区，因为遍布贪官污吏的关系，这地方越来越多的人民开始反抗起汉朝的统治。他们自发组织在一起抢夺官府，掠夺百姓财产，之后隐藏于山川大泽之间，地方官府那些废物虽数年征伐却都无法平定。

朝廷因此命大将军从事李固为荆州刺史，主管这档子事。

李固到任以后，并没有对这些反叛汉朝统治的百姓进行征伐。相反，他还赦免了这些百姓所犯的罪孽，并严厉查处荆州那些贪污腐败的贪官。

一时间，整个荆州的官员战战兢兢，整日如履薄冰，再也不敢明目张胆地侵犯老百姓的利益了。

那些反叛朝廷的百姓们见李固如此雷厉风行，便也投降了李固，重新下地去耕作他们的田地。

可让这些老百姓万万没想到的是，好不容易盼来一个清官，没做几个月就被弄下去了。

原来，李固所查处的那些官员基本上都和梁冀有说不清道不明的关系。他们被李固抓到监狱以后，这些人的亲属便立即派人前往京城告诉梁冀，希望梁冀能想办法将这些人救出来。

梁冀也怕查来查去把他给卷进去，所以用八百里加急之速遣使往李固处，软硬兼施地让李固将这些人都给放了。

李固却坚守底线，说什么都不肯放掉这些人，并声称对于这些贪官污吏，他一定要严查到底。

于是，梁冀大怒，直接上疏汉顺帝，声称李固到任以后不干正事，只知道诬陷同僚，现已经将荆州闹得鸡犬不宁。

汉顺帝对梁冀就像儿子对老子一般听话，一听李固不干正事，根本连调查都没有便直接将其贬到泰山去了。

这之后，荆州没过多长时间便再次乱了起来，盗贼越发增多，官府依然无法制止。

公元142年，汉顺帝开始在承华殿外围设置承华厩，以此增加中央战马的产量。

八月，汉朝立某具有王室血统的南匈奴人为新任南匈奴单于，汉朝和南匈奴之间的关系得以缓解。

此时的朝廷，已经有越来越多的官员对汉顺帝表示不满，不管是地方的清流还是留在京师的清流，他们都上奏汉顺帝，希望汉顺帝能够睁开眼睛看看现在的天下，那些贪官污吏已经猖獗到了一种什么地步。

汉顺帝不想处理这些让他头痛的事情，因为他自己也知道，但凡是地方上的贪官污吏，都和他身边的近臣或者宦官有直接的联系。

但这一次汉顺帝实在是躲不过去了，因为请求汉顺帝彻查天下贪官的奏折都快堆满了他的书房。

无奈，汉顺帝只能命一些亲信前往地方进行查处，意图应付了事。

可天下那些清流们一听检查团净是这种货色，一个个都不干了。他们联合上疏汉顺帝，声称派往地方的官员必须是朝中的清流，拥有良好的口碑，甚至应该派谁这些人都给汉顺帝上书写明了。

于是，汉顺帝只能将已经选好的人撤了回来，换上京城中声誉比较好的官员组成调查团往各个地方进行调查。他们分别是杜乔、周举、周栩、冯羡、栾巴、张纲、郭遵、刘班。

这之后，他们分别前往了天下各地。只有张纲，这个性情刚烈的清廉之臣没有出发，并在家中痛骂：“如今豺狼当道，却放着不审，而要去审察那些地方官，这又有什么用，这又能解决什么问题？”

于是，张纲直接上奏汉顺帝弹劾梁冀：“大将军梁冀，因为外戚的关系而深受陛下恩宠。可他却不肯履行自己的职责，反而大肆贪污受贿，任情纵欲。

我现在列出已经知道并证据确凿的十五项罪责弹劾梁冀，请陛下将这祸害国家的蛀虫绳之以法。"

奏折递上去以后满朝震惊，因为张纲递上去的证据实在是太充分了，让人不相信都不行。

可汉顺帝呢？看到奏折以后就好像不知道这件事一样，什么表示都没有，甚至连一点儿的口头教训都没有给梁冀，这便让梁冀更加猖狂。

从这以后，直到汉顺帝死前，都再没有任何一个人敢参奏梁冀了。

再说那些派下去的检查团。

这些人回来以后先是狠狠地表扬了李固，认为泰山郡在他的治理下国泰民安，政绩应该评为天下第一。

汉顺帝遂将李固招至京中，并任其为将作大匠。

之后，这些清流们又列出了一张极大的单子，上面列满了各个地方的贪官污吏，希望汉顺帝能够惩罚他们。

可这些贪官污吏基本上都和梁冀等外戚及宦官有脱不开的关系，一经查出牵连太大，所以汉顺帝便将这事儿给压下去迟迟不肯处理，意图等风波过去以后将这事儿给搅黄了。

九月，广陵人张婴聚众起义，抢夺郡县，势力扩展非常迅速，旬月之间兵力便上升至一万多人，官府根本不能制，遂上报朝廷，请中央派兵前来镇压。

大将军梁冀因为痛恨张纲之前弹劾他，便上奏汉顺帝，请张纲前往广陵为太守，镇压这次叛乱。

同时，梁冀还声明凭张纲的德行和声望，根本不用士兵便能将这些反贼给镇压。所以，他一个援兵都没有往广陵派。

这明显就是公报私仇啊。可汉顺帝竟然准了。

可哪怕明知道梁冀是让他去广陵受死，张纲还是毅然决然地去了。

那张纲到了广陵以后，甚至都没有调查，便独自一人往张婴的大营而去。广陵诸将官不知这新上司是何意，但他们知道，绝不能放任张纲一个人前往张婴大营，因为那就是去送死，到时候他们也好不了，所以便遣军队随张纲前往张婴的大营。

而此时的张婴也不知道从哪里得来的信息，说朝廷已经派张纲前来征讨他。一听是张纲，张婴觉得不好办了，因为他久闻张纲的大名，对其非常敬仰，不想和张纲有任何武力上的冲突，便将大营之门紧锁，如果张纲不对他进行武力攻伐，他是绝对不会主动去攻击张纲的。

见此情况，张纲心中大概有了一个谱，知道这些所谓的反贼是怎么回事了，便对下面的官员下令，让他们带所有的士兵回去。

一众官员虽然对张纲此举表示不解，但既然新任太守都说话了，他们也没有必要非带着这些士兵和张婴死磕，便带兵回去了，只剩张纲一个人在张婴大营底下求见。

见广陵郡兵已经撤离，张婴哪还敢再晾着张纲，便赶紧将营门打开，并亲自迎接，以上宾之礼迎接张纲。

双方入座以后，张纲也没客气，直接进入了主题："现在的朝廷是一个什么样的局面我比你知道，现在天下各个地方的官员都是什么货色我比你知道，甚至你为什么造反我也知道。过去广陵历任太守大多都是一群贪婪残暴之徒，他们威逼你们，使你们心怀怨恨，更加无法生活，这才起义为自己挣得一条活路。这是可以理解的，但反过来说，郡太守固然是有罪的，可你张婴这样做也不符合天下大义。这点你必须承认。如今主上圣明，准备用仁德来抚慰你们受伤的心灵，这才派我来劝降你们，并承诺在你们投降以后不对你们施加任何惩罚，让你们重新回到田地里去正常生活。这确实是转祸为福的大好时机。可如果这样的话你还不肯投降，我想天子一定会震怒，进而征调荆、扬、兖、豫四州之军来讨伐你。到时候，不要说是你，怕是你的子孙后代也无法保全，还请你好好考虑清楚。"

话毕，张纲直接站起身来，然后流着泪给张纲跪了下来砰砰磕头："张大人，这话如果是别人说我张婴不会相信，但是你说的话我绝对信。我们这些人都是一些野蛮的愚民，本来是想上报朝廷的，可现在的情况是京城里没人根本报不上去，这才聚集在一起苟且偷生。我们现在就好像鱼儿在锅中游荡一样，每天都提心吊胆。试问谁愿意过这种生活？如今大人您来了，正是我们新生的开始。什么都不要说了，大人现在您就回去吧，明天便带兵来见，我一定会给您一个满意的交代。"

次日，张纲带了一些郡国兵和手下官吏再次来到了张婴的大营，可映入眼帘的一切却将这些官吏给吓蒙了。只见以张婴为首，后面呼呼啦啦地跟了一万多人。他们每个人赤裸着上身，将自己捆绑住，见张纲来到以后皆双膝跪地，场面好不宏大。

见此，张纲立即命手下士兵给这些平民松绑，然后再次独自一人进入了张婴的大营，和张婴及其心腹们把酒言欢。

就这样，震动三齐的张婴之乱被平定了。

这之后，张纲整顿吏治，将所有的贪官污吏全都赶回了老家，然后带领老百姓发展农业。广陵郡在张纲的带领下一片歌舞升平，人们对他心悦诚服。

此消息传到京城以后，汉顺帝对张纲有如此能力感到惊叹，便想封其为爵，可在梁冀和一众宦官的百般阻挠下，这事最终还是没成。

5.13 汉质帝

公元143年四月，屯驻在参狼一带的烧当羌于汉阳一带频繁活动，护羌校尉赵冲和汉阳太守张贡因此组织凉州一带的士兵对其进行驱赶，并在赶走了这些烧当羌人以后反过头来向参狼进击，意图将这些可恶的烧当羌人彻底赶出原住地。

烧当羌首领不敢和汉军硬拼，只能收缩防线，向西迁徙，弃掉了参狼。

十月，汉朝国库再次吃紧，汉顺帝遂于本月下达了一系列命令来充实国库。

本月上旬，汉顺帝禁止民间卖酒，诏令以后所有的酒都由国家专卖。

十二日，汉顺帝下令天下囚犯可以花钱赎罪（哪怕是死刑），花不起钱的，直接发配到临近羌族的边关服兵役。

十八日，汉顺帝下诏削减百官俸禄，大大降低了汉朝官员的生活水准。此举虽然给国库省下了一笔不小的开支，却让地方官员越发横征暴敛，汉朝百姓苦不堪言。

本月末，汉顺帝再下诏令，伸手向全国诸侯王借一年的食邑税租。

从以上这一系列情况来看，现在的汉顺帝，穷得连脸都不要了。

十一月，护匈奴中郎将马寔秘密遣人刺杀了身在乌桓的吾斯，虽然手段不怎么光彩，但终是将这个南匈奴祸害给弄死了。

十二月，因扬州、徐州的官府残暴贪婪，所以越来越多的百姓加入"盗贼"的行列，靠打家劫舍为生。史料上说地方官府不能制。

而就在整个天下都乱作一团的时候，广陵郡的百姓们却哭声一片。因为张纲在这一年死了。

广陵的百姓们既悲伤又不甘（为什么？好不容易盼来一个好官怎么一年就离我们而去），所以他们哭得撕心裂肺。张婴更是率五百多个兄弟身穿孝服，以父子之礼为张纲下葬。

四月，汉顺帝立年仅两岁的皇子刘炳为太子，改年号建康，大赦天下。

八月，随着时间的推移，扬州和徐州的农民起义军越来越多，再也不是所谓的"盗贼"能够形容的了。这其中尤其是九江人范容、周昌所组织的起义军最为凶悍。

这些人攻杀郡县之长，人数增长极快，在本月更是成功杀掉了扬州刺史邓显，使得朝廷大震。

因此，汉顺帝特派遣御史中丞冯绲带着中央野战军前往地方平叛。可那边军队刚刚出发，还没等到达目的地，这边汉顺帝便突然驾崩于玉堂前殿。

两岁的太子刘炳因此继位（第八任皇帝，汉冲帝），但实权却真正掌握在了已经成为太后的梁妠身上。

众多大臣因此心灰意冷，对朝廷不再抱任何希望。却没想这梁太后刚刚手握大权以后却直接将大司农李固提拔为太尉，还让其主持尚书事务，使其一夕之间权力大增。

李固是出了名的清官，并且能力出众，所以梁太后此举使得朝中一些清流眼前一亮，天真地以为汉朝还有希望。

沉寂已久的皇甫规见此，更是上疏梁太后，定下安天下三步策，请求梁太后先行诛杀梁冀，之后清空宫中一众宦官，最后以血腥的手段诛杀整个天下的贪官污吏，然后换上一批新的清官来治理天下。

皇甫规是一个杰出的军事天才，可他的奏书，实在太欠考虑。

首先，梁冀是梁太后的大哥，梁太后想要在宫中之巅站稳脚跟没有梁冀的大力支持是不行的。

其次，宫中宿卫基本上全掌握在梁冀的手中，而中原又没有正规军，所以在京城掌握了军权就等于掌握了天下，梁冀如果想在宫中发动政变那是非常简单的，所以梁太后断不可能执行皇甫规的这个计划。

但因为珍惜皇甫规这个人才，梁太后还是没有对他怎么样，并且将皇甫规的奏疏给隐藏了起来。

可那梁冀手眼通天，宫中里里外外遍布他的眼线，这封奏疏最终还是落入了梁冀的手中。

梁冀因此大怒，当即运用手中的职权将皇甫规贬为郎中，后来又以皇甫规有病为借口将其免职，遣送回乡。这之后一直到梁冀死去为止，朝廷都不敢再任用皇甫规，直到十多年以后，梁冀死去，皇甫规这个"汉末三将"之一的大将才得以重新回归。

十月，梁太后"整顿吏治"，象征性地将一些贪官污吏列为典型给收拾了，以此给天下百姓和京城之中的清流看。

可有心之人一看就知道，那些被贬为典型的所谓的贪官污吏，没有一个是有背景的。梁冀所提拔的官员更是一个没有，所以梁太后做的这些完全是多此一举。

十一月，扬州徐凤、马勉聚众起义，他们攻略郡县，残杀政府官员，以抢夺过来的粮食招纳部队，于是其部人数迅速蹿升，不久便达到了数万之众。

见此，徐凤称无上将军，马勉更是于当涂山称帝，并设置百官，建立了新的所谓"政权"。

十二月，扬州又有黄虎起义，并攻陷了合肥重镇，再次建立政权。

本月中旬，刚刚埋葬不到一年的汉顺帝之墓就被恨死汉顺帝的百姓给掘了。史书中没有说明汉顺帝的尸体被糟蹋成什么样子，但越是这样越引人联想。

公元145年正月，年幼的汉冲帝突然在玉堂前驾崩，大将军梁冀和梁太后商议以后，决定召全国诸侯王往京城觐见。

最终，两人共同选择了刘缵为东汉朝廷第九任皇帝，这便是汉质帝了。

那么汉质帝为什么会在众多王爷王子中脱颖而出呢？因为他有一个最大的优势，那便是他的年龄。

要知道，现在的汉质帝只有八岁，所以非常方便梁太后和梁冀控制。说穿了，这两人只想要一个能够控制得住的傀儡，仅此而已。

终

终　章

未完结的陌路

6.1 跋扈将军

话说自从那李固为太尉以后，经常一点一点地削弱宦官们和梁冀的党羽。

一开始梁冀等人还没怎么当回事儿，可这时间一长，梁冀可就发现了李固的那点儿小图谋。

于是，梁冀也开始百般为难李固，不管李固做什么都要从中阻挠。

李固见自己的图谋已经被梁冀识破，索性一不做二不休，直接和梁冀翻脸了。

公元145年正月，李固接连上奏梁太后，起草罢免京城及地方一百多个官员，这些官员清一色和梁冀及宦官沾亲带故，全员皆贪。

梁太后深深地审视了李固的奏折以后予以批准。

梁冀和诸多宦官因此大恨，于是联合起来上奏梁太后，用各种肮脏不堪的手段来诬陷李固。但梁太后同时也深深地知道，现在自己的哥哥权力已经过于庞大，如果这时候再把汉朝最后一个具有相当权势的"清流"给弄走，那么整个汉朝就要完了。

梁太后和当初的王太后一样，虽然想让自己的宗族强盛，但绝对不会将大汉皇朝拱手让人。不过和王太后有所不同的是，梁太后要更加聪明一些。

所以，梁太后并没有批准自己哥哥和一众宦官的诬陷，反倒是继续重用李固，意图以李固这批清流来对抗梁冀和诸多宦官，形成一种官场上的平衡。

同月，广陵张婴实在受不了新任广陵太守的苛政了，只能在万般无奈之下再次组织起自己的兄弟们起义，反抗汉朝的统治，他们接连攻下了堂邑、江都，并杀地方官，建立政权。

与此同时，无上将军徐凤也率本部兵马攻陷了曲阳、东城，并杀地方长官，灭掉当地官府。

本月下旬，梁太后大赦天下，意图用赦免的手段让那些反叛朝廷的起义军重新回归田里。可这些起义军根本不理会梁太后，依然寇掠无度。

三月，见自己颁布的大赦条令没有半点儿效果，梁太后只能准备派遣将军前往南方平叛。但现在有一个非常尴尬的问题摆在面前——汉朝没有将领。

要知道，现在稍微有那么一点儿军事才能的人要么被贬为平民，要么就到北方驻守边境去了，京城之中只有梁冀这个所谓的将军，却没有半点儿本事。

于是，梁太后无奈，只能召开廷议，让百官来推荐真正有本事带兵打仗的将才。

这回的推荐和往常可不一样了。要知道，以往的推荐只需要前去任职就可以了，基本不怎么用打仗，哪怕就是要打仗也不知道是多长时间以后的事了，到时候有足够的时间和借口推脱责任。

可这一次是立竿见影的，万一失败了，责任就会统统归到自己这边，于是，几乎所有的官员都沉默了。

见平时争先恐后往上推荐人才的官员这时候一声不吭，梁太后有种想哭的冲动。

可就在这时，李固走了出来，对梁太后深深一拜后道："太后，据微臣所知，现在的涿县县令滕抚有一定统兵作战的能力，应该够资格担任本次行军作战统帅。"

正事儿上，对于梁冀之流的贪官污吏梁太后是一万个看不上的。只有李固，在这方面他说什么梁太后就信什么。

就这样，滕抚率少部中央野战军会合南边境各州郡郡国兵前往讨伐扬州诸贼。

五月，滕抚大军至扬州，采用逐个击破战略，接连将徐义、马勉、范容、周生等起义军击破。

贼帅徐凤想要趁汉军忙碌之时奇袭东城县，但被滕抚看破，提前在此地布置伏兵。

结果，全无防备的徐凤被全歼，扬州的起义势力被大大地削弱。

于是，梁太后册封滕抚为中郎将，并督扬、徐二州军事。

六月，久未活动的鲜卑见现在汉朝的主力部队全都被拖在了西北，便突袭了代郡，大掠而回。

十一月，中郎将滕抚亲率大军前往广陵，对张婴一众起义军展开了连番打击。

张婴虽然起义的势头很猛，但手下都是些农夫，其战斗力根本无法和朝廷正规军相提并论，只要有一个合格的将领带领，这些起义军必定就不是对手。

所以，张婴被毫无悬念地击败了。虽不知生死，但从此也再没出现在历史的长河中。

下旬，滕抚又兵进九江，攻杀了黑帝华孟，平定了九江一带的叛乱。

徐州和扬州其他还残存的小股起义部队见滕抚如此勇猛，一个个或向其投了降，或偷偷解散了部队。反正一时间，徐、扬二州的起义军尽数消失，滕抚乃统部队回京报捷。

梁太后对滕抚这一段时间的表现非常满意，便对其进行了重赏，并封其为左冯翊，让滕抚从此步入了东汉的政治舞台中心。

两州的叛乱终于被平定了，但这种武力镇压最后真的有用吗？不知道，我就只记得当初张纲的一句话："豺狼当道，审问狐狸又有什么用？"

是呀，现在的天下有梁冀这个豺狼当道，你就是再打胜仗，杀了再多所谓的"盗贼"，那又有什么用呢？

本月下旬，益州刺史种暠揭发检举刘君世利用手中职权贪污受贿，克扣军饷。

此事在朝中影响相当恶劣，梁太后便命人将其抓捕到监狱中严审查办。

那刘君世相当窝囊，根本用不着廷尉署的官员审问他，到了监狱以后马上就尿了，以极快的速度将他的保护伞梁冀给供了出来。

原来，这刘君世曾经给梁冀奉献过一条制作精美的金蛇，梁冀便利用自己的关系和手中权力将这小子给提拔了上去。

梁太后得知此事以后也是一愣，但现在事情已经进展到了这种地步，再偏袒梁冀也是不可能的了，梁太后便只能将梁冀的金蛇给没收了，以此给朝中一众大臣一个交代。

而梁冀呢，也因为此事开始忌恨上了种暠。正巧这个月益州发生了动乱，巴郡人服直聚集了数百人自称天王，在益州一带从事抢劫活动。

这本不是什么大事，几百人的小队伍而已，千人的正规军足以剿灭。可地方上的那些官员却自作主张，逼迫本地的老百姓前去作战。

结果，这些没经历过大阵仗的百姓到达战场以后直接尿了，未等交战便全线溃散，致使后方不明所以的正规军也跟着溃退，导致服直军声势大振，使得越来越多的百姓前往投奔。

梁冀听闻此消息以后很是振奋，立即以兵败为由将种暠逮捕回京城。

这之后，梁冀向梁太后请示，希望朝廷能将种暠斩首示众。

梁太后不懂得军事，也不知道应该如何处理这事，便将李固招至宫中询问，李固对梁太后道："根据微臣所得到的情报，这次讨伐服直之所以会失败，和种暠并没有直接关系，而是益州地方官吏不听从种暠的命令，强用百姓为兵才导致了这场战争的失败。如果硬要用这种理由来强治种暠的罪过的话，我恐怕会伤了天下'士人'之心，所以还请太后能够三思而后行。"

梁太后对于李固的话历来都是很相信的，可这件事以后，梁太后虽然没将种暠给杀死，但也将其免官，削为了一名平民百姓。

为什么呢？因为之前梁太后已经将梁冀的金蛇给没收了，这回如果再驳了梁冀的面子，梁太后害怕会弄出什么乱子来。由此可见，对于梁冀，梁太后在大多数的时候还是忌惮的。

公元146年六月，通过将近一年的时间，年幼的汉质帝已经开始学着批阅公文、处理国政了。对于那些之前还比较畏惧的大臣，汉质帝面对他们也开始游刃有余。

同时，汉质帝在学习治理朝政期间，还经常派人去打听朝中的情况以及现在天下的民生。可打听过后得回来的情报却让汉质帝非常惊叹，同时心灰意冷。直到现在，这个年幼的小皇帝才知道，原来天下大权并不是掌握在自己抑或梁太后手中，而是掌握在大将军梁冀手中。

从此，这个小皇帝便记住了梁冀，记住了这个祸国殃民的大豺狼。

但汉质帝并不是西汉昭帝那种神童，所以他藏不住心中的一些想法。

本月三日，在一次朝会之上，那汉质帝是怎么看梁冀怎么不顺眼，突然当着满朝文武的面，指着梁冀冷冷地道："这真是一个跋扈将军啊。"

这一声评价以后，整个大殿针落可闻，怦怦怦怦的心跳声甚至都能听得到。尤其是梁冀，当他和汉质帝对视，看到汉质帝那冰冷的双眼以后，他害怕了，并且知道，如果继续放任这个小子活在世上，不出五年，自己便会命丧黄泉。

于是，梁冀做了一个任何人都不敢做的决定。

四日正午，正是朝中官员准备用膳的时间。而当天值班的梁冀并没有用膳，而是阴狠狠地盯着手中的一个小瓷瓶。

不一会儿，一名小宦官端着一盘精美的膳食走进了梁冀的办公室，梁冀没说什么废话，直接走到这名小宦官身前，将手中瓷瓶的瓶盖打开，然后将瓶中的液体洒在了饼上面。

这名宦官哆哆嗦嗦地看了一眼梁冀，好像在确定是不是一定要这样做，可在梁冀阴狠的目光下，这名小宦官一个哆嗦，赶紧走出了办公室。

大概半炷香的时间过后，突然在汉质帝的寝宫之中传出了一声嘶吼。

当时在宫中值班的大臣一听这声音呼的一下全都冲到了汉质帝寝宫之中，可映入眼帘的一切却让他们惊呆了。

只见这时候的汉质帝正在地上打滚，脸上甚至有些青紫之色。一旁的宦官们也全都蒙了，慌慌张张地不知如何是好。

一大臣见状，嘶吼着道："还愣着干什么？赶紧去找御医啊！"

周边的那些小太监一愣，便赶紧跑了。可汉质帝却在此时和一名大臣道："快，快去把李固给我叫来。"

一段时间后，衣衫不整的李固像疯了一般冲进了汉质帝的寝宫，见汉质帝如此样子，李固心中一震，然后对一旁官员嘶吼道："御医呢？怎么一屋子不相干的人却不见御医？"

在场众人一听这话，一个个噤若寒蝉，却没有一个人敢回答。回答李固的只有梁冀那冰冷的双眼。

李固狠狠地瞪了一眼梁冀，然后直接跑到了汉质帝的身边，握住汉质帝的手几乎带着哭腔道："陛下，您振作啊，这到底是怎么回事？"

汉质帝虚弱地对李固道："不清楚，我吃了一张汤饼以后就成这个样子了。李卿家，我好渴，快去给我弄一杯水，这样我兴许还能活。"

李固："哦，哦！"

话毕，李固直接站了起来，就要去给汉质帝拿水。

可就在这时候，梁冀却突然拦住了李固："大胆李固！现在具体情况未知，御医还未到位，你怎敢轻易给陛下喂水，陛下出了事，你能担当吗？"

李固大怒，指着梁冀就要开骂。

可就在这时，又一声惊恐的嘶吼传来，李固急速回头一看，汉质帝，这个年仅九岁的小皇帝在二人纠缠的时候已然驾崩。

李固趴在汉质帝的尸体前号啕大哭，如同疯了一般咒骂道："所有和此事有关之人，我李固必严查到底，一个都不会放过！"

次日，李固当着满朝文武的面上奏梁太后，希望能够彻查汉质帝离奇死亡这件事，并建议从迟迟未到的御医身上着手。

而这时候的梁冀却出奇地没有反对，反而是不屑地看着李固。至于后面的事就没有下文了，史书没有记载任何人因为这件事死亡，所以可以认为，这事到最后实际上就是不了了之了。

我们继续进入主线。

汉质帝死了，大家都很悲伤，但国不可一日无君，管他上位以后到底有没有皇帝的职权，但皇帝总归还要有一个不是？

于是，确立新皇帝之事便提上了日程。

可就在大将军梁冀和梁太后准备再次选皇帝之时，李固却率先给梁太后上了一道奏疏："天下不幸，几年之间便有三位帝王断绝，现在又要确立新的皇帝来继承天下。我深知太后对于此事的关切之意，但有些事情还是不能操之过急的。臣有一些话，还请太后能够认真听取。微臣认为，不管是古代废黜选立皇帝，还是现代皇帝登基的事例，都需要和三公九卿及百官大臣们共同商议，这并没有法律的严明规定，但几乎每个人都知道，只有和众人共同选出来的皇帝才能上应天心，下合民意。古书上不是说了吗……"

话毕，梁太后答应了李固的请求，并在第二日便召集百官展开廷议。

李固、胡广、赵戒及大鸿胪杜乔都认为清河王刘蒜拥有完美的德行，并且和皇家的血统最为亲近，同时在现在的刘氏宗亲中还最为年长，所以应该立为继承人。

那梁冀最近刚刚害死汉质帝，虽然没有明确证据证明是他干的，但这已经成了人尽皆知的秘密，只不过没人言明而已。再加上他也不了解刘蒜的为人，同时宫中的近卫还掌握在自己手中，他怕什么？便也没有表示反对。

如此，这事儿便暂时定了下来，只等诏书一发，刘蒜一进京，汉朝便又会有一个新的皇帝。

可他梁冀不了解刘蒜，有人却了解啊。这人不是别人，正是以后曹操的祖父，现任中常侍的曹腾。

那曹腾去拜见过刘蒜一次。东汉末期的宦官在朝中哪怕是三公九卿见了都要恭恭敬敬。可刘蒜却对这些宦官十分不屑，不要说行礼了，甚至连一句好话都没有，所以自此以后，曹腾便恨上了刘蒜。

于是这次廷议结束以后曹腾一听刘蒜要被选为新任天子了，料想要是让他当上天子自己便不会有好日子了。

基于以上，在宦官群体中拥有相当势力的曹腾于当夜便前往了梁冀的府中，客气一番便进谗言道："大将军，您这几代可都是尊贵的外戚，又亲自在朝中掌握大权，门生宾客又遍布天下，其中难免会有些过失和差错。这要是别人也就算了，可那清河王刘蒜是一个严厉明察的人，如果大将军您真的立他当皇帝的话，那么恕我直言，大将军您离大祸可就不远喽……"

听了这话，那梁冀一个激灵，然后试探性地道："那你的意思是……"

曹腾："依咱家看，不如拥戴蠡侯刘志为帝，大将军您可不要忘了，不管怎么说他刘志也是大将军您的妹夫不是？"

话毕，梁冀大笑，并对曹腾连连称善。

次日清晨，未等太阳高挂，梁冀便急匆匆往后宫中拜访梁太后。

一个时辰以后，梁太后再次召开廷议。

在本次廷议上，梁冀根本不给这些大臣说话的机会，开始便气势汹汹敲定了要立刘志为新任汉皇。

百官对梁冀畏惧，不敢有半点儿反对，只唯唯诺诺地点头称是。只有太尉李固，这个一心为大汉的刚烈之臣，在朝堂之上和梁冀硬杠，永不低头。

最后，根本辩不过李固的梁冀大怒，当即在朝堂之上大吼解散。

次日，李固莫名其妙被免职，其他和李固一党之清流也都被降官贬职。

自此，再无一人敢反对梁冀立刘志之意。

七日，刘志顺利进入洛阳皇宫，成为东汉第十任皇帝，这便是人们所熟知的桓、灵二帝中的汉桓帝了。

当时，汉桓帝已经十五岁了，正好刚到加冠的年龄。可不管是梁太后还是梁冀，没有一个人将权力交还给汉桓帝，而这个年纪轻轻的小伙子"貌似"也没有要掌权的想法。

可事情真的是这样吗？我们到时候再说。

这一年，汉朝有户九百三十多万，人口四千七百多万，垦田七百万顷。

6.2　忠臣之死

公元146年九月，统兵之能臣滕抚郁闷死于家中，临死以前不胜感慨，大呼奸臣当道，忠臣已无路可走。

原来，自滕抚为左冯翊以来便一心奉公，左冯翊地区在他的治理下粮食产量上涨，经济发达。

按照功绩来算的话，他早就应该封侯拜相了。可滕抚这人为人正直，从来都不会贿赂那些宦官和梁冀，所以那些贪官污吏将滕抚恨得咬牙切齿，非但不表滕抚之功绩，还暗中授意新任太尉胡广弹劾打击滕抚。

于是，滕抚被罢免了官职，赋闲在家，从此中断了自己的政治生涯。

于是，滕抚抑郁成疾，没过多长时间便驾鹤西去了。

公元147年正月，汉朝发生日食，梁太后下诏百官至宫中商讨现在汉朝政治得失，可没有一个官员敢于说真话，说的也全都是现在天下如何歌舞升平而已。

二月，荆、扬二州多现饿死白骨，可当地政府隐瞒不报，反倒谎报本地出现黄龙祥瑞，京城因此大宴群臣，以表喜庆之意。

六月，太尉胡广因病被罢免，梁冀本想用自己的人上位，可梁太后没有批准，反用杜乔为太尉。至于原因和当初用李固一样——制衡。

在当时，不管是普通的老百姓还是清流之官，他们都意气颓废、人人自危，只剩下一个杜乔敢于和梁冀公开叫板，所以他们都将希望寄托在杜乔身上，希望这个一身正气的官员能够力挽狂澜，救大汉皇朝于危难之中。

可有心人都知道，只要梁冀不死，一切都是白搭。

七月，汉桓帝为了自己能够活命，乃大封梁冀，平白增其食邑一万三千户，梁冀的弟弟梁不疑亦被封为颍阳侯，大量增其食邑。梁冀的儿子和狗腿子们也统统被封侯。梁冀，终于到达了他一生之中的顶点。

可就在封完梁冀的第二天，杜乔便在满朝之上站出来和汉桓帝抗争："陛下，自古以来，凡圣明君王都以任用贤能、赏功罚过为头等大事。而那些亡了国的君主们，他们亡国的时候难道国中没有贤能忠臣吗？有！很多！但是他们不用！陛下，您从诸侯王登上了现在的至尊之位，那说明您是天下归心的贤君。可您现在做的是什么？任人唯亲！梁氏一门没有尺寸之功，却被您疯狂册封，那些阉宦们更不要提有半点儿功劳，一天到晚只知道溜须拍马，却被您用到重位之上。那些一心为朝廷打拼的清流之臣您却没有半点儿赏赐的意思。陛下，微臣真是没想到，您背离典章制度已经到了这种程度。陛下啊，您知道赏罚代表的是什么吗？如果您不知道的话，我不介意和您说一说。对有功的人不加以赏赐，就会使为国家尽忠的人寒心。对邪恶的小人不加以惩罚，就会使作恶的人更加肆无忌惮。如果这样继续下去，朝廷就会更加混乱，进而距离亡国也只不过是几步的距离！陛下，请您想清楚再做决定！"

想那大汉三百多年，敢这么和皇帝说话的估计也只有他杜乔一个了。可换个方面来想，现在不说的话，那还有机会说吗？

但汉桓帝没有管杜乔的话，同时也没有惩罚杜乔，而是默默地退朝，此事便不了了之了。

是呀，除了不了了之还能怎么办？现在的汉桓帝有诛杀梁冀的那个能力吗？能保证自己的安全就不错了。非但没有，在大赏了梁冀之后，为了怕梁冀对自己不满，汉桓帝还娶了梁冀的妹妹，并在当月封其为皇后。

梁冀当然高兴，为了表示自己比别人更加高贵，梁冀还上奏汉桓帝，希望能以隆重的礼仪来迎接自己的妹妹。

但这时候，杜乔又出来了，他以典章制度为依据，当场否决了梁冀的提议，并在婚礼当天严格按照宫廷的制度来迎亲，整得那叫一个寒酸。

这杜乔一而再再而三地往死里整梁冀，使得梁冀对杜乔恨得已经无法形容，他想整死杜乔，想要马上整死他，可那杜乔为官清廉，一生没有污点，所以想要把他弄下去并不是那么容易的，必须要有一个绝对好的机会才行。

而巧的是，老天不到一个月就给梁冀送上了机会。

九月，京城发生地震。

见此，梁冀立即带着自己的狗腿子们一起往宫中气势汹汹而去，当时便将这次的天灾推到了杜乔身上，"希望"汉桓帝能罢免了杜乔，还天下一个朗朗乾坤。

汉桓帝哪里敢得罪梁冀，直接准了他的奏请，甚至连梁太后都不敢再说二话。

可这还远远没完。

十一月，清河人刘文和南郡妖贼（妖贼：以神鬼之事为借口起兵叛乱之人，如黄巾张角、五斗米张鲁）刘鲔勾结在一起，意图立清河王刘蒜为皇帝，然后起事另立政权。

可这事未等实施便被发现，于是，朝廷出动了大军将刘文和刘鲔诛杀，甚至对此事全然不知的刘蒜都被发配到了桂阳郡。

那刘蒜无缘无故被冤屈为反贼，悲痛欲绝，于是自杀在桂阳，成为孤魂野鬼。

按说事情到这就应该完了，可梁冀并不想就这样结束，遂上奏汉桓帝，声称李固和杜乔与刘文、刘鲔二人有所勾结，希望朝廷能将二人逮捕下狱，秋后便行问斩。

汉桓帝不敢得罪梁冀，再加上之前李固和杜乔也阻止过汉桓帝登基，所以自然是答应的，可那梁太后一向重视李固和杜乔，知道二人根本不可能做那谋逆之事，甚至这两人都从来没和刘文、刘鲔有过交集，便死活不肯答应梁冀的要求。

可梁冀这次是吃了秤砣铁了心，死活要弄死二人。

最后，这两人各退一步，梁冀答应梁太后只处置李固，并不去动杜乔，梁太后无奈，只得作罢。

就这样，李固被梁冀扔进了监狱，准备秋后问斩。

可不管是李固还是杜乔，那都是现在天下有名的清流，学生门徒遍布天下，所以当京城的那些人听到李固被梁冀弄到监狱以后立即炸锅了。

李固的门生，渤海人王调身戴刑具向朝廷上书，证明李固是被冤枉的。河内人赵承等数十名官员亦戴着腰斩时的刑具同到宫门上诉。

见事情越闹越大，梁太后有些害怕了，于是没有通过梁冀，便直接借着这个由子把李固给放了。

而梁冀也不想事情进一步恶化，所以也并没有再说什么，而是装作没看见。

可接下来发生的事情却大大地出乎梁冀的预料，并从此更加坚定了梁冀除掉李固和杜乔的决心。

原来，当李固从大牢里出来以后，消息瞬间传遍了京城大街小巷，那些老百姓们听说李固被放出来以后高兴坏了，竟然高呼万岁。

此万岁之声此起彼伏，竟然数个时辰不断。这使得梁冀大为惊恐，因为他实在没有想到，李固已得民心到了如此程度。拥有这样的民心，还怕他李固不能东山再起吗？

于是，次日朝会之上，梁冀再次在全无证据的情况下声称李固和刘文、刘鲔之间相互勾结，希望朝廷迅速将其法办。

这回，甚至连梁冀身边的长史吴祐都看不过去了，于是和梁冀在朝堂之上据理力争，罗列出诸多证据证明李固没有和二贼互通。

这还不算，因为参奏李固的奏疏是从事中郎马融所草拟的，所以吴祐当着满朝文武的面指着马融便骂："李固的罪状都是你这小人所编造出来的，如果李固因此被诛杀，你有什么脸面去见天下人？有什么脸面去见列祖列宗。"

明晃晃地指桑骂槐。那梁冀被吴祐气得是暴跳如雷，当即便转身离去。梁冀此举代表着什么？难道是认输了吗？当然不是，他梁冀这回也不要什么脸面了，不仅不与大臣商议，还不向梁太后禀报，竟然直接将李固给抓到了牢房里，然后用一些阴损无比的手段将李固给弄死了。

临死之前，李固写信给了曾经的"战友"，同为朝臣的胡广和赵戒：

"我李固因受国家厚恩，所以竭尽忠心，不顾生死存亡，为的便是辅佐汉室，使它的功业可堪比文、宣之时。可万万没想到梁氏崛起，从中扰乱天下，而你们两个人呢？我曾经的同僚，为了能够活命，竟然对梁冀那逆贼曲意顺从，从未声援于我，使得本来有希望成功的大事最后却以失败收场，我告诉你们，大汉的天下从这时候开始便已经完结，我已经尽到了自己的力量，没有什么可惜的，可你们两个人，却从此便为千古罪人！"

胡广和赵戒二人看过这封信以后虽然哀叹流泪，但也只能做到如此，你让他俩去和梁冀硬杠，那只能说是拿鸡蛋去碰石头。

好了，李固死了，杜乔还能活吗？兔死狗烹，谁也别想活。

这之后，梁冀又派心腹前往杜乔家中，威胁杜乔让他赶紧自杀，不然他一家老小谁都别想活。这已经不是一个官员能干出来的事了，完全就是一个地痞无赖的恶行。结果杜乔理都没理他，该怎么生活还怎么生活。

次日，梁冀见杜乔没有听从他的话，便和当初对待李固一样先斩后奏，直接将其抓捕到牢狱之中祸害而死。

同月下旬，梁冀将李固和杜乔的尸首拖到了洛阳城北厦门亭的十字路口示众，并声称谁都不准为二人哭泣。

结果，还不到次日，李固的学生、年纪还不到二十岁的汝南人郭亮便左手拿着奏章，右手拿着斧头到皇宫门口请求为李固收尸，但并没有得到任何回复。

数个时辰以后，见朝廷没有回复他，郭亮便伙同南阳董班等一众年轻儒生一同到厦门亭，守着李固和杜乔的尸体痛哭。

厦门亭长见此抽出首环刀，指着这些年轻的儒生们吼道："你们这些迂腐的书生，竟然敢公然违抗大将军的命令，你们难道想试试官府的厉害吗？"

郭亮顶着那冰冷的首环刀，凛然不惧地大声回斥："我们为两位大人的正义所感动，早就将生死置之度外，岂会怕你手中的垃圾？要动手便动手，不要拿死来威胁我们，这是对我们的侮辱！"

儒生，尤其是汉朝的儒生，那是相当尊贵的存在，吓吓他们可以，但真无缘无故地砍杀他们，说实话，这厦门亭长还真就不敢。

于是，围观之人越来越多，还有很多人受到了郭亮等人的感动，竟也跪在杜乔和李固的尸体旁痛哭。

见事情要进一步扩大，厦门亭长赶紧将此事汇报给了朝廷。

那梁太后听闻此事以后立即下令不要为难郭亮等一众年轻儒生，只将他们赶出洛阳就行了。

于是，李固和杜乔继续暴尸厦门亭。

可就在郭亮等年轻儒生被赶走以后，杜乔曾经的属吏，陈留小吏杨匡也来到了洛阳城中。

他穿上官服，头戴赤巾，在李固和杜乔的尸体旁守护，哭得撕心裂肺。

头疼的厦门亭长只能再将此事汇报给了梁太后。

这一次梁太后依然没有治他的罪，非但如此，还让他继续留在京城之中。

杨匡见事情有所转机，便穿着丧服，跪在皇宫门前，祈求梁太后能让他将李固和杜乔的尸首带回家乡安葬。

梁太后批准了他的奏请。

于是，暴尸好几天的李固和杜乔终于能够安然入土，落叶归根。

这之后，郭亮、董班等一众儒生也从此隐居起来，终生不为汉朝之官。因为他们知道，就是他们成了汉朝的官员，也挽救不了现在的汉朝。

汉朝，完了。

6.3　梁冀的"威风"

公元148年正月，也许是梁太后太累了，也许是她不想继续做汉朝的罪人。总之，她在这个月派人暗中授意已经十六岁的汉桓帝，希望他能在这个月进行加冠典礼，自己会将所有的权力归还给他。

汉桓帝听闻此事以后大喜，几日以后便举行了加冠典礼，真正地成了汉朝的皇帝。

三月，梁太后携汉桓帝一起去了大将军府，三人在内室聊了整整一天，至于聊了什么史料没有记载，只知道，自汉桓帝从大将军府出来以后，他就彻底安心了，因为大将军梁冀已经承认了他皇帝的合法性。

同月，白马羌大人率众攻击广汉属国（今甘肃省文县），杀长史，"三光"各个郡县，州郡皆不能治，最后，还得益州刺史大老远地率板楯蛮前来救援才将这些羌人打跑。

十月，长平人陈景自称皇帝之后，在本地设置官署，建立政权，结果不出本月便被本地官兵擒杀。

十二月，安息高僧安世高和月氏高僧娄迦谶行至洛阳，请求汉桓帝能够支持他们在汉朝宣传佛教。

汉桓帝允许，于是佛教在汉朝得以飞速发展。

公元149年八月，彗星出现。

九月，五个郡国发生地震。

梁冀趁此机会以妖言打击异己和那些中立派，将一个又一个心腹和"门生"（贿赂过他的人）安排在重要的位置上。

公元150年正月，汉桓帝改年号和平，大赦天下。

二月，扶风妖贼聚众起义，自称皇帝，本月便被朝廷大军抹杀。

同月，梁太后去世，谥号顺烈皇后。

梁太后，这个和王政君几乎一模一样的女人，但她要比王政君更加的幸运，因为她至死也没能看到汉朝的灭亡。

梁太后死去以后，为了安定大将军梁冀，汉桓帝又增梁冀食邑一万户，连同以前的食邑，现在的梁冀共有食邑三万户之多。

梁冀的妻子孙寿也被汉桓帝封为了襄城君，享受襄城和阳翟两县的赋税，每年可收取的钱币多达五千万之巨，并为孙寿加赐红色印信和丝带，与长公主相同。

这一对男女分别用自己手中的财富在街道两旁相对兴建住宅，建筑工程极为奢华，相互竞争炫耀。他们的金银财宝更是堆得满屋子都是，又大举开拓园林，从各处运来土石，堆砌假山奇景，十里的大道有九里都紧挨着池塘，山间流水，宛如天然形成的一样。各种各样的珍奇异兽在园区之中散养，供梁冀和孙寿游玩欣赏。并且梁冀还下令，但凡有人前来拜见，不必管这人的身份，汇报的事是公事还是私事，都要向守门之人献上一定的贿赂，不然不准进入，因为这是对他梁冀的不尊重。

所以，哪怕是大将军府中一个看门人，资产都有千金之多。

梁冀还在洛阳城西建造了一处兔苑，面积纵横数十里，还以大将军的名义命令当地政府向人民征缴活兔，每只兔子都要拔掉一撮毛作为标志。如果有人胆敢猎取兔苑之中的兔子，就要被判处死刑。

曾经有一个胡商来到洛阳做生意，不知道这些兔子是梁冀的私人财产，误杀了一只。结果官府严查，竟逼得本地人胡乱控告，以免去自身的嫌疑，前后因罪致死的人竟达数十人之多。

梁冀又在洛阳城西兴建了一座别墅，专门用来收容自己圈养的死士，称这些人为"自卖人"。

他要干什么？整个洛阳的人都知道。

梁冀还采纳了孙寿的建议，罢免了很多梁氏家族的成员，而用孙寿的亲戚补充。表面上看是梁冀的谦让，实际上却是抬高了孙氏一族人的地位。

那些孙氏族人当上官以后贪得无厌，穷凶极恶，他们派自己的私人宾客分别到各个地方去，以各种莫须有的罪名去诬陷本地富人，然后将他们抓到监狱，严刑拷打。

要是那些富人的家人能拿出足够的金钱，这些小人便会放过他们，如果拿不出，那对不起，你就等着被活活打死吧。

扶风孙奋，富有而吝啬，梁冀送给了孙奋一匹马，要孙奋用五千万钱来购买。那孙奋不敢得罪梁冀，但五千万钱又太多，便折中了一下，只给了梁冀三千万钱，结果梁冀因此大怒，他感觉自己的权威受到了羞辱，于是派人以莫须有的罪名诬告孙奋，将他抓到牢房活活打死，并没收了孙奋所有的财产，共一亿七千余万钱。

梁冀还派遣自己的门客云游四方，甚至到更远的塞外去横征暴敛。这些走狗们仗着是梁冀的门客，便肆无忌惮地刮夺民脂民膏，抢夺民家妇女，还随便殴打地方官员和士卒，但凡所到之处，无不激起官民怨恨。

没错，现在的梁冀就已经嚣张到了这种地步，可上的山多终遇虎，公元151年正月的某一天，梁冀的麻烦还是毫无预兆地来了。

那天，梁冀和往常一样在朝会上嚣张地最后一个出场，可就在这时，一名名叫张陵的年轻尚书突然站出来对梁冀吼道："大胆梁冀！你怎敢持剑上殿，是谁给你的权力，你究竟要干什么？来人哪，将这不知死活的东西给我擒住！"

多少年了，多少年没人敢在梁冀的面前如此说话了，按说梁冀应该愤怒，应该暴怒！可梁冀并没有，这废物从来没经受过如此惊吓，当即竟吓得瑟瑟发抖，直接跪在张陵面前磕头认错。

此举令满朝官员哗然，一时间竟大脑空白。

可张陵并没有，他只是轻蔑地看了一眼跪在地上的梁冀，然后转身对汉桓帝道："陛下，梁冀目无法度，持剑上殿，意图对陛下不轨，臣请陛下现在即刻将梁冀拿下，然后处以极刑，以正我大汉朝纲。"

这话说完，梁冀更是吓得面无血色，在原地瑟瑟发抖。

那汉桓帝也是目光闪烁了好一会儿，最终大概是感觉现在还不是处理梁冀的绝佳时机，只处罚梁冀一年的俸禄便草草了事。

自此，朝廷的那些中立派对张陵肃然起敬，无不将他看成是现在朝廷清流之中的代表人物。

梁冀的弟弟，现任河南尹的梁不疑听闻此事以后更是吓得面无血色，为什么呢？因为这张陵正是自己一手提拔起来的，如今他往死里整梁冀，那这是谁的意思？不用想也知道，必是他自己的意思啊，所以梁不疑当即写了一封信给张陵：

"张陵，张陵，好一个张陵，我当初推荐你还以为是一件好事，结果你竟然来对付我们梁家，张陵，你可还有良心？"

张陵回复："大人，您不认为下官没有才能而举荐下官，错误地将我提拔任用，我十分感谢，更想用您的信任来报效国家，大将军梁冀是什么人您应该比谁都知道，如果再继续这么放任下去的话，我们大汉朝早晚会重复当初王莽的过去，到时候大人您就是想独善其身也是绝对不可能的了，所以我这样做一是报效国家，更是为了您着想啊。"

梁不疑看过这封信以后哭笑不得，有一种想要撞墙的冲动。可这一次的事件以后，梁不疑确实是将梁冀给彻底得罪了。那梁冀没过多长时间便运用手中的职权"威逼"汉桓帝，让他罢免了梁不疑河南尹的职位，改其为光禄勋，并用自己的儿子梁胤来代替梁不疑的位置。

梁胤，长相亦继承了老爹，《资治通鉴》说梁胤的尊容配上官服以后都不像一个人类。

而梁不疑呢？对于这件事情感到非常耻辱，都是亲兄弟，为这么点儿小事儿就往死里整我，你梁冀真就这么绝情吗？好，我惹不起你，躲总躲得起吧？

自这以后，梁不疑辞了光禄勋的工作，从此以后隐居在家，大门不出，二门不迈。

可事实证明，如果你的敌人有实力的话，你连躲都躲不起。

梁冀听说梁不疑从此过上隐居生活以后便整日派人乔装成百姓的模样蹲守于梁不疑家门前，但凡有谁前来拜访梁不疑，梁冀的走狗们都会拿着小本记录下来，然后上报给梁冀，紧接着被梁冀一顿打压，罢官了事。

所以自这以后，梁不疑人脉全失，从此告别了历史的舞台。

至于张陵，也从这以后消失在了历史的舞台，再没有他的消息，不知生死如何。

6.4　梁冀手下的清官

公元151年三月，在一次朝会之中，突然有官员上奏汉桓帝，声称大将军梁冀劳苦功高，一生为汉朝做了很多贡献，哪怕比之西汉萧何也是有过之而无不及，所以希望汉桓帝能够允许梁冀持剑上殿，其他诸礼皆从萧何、霍光故事。

汉桓帝当然知道这是梁冀在暗中授意的，就是为了避免类似之前张陵的事件再次发生。

他现在不好得罪梁冀，便当即批准了，所以梁冀从这以后更加猖狂。

四月，北匈奴单于率兵攻击伊吾，敦煌太守马达率兵救之，大败北匈奴。北匈奴单于仓皇败退，可马达好像并不打算就这么算了，便带兵疯狂追击，兵锋一直抵达蒲类海。

北匈奴单于因此惧怕至极，不敢再待在原地，只能率兵继续向西迁徙。

这一次，北匈奴迁得好远，再没有踏足过汉朝的领土。有人说他们最后迁徙到了欧洲，让那些欧洲人尝到了上帝之鞭（阿提拉）的威力，也有人说北匈奴早在迁徙到康居的时候便已经灭亡了，后来跑到欧洲土地上的匈人根本就不是匈奴人。还有科学家们经过了种种基因调研，拿出了证据，也同样支持后一种观点。至于到底哪一个是真的哪一个是假的，我不发表言论，因为北匈奴人离开亚洲，迁徙到欧洲之间的史料实在是缺失得太过严重，我不想论断。

公元152年正月，西域发生了一件天大的事情，那就是朝廷新任命的西域长史王敬被于阗人给杀死了。

起初，前任西域长史赵评因为恶性脓疮的缘故死在了任上，赵评的儿子因此前往西域迎接赵评的灵柩。

可就在路过拘弥国的时候，拘弥王成国却向赵评儿子进献谗言（拘弥王成国和于阗王建诛之间有很大的仇怨），说之前于阗王建诛命令给赵评治疗的匈奴医生，让他在治疗的过程中将毒药抹在赵评的伤口上，这才导致赵评死亡。

那赵子信以为真，在回国以后便将此事汇报给了敦煌太守马达。巧的是，这时候正好新任西域长史王敬上任，于是马达便命王敬秘密调查核实此事。

那王敬急于立功被调回洛阳，查也不查便设宴招待建诛，意图在宴席上将其弄死。

建诛根本就不知道怎么回事，所以全无防备，就那么去了。

结果自是不必多说，建诛死在了王敬的宴席之上。于阗满朝上下听闻此事以后暴怒异常，辅国大将军输僰更是带着全国精锐前去攻打王敬。

王敬那点儿士兵根本不是对手，眼看于阗人已经攻破城池，无数双眼赤红的于阗士兵奔自己而来，王敬慌了，他赶紧拿出了建诛的首级对下面的于阗士兵吼道："是汉朝天子派我过来杀建诛的，你们敢动……"

"去你的吧！"

没等王敬说完，输僰便一刀将王敬的人头给砍落下来。

这之后，输僰自立为新任于阗王，可没过多长时间又被于阗国内的大臣杀死，然后立了建诛的儿子安国为新任于阗王。

直到这时候，消息才传到了马达的耳中。马达听闻大汉的西域长史被杀的消息以后也是暴怒异常，当即便将此事汇报洛阳，并希望汉桓帝能批准他带领士兵扫平于阗。

可汉桓帝并没有批准，相反地，还将马达调回了京城之中，另派一个叫宋亮的接任了马达的位置。

宋亮到任以后，并没有对于阗发动攻击，而是让于阗人自己将输棿的人头给送过来。

而这时候的于阗人已经将输棿给杀了，乐不得弄一个死人头免灾。

输棿的人头送给了宋亮，但却隐瞒了他们早就将输棿给斩杀的事实，这事儿就算这么过去了。

直到数月以后，宋亮才知道自己被于阗人给耍了，不过这时候也只能这样了，他哪怕是想去教训一下这些骗子朝廷也不会允许了。因为现在的朝廷，实在是太乱了。

本年十一月，汉朝发生了大型地震，大将军梁冀趁此天赐良机大肆打压异己，将那些不服从他命令的人全都给罢免了。

公元153年，汉桓帝大赦天下，改年号为永兴，意思是自己治下的汉朝会永远兴盛。可就在一个月以后，全国三十二个郡和封国暴发了严重的蝗灾，黄河水更是在这时候泛滥成灾。

百姓们被饥饿和贫穷所逼迫，流窜的人数竟然达到了十万余户，这其中冀州尤其严重。

这十多万可不是人，而是"户"。这说明现在天下的流民最少都要有六十多万人！

这是一个相当庞大的数量，如果放任下去，必会对国家造成相当严重的安全隐患。

汉桓帝也明白此中道理，于是立即命侍御史朱穆为冀州刺史，前往赈灾。

（注：朱穆一心为国，处事公允，从不结党营私，同时从来不在公开场合顶撞梁冀，相反还很支持梁冀，经常会给梁冀很大的面子，但在没有人的情况下，朱穆总是会毫不留情地"教育"梁冀，告诉他如果继续这么下去的话国家就要让他给弄亡了，所以梁冀一直都没有处理过朱穆，相反地，还很看重朱穆，这就使得汉桓帝用朱穆的时候也是放心大胆）

那朱穆的名头是非常大的，所以当他到达冀州以后，冀州所属各个地方的那些贪官污吏们全都怕得不行，不等朱穆调查他们便纷纷解下印信离职逃走。

可朱穆很明显不打算放过他们，竟将这些逃窜的官员全都给抓了回来，有的被他直接杀了，有的则被关在监狱严刑拷打，前后被牵连的贪官竟达数十人之多。

这些贪官们虽然都有些背景，但朱穆后面的势力更大，谁敢得罪？于是，整个冀州在极短的时间内被朱穆搞定，灾情也在朱穆的努力下得到缓解。

可就在一切都向顺利的方向发展之时，不幸到来，汉桓帝身边当红宦官赵忠的父亲在这一年去世了。

赵忠将父亲的棺材运回故乡安平国埋葬，其间竟然违背汉朝法令，把皇帝和王侯才准许穿的玉衣穿到了他爹的身上下葬。

这事儿在当时影响不小，但众人一想也就释然了。赵忠是谁？那可是现在当朝皇帝身边的红人。

可老百姓释然了，他朱穆释然不了。于是，朱穆不听众人劝阻，带着人将赵忠他爹的棺材给掘了出来，然后凿开棺材，直接将赵忠他爹身上的玉衣给扒了下来，然后重新扔回到地底下。

赵忠听闻此事以后直接气晕了过去，醒来以后更是对朱穆破口大骂，可他也不敢直接对朱穆下手，因为人家后面站着的可是大将军梁冀啊。

但明的不行不妨碍人家赵忠用阴的。要知道，阴谋手段可是这些宦官们的天赋。

于是，赵忠从这以后便开始装病，好长一段时间都没出现在汉桓帝身边。

汉桓帝久不见赵忠，非常不适应，便问其他的贴身宦官赵忠到底怎么了。

那贴身太监早就从了赵忠之命，准备好了说辞，便大肆诬陷朱穆，一点儿不提赵忠违规下葬之事。

一听朱穆直接将自己最喜欢的宦官老爹的坟墓给掘了，汉桓帝气坏了，这一次他是真的急了，也不顾这朱穆到底是不是梁冀的人，竟直接派人将朱穆从冀州抓到了京城廷尉署，然后将其弄到了左校营罚做苦工。

那些京城中太学的学生们虽然知道朱穆是梁冀的人，但也知道朱穆从来没做过什么伤天害理的事情，相反地，还知道朱穆从来都是一心为国，所以还没等梁冀出手便联合在一起为朱穆申辩，将朱穆的忠和赵忠的奸体现得淋漓尽致。

汉桓帝得知了事实的真相，见朱穆又得年轻儒生欢心，还是大将军梁冀的人，便赦免了朱穆。

6.5　东汉有良将

公元154年正月，汉桓帝再次大赦天下，以彰显自己的仁德。

二月，汉桓帝重启文帝前三年服丧之法，使得汉朝廷的办事效率再一次大大降低。

五月，汉桓帝封乳母马惠子为列侯，如同当初汉安帝故事。不过和汉安帝有所不同的是，这一次满朝没有一个人对此表达任何不满，因为和梁冀乱汉比起来，封一个奶妈为列侯，这种事情简直不要太无所谓。

九月，蜀郡人李伯自称自己为汉室宗亲，自立为太初皇帝，意图建立新的政权，被当地官府擒杀。

十一月，琅邪人公孙举在当地起兵造反，用游击战术骚扰汉朝郡县，当地官府根本无法应对。

公元155年，汉桓帝再次大赦天下，改年号永寿，希望自己和汉朝能够永远长寿。

结果，本年二月，司隶和冀州便发生了饥荒，人们相互残杀啃食。可这时候，朝廷却拿不出钱来赈济灾民，汉桓帝只能强制地方富豪给这些灾民们吃的，让他们得以苟活。

一个叫刘陶的太学生实在是看不过去了，便上疏汉桓帝，品评当时政事：
"陛下，上天和皇帝之间的关系，皇帝和百姓之间的关系，就好像头和脚一样，是需要相互配合的。陛下您从来没亲临战场观看过战争的残酷，也没见过天灾人祸给老百姓造成了多大的伤害，所以轻视日月星辰的变异，也不在乎上天对现在天下统治者的怒火，这便是我汉朝现在之所以困难重重的根本原因。当初高祖统一天下以后，我大汉的法度何等严明，我大汉的百姓何等自豪。那时候有权臣吗？有！但他们敢为非作歹吗？不敢。因为那时候所有的生杀大权都掌握在皇帝的手中。可到陛下您这儿呢？随随便便就将能动摇国本的赏和罚交给别人，致使那些丑恶的官员任意宰杀可怜的百姓，就好像虎狼去吞噬绵羊一般！无数的百姓死于这些恶人之手，数以亿计的钱财落入到这些恶人的口袋里面。我们汉朝现在真的没钱吗？有！但全落在了这些贪官污吏的手中！陛下！当初的秦国为什么会灭亡？那是因为所有的大权都掌握在一个外人的手中。而如今我大汉甚至比不上当初的秦朝，大权被外戚和宦官共同瓜分，如果继续按照这样的情况发展下去的话，我们大汉距离灭亡也就不远了。那么怎么样才能力挽狂澜，救大汉于危难之中呢？我认为，首先应该任命朱穆、李膺等对国家忠诚且有能力的官员为三公大臣，然后陛下和这些大臣一起整顿吏治，让我们大汉能够焕然一新！言尽于此，还请陛下能够三思！"

奏折写完之后便递上去了，但这之后汉桓帝根本没有半点儿动作，甚至连一丁点儿省察的意思都没有，只任凭大汉在历史的狂涛之中随波逐流。

九月，南匈奴左奥鞬王在全无征兆的情况下背叛了汉朝廷，他们联合了本来从属于汉朝的东羌诸种共同寇掠汉朝的边境，使得汉朝西北边境在一时间烽烟四起。

那时候安定属国都尉张奂刚刚上任，这是一个年轻勇猛的小伙子。当他听说南匈奴左奥鞬王带着东羌诸种骑兵反叛汉朝的消息以后，便立即聚集士兵，准备率众出击。

可那时候张奂能够带领的士兵有多少人呢？只有区区两百而已！虽然不知道左奥鞬王和东羌诸种到底有多少士兵，但这么多势力联合在一起最少也要过万了。所以张奂手下的那些将官和士兵们非常害怕，用两百多人去攻击最少万人的部队，这和送死有什么区别？于是他们跪在地上祈求张奂放过他们，不要去送死。

可张奂却义正词严地痛骂了他们，并告诉他们，不管是生是死，自己都会始终待在他们的身边，如果这些士兵见自己有抛弃他们的意图，可以一刀杀了自己。

见张奂的决心已经坚定到了这种程度，这些西北大兵还有什么可说的，打吧，大不了一起死而已！

结果张奂死了吗？当然没有。

那张奂带着两百名士兵首先来到了西北长城要塞，然后再次养精蓄锐，并征集要塞一带的汉朝士兵。

当士兵破千以后，张奂带领着这些士兵们以雷霆之速占据了龟兹县，切断了南匈奴和东羌诸种之间的通信。

然后，张奂派遣使者分别前往东羌诸种，诱降他们说南匈奴已经被自己打败，汉朝的大军即将到达战场等，让他们赶紧投降。

那些东羌人害怕汉朝即将来到的大军，便向张奂投了降。

紧接着，张奂又征集这些东羌士兵随自己上了战场，兵锋直奔左奥鞬王的部队。

直到这时候，那些东羌人才知道自己上当了，但事已至此，还能怎么办？打吧，只希望这个叫张奂的不要过河拆桥。

结果，在张奂的指挥下，在汉军和东羌诸部的英勇作战下，南匈奴左奥鞬王被打得狼狈投降，使得朝廷西北边境再一次得到了短暂的安宁。而东羌诸部害怕张奂卸磨杀驴，便给张奂献上了优质战马二十匹，东羌最高贵的纯金耳环八枚。

拿着八枚纯金耳环，张奂只感觉无比的沉重。为什么？因为张奂前八任都尉都是一些贪财残暴之徒，经常通过欺压的手段来向周围的少数民族强求贿赂。所以这些东羌人恨死了这些汉朝的校尉，这才冒险跟着左奥鞬王起兵反抗汉朝的统治。

张奂是知道这些事情的。他收了这些羌族人的礼物以后便邀请了各个东羌部族的首领，用隆重的宴会招待了他们。

在宴会上，张奂当着这些羌族首领的面将金耳环拿了出来，骏马牵了出来，然后对这些羌族首领说："我知道，你们对我们汉朝的官员都充满了仇恨，恨他们的贪婪残暴，恨他们的得寸进尺，但我张奂和他们不同，我在这儿向各位首领发誓，只要我张奂当安定属国都尉一天，就不会有任何一个官员去欺负你们，向你们索要贿赂。至于这些骏马和首饰，哪怕它们的价值可比千金、万金，我张奂也绝对不会收取。"

话毕，张奂便将这些物品还给了各个部落的首领们。从这以后，张奂严格要求自己和自己的那些手下们，但凡有人敢欺压这些羌族人的，张奂都会以最严厉的刑法来处置他们。

久而久之，安定属国再也没有官员敢欺负这些羌族人了。安定属国的东羌人无不对张奂心悦诚服，一直到张奂离职之前，东羌人也再没反抗过汉朝的统治，汉朝政府在安定一带推行各种政策也从来都是畅通无阻。

公元156年三月，鲜卑雄主檀石槐继位，他文武双全，胆识过人，在部落中极受尊崇，声望超高。其继位以后，在鲜卑族内制定法律，审理诉讼，没有任何人敢违抗，于是鲜卑越发具有凝聚力。

这还没有完，在这个月，檀石槐趁着汉朝廷昏庸腐败、无力管教外族之际，于弹汗山一带建立王庭，尽占西汉时匈奴故地（未分裂时候的匈奴），致使鲜卑族领土广达一万四千余里。

至此，鲜卑开始强盛，逐渐成为汉朝周围少数民族中最强的，完全拥有和这时候的汉朝开展全面战争的资本。

七月，檀石槐率骑兵团寇掠大汉云中一带，官府无法治理。

汉桓帝因此召开朝会，询问谁能带兵前往救助云中，打退那些鲜卑人。

结果，满朝无语，那些平时张牙舞爪的官员这时候全没了动静，大将军梁冀更是不用多说，这时候一声不敢吭。

最后，不知是哪个官员提出要让李膺去救援云中，汉桓帝这才死马当作活马医，征其为度辽将军，前往救援、治理云中。

东汉中后期（末期以前），只有几个人需要详细地介绍一下，而李膺，正是其中之一。

李膺，字元礼，颍川襄城县人，爷爷李修曾是汉安帝时期的太尉，父亲也是赵国的国相，李家可谓是官宦之家。

李膺此人秉性刚直高亢，眼光极高，不好和人交往，但他真看中谁的话，便会拿命来和其交往。所以他的朋友一直很少，长大以后才只有荀淑、陈寔两个朋友而已。

最早，李膺被郡中举荐为孝廉，因为考核成绩在众人之中排行第一，所以被提拔为青州刺史。

他到青州以后，当即整顿史治，那些作奸犯科的贪官们一个都没能逃脱他的惩罚，因此得罪了朝中宦官，被排挤到北方边患严重的渔阳去当太守，意图借异族的手来除掉他。

谁知那李膺不但文的厉害，武的也照样强悍，屡屡抵挡住周边少数民族的进攻。朝中宦官见渔阳一带的少数民族杀不死李膺，便又将他弄到了蜀郡，意图再借蜀郡一带的蛮子杀掉他。

但结果又让这些人失望了，因为自从李膺到蜀郡以后，整个蜀郡大治，那些蜀郡一带的蛮子不但没入侵蜀郡，反倒是和蜀郡一带的汉人做起了贸易，处得很融洽。

那些宦官无奈，再用种种手段调李膺成为护乌桓校尉。

那段时间，乌桓和鲜卑屡屡寇掠汉朝边境，谁都不愿意在这时候出任这个苦差事，可李膺到任以后不但挡住了这两族的侵略，还反攻倒算，大大地打击了乌桓和鲜卑，使这两个民族不敢再对汉朝逞凶。

那些宦官怒火中烧，这次也不耍什么手段了，直接劝汉桓帝将李膺给罢免了。

从此以后，李膺便赋闲在家专心研究学问，也不再关心朝中政事。

直到公元156年，鲜卑雄主檀石槐攻击云中，汉桓帝才重新将这个大才起用。

结果李膺一到北方，那檀石槐气得是捶胸顿足。他后悔为什么在短短的时间内侵略汉朝这么多次，以至于将李膺这个煞星给惹来了。

可事已至此，现在后悔也晚了，所以檀石槐立即将之前抢来的汉朝人还给了李膺，并向李膺承诺，以后再也不会入侵度辽地区，希望李膺不要怪罪。

结果，这事儿就这么完结了。

本月下旬，也就是李膺刚刚搞定檀石槐以后，之前和朝廷玩儿游击的公孙举已经发展到了三万多人。

这回他也不和汉朝打游击了，而是率领大部队相继侵犯抢夺了青、兖、徐三州。而中原的那些州郡根本就没有郡国兵（刘秀当初制定的政策），所以谁都抵抗不了这些起义军的进攻。

如此，使得起义军的实力迅速蹿升，战斗力更加强大。

汉桓帝无奈，只能再次召开廷议，让拥有军事才能的人带领中央野战军前往剿灭公孙举等起义军。

那么这一次朝廷又派遣谁了呢？他的名字叫段颎，汉末三将之首，绰号——段疯子。

段颎，字纪明，武威姑臧人，祖先为春秋时郑国的共叔段，是曾经西域都护会宗的堂曾孙，也是出自官宦之家了。

段颎很小的时候便崇尚游侠，一心向武，年纪不大便能在战马之上左右开弓，在本地相当有名。

最开始，段颎被州郡推荐为孝廉入京，做了宪陵（汉顺帝的陵墓）的园陵丞，留下了还算不错的政绩。

但段颎志不在文。在他心中，只有武功才能让自己飞黄腾达。正巧本年鲜卑檀石槐入侵云中，朝廷派李膺前往救援，段颎便走了朝中的后门，希望能和李膺共同前往北方抗击鲜卑人。

虽然最后双方没能展开大战，但小的摩擦多少还是有一些的。而段颎率领的队伍总能打败鲜卑人的骑兵，从来没有被打败过。虽然这里面也有兵力优势在，但不可否认，段颎还是有一些统兵打仗的能耐的。

所以当公孙举在青、兖、徐闹得沸沸扬扬的时候，李膺便向司徒尹颂推荐了段颎。

对于李膺的眼光，尹颂是相当信任的，于是再向汉桓帝推荐。

而汉桓帝根本就选不出其他人来，便只能让段颎率领中央野战军前往攻击公孙举。

结果，朝廷两年多不能治理的公孙举之乱，人家段颎一个月就平定了。

这次平定起义军的过程史无记载，不过结果可谓血腥。不但杀掉了公孙举等领军人物，还杀死了将近两万人的起义军，其他跟随者也吓得狼狈逃窜，再不敢对朝廷起什么非分之想。

汉桓帝因此大悦，待段颎凯旋以后便封其为列侯，赏五十万钱，并把段颎的儿子也封为郎中，段颎可谓是一步登天了。

6.6　驱虎吞狼

公元158年五月，日食现。紧接着，京师发生了蝗灾，粮价飞速上涨。太史令陈授因此秘密上奏汉桓帝，声称老天之所以接连降下灾祸，那都是因为大将军梁冀掌握朝中政权的缘故，所以希望汉桓帝能够想一些办法来将梁冀的权力逐渐削弱。

看完这封信以后，汉桓帝久久不能平静，好像想了很多他平时不怎么敢想的事情。但最后，汉桓帝还是叹了一口气，将这封奏疏扔了。

可就在汉桓帝走后，一名小太监默默捡起了这封奏疏。他看过内容以后脸色大变，紧接着拿着奏疏便跑了。

不用多说，这名小太监就是梁冀在汉桓帝身边的眼线了。

几日以后，太史令陈授暴死于狱中，幕后凶手当然就是大将军梁冀了。

梁冀现在胆大包天，杀死陈授甚至都不通过汉桓帝，说杀就杀了。

而当汉桓帝得知此事以后，陈授的尸首都找不到了。汉桓帝当时心中并没有多少愤怒，而是害怕，因为现在的梁冀已经太过肆无忌惮，使得汉桓帝感受到了满满的不安，好像自己的生命就攥在梁冀的手中一样，所以从这时候开始，汉桓帝心中有了一些"别样"的想法。

六月，汉桓帝再次大赦天下，并改年号为延熹。

可就在大赦天下的一个月以后，云阳又发生了地震。汉桓帝无奈，只能罢免太尉黄琼，让其背锅。

十一月，度辽将军李膺被调至西部边塞，负责管制西域诸国和汉朝之间的相关事宜。

十二月的某一天，南匈奴各部突然在同一时间寇掠汉朝边境，并勾结乌桓和鲜卑联合在一起共同攻击汉朝。

汉桓帝因此大急，一边调安定属国都尉张奂为北中郎将出兵讨伐，一边命陈龟为度辽将军，主持度辽地区的内政大局。

可陈龟没有在第一时间出发，而是找到了汉桓帝，向汉桓帝说明现在北方边塞的战斗力之所以变得如此弱小，其根本原因便是贪官污吏纵横，在这种情况下，哪怕自己再怎么努力，也绝对无法改变大局。如果汉桓帝一定要自己为度辽将军，那便要给自己完全的人事任免权，不然说什么都不肯前往任度辽将军。

汉桓帝拿陈龟没有办法，只能答应他的要求，用陈龟送上的名单来安排任职。

结果，这批新上来的官员每年都要比之前节省数亿的财产。

再看张奂方面。

话说张奂到达战场以后并没有立即对三方势力发动攻击。因为他知道，凭借自己这点兵力是肯定打不过三方联军的，于是张奂决定采用内部分化的战术来消灭这些强盗。

史料上没有记载张奂究竟许给了乌桓大人什么承诺，反正当张奂秘密派遣到乌桓的使者一回来，乌桓便突然反水，对鲜卑和南匈奴发动了毫无征兆的袭击。张奂也趁此机会率领汉军夹击这两个势力，使得南匈奴和鲜卑骑兵大败而逃，好长一段时间都没敢对汉朝再行寇掠之举。

好了，北方的问题终于解决了，朝廷短时间内没有外患了。所以，陈龟遭殃了。

之前说过了，陈龟为了提升度辽地区士兵的战斗力，罢免了相当数量的官员。而之前的那些贪官污吏们，十个中有八个都是梁冀和众多宦官推荐上来的。

所以，梁冀恨死了陈龟，在北方大患解除以后便开始卸磨杀驴，以强硬的态度威逼汉桓帝，让他赶快将陈龟免职调回京城。

汉桓帝非常为难，因为他是真的不想将陈龟这等能臣无缘无故地罢免，这不但会更加增强梁冀的气焰，还会打击反抗梁冀的那些清流集团，让本就不平衡的双方势力差距更加巨大。

所以，汉桓帝无不为难地对梁冀道："这个……大将军要理解朕的苦处啊，凡事都需要一个理由，人家陈龟自从为度辽将军以后便没有什么过错，如果就这样平白无故地罢免人家，这天下的人会怎么评价朕呢？"

梁冀冷笑一声，不无嚣张地道："哼，罪名？那还不好找吗？陛下只需要说陈龟毁坏了国家的威严，谋取了个人的功劳和名誉，又不能得到匈奴人的敬重和畏服不就得了？还用得着什么借口？"

说完，梁冀只象征性地对汉桓帝一拜，然后头也不回便走了。

汉桓帝感到既羞辱又愤恨，看着梁冀嚣张的背影，他双眼逐渐被浓浓的杀意充斥。

本月下旬，陈龟被以种种莫须有的罪名召回了洛阳，并免去了所有官职。陈龟一气之下向汉桓帝递交了辞呈，但汉桓帝是真的不舍得这个能臣离开自己，所以不予批准，并再行任命陈龟为尚书，继续留在京城之中。

陈龟是什么人？那是已经上了梁冀黑名单的必死之人，而汉桓帝竟然在明知此事的情况下依然任用陈龟，这又表明了什么？表明现在汉桓帝已经开始对梁冀有所反抗了，也表明了现在汉桓帝忍耐梁冀已经到了一种极限。

可梁冀并没看出来，陈龟也一样。

因为就在次日朝会之上，陈龟当着满朝文武的面大参梁冀，将梁冀的种种罪名罗列在一起，将整整一箱子的证据递交给了汉桓帝。

可汉桓帝并没有对梁冀采取任何动作，只是草草退朝而已，因为汉桓帝知道，现在处理梁冀还不是时候，还要再等一等，等一等。

可陈龟等不了了，他在上折子的时候就知道自己必死无疑，与其被梁冀活活地折磨死，不如自己死会更舒坦一些。所以回家之后，陈龟便开始绝食，终于在七日以后将自己活活饿死。

汉桓帝很悲痛、很遗憾，同时非常愤怒，但他还是不能动手，因为现在并不是动手的最佳时机，还要再等一等，等一等。

可就在公元159年七月，因为一个女人，汉桓帝终于鼓起勇气对梁冀动手了。

本月，梁冀的妹妹梁皇后病故。

话说这梁皇后在任皇后的时候，因为有自己的大哥撑腰，所以行事全无顾忌，专横跋扈，不但穷极奢华，还独占汉桓帝的宠爱，不允许汉桓帝亲近除她以外的任何女人。

梁皇后没有生育能力，却不允许其他妃子怀上汉桓帝的骨肉，如果发现哪个妃子的肚子大了，她就会将这个妃子连同她肚子里的孩子一起除掉。

汉桓帝虽然愤怒，但因畏惧梁冀的关系，始终不敢对她有任何怨言。

终于，在这个月，梁皇后死了，汉桓帝才得以宠爱其他的妃子。

在疯狂发泄自己积攒多年的欲望之时，汉桓帝不可救药地爱上了一个叫邓猛女的妃子。

然而不管是皇城还是后宫，汉桓帝身边都布满了梁冀的眼线。为了能永享富贵，梁冀便想收邓猛女为自己的义女，将其改姓为梁。

但同时，他又怕邓氏族人拒绝，于是便用自己圈养的杀手来暗杀这些邓氏族人。

可那梁冀所养的所谓杀手都是一些酒囊饭袋，非但暗杀失败，还暴露了幕后主使梁冀。

邓猛女的母亲极为害怕，便赶紧跑到了后宫，将此事告诉了邓猛女，希望邓猛女能祈求汉桓帝救救他们邓家。

那可是自己的亲妈，邓猛女怎能眼睁睁地看着她被梁冀残杀？便在汉桓帝于夜间宠幸她的时候一把鼻涕一把泪地将事情告诉了汉桓帝。

一听梁冀已经把毒手伸到了自己最爱的女人身上，汉桓帝怒了，他那沉寂了多年的男性荷尔蒙被彻底激发。

于是，在一次如厕的时候，汉桓帝将自己最信任的宦官，小黄门吏唐衡叫到身边，于茅房中以极为微弱的声音问道："在我身边的侍卫中，有谁是和梁冀有仇怨的？"

这话说完，唐衡一个激灵，他猛地抬头看了看汉桓帝的眼睛，发现这个平时和乖孩子一般的皇帝此时双眼之中的是一股杀气。

这时候，唐衡懂汉桓帝要干什么了，同时也知道一个三岔路口正在自己的面前，一旦选错道路，等待着自己的结果便是被满门诛杀。

可唐衡想都没想便选择了最中间的那条道路。

只见唐衡同样以微弱的声音回答道："启禀陛下，侍卫没有可以完全信任的，只有几个宦官可以重任。"

汉桓帝："……说说吧，都是谁。"

唐衡："中常侍单超、徐璜，黄门令具瑗和小黄门吏左悺。"

汉桓帝思考了一阵，然后道："此事知晓的人不需要太多。这样，你今夜找一个时间将单超和左悺给朕叫进内室，遇见人就说朕需要你们伺候。切记，一定要冷静，千万不要让任何人发现端倪。"

唐衡："诺！"

就这样，唐衡在当夜带着单超和左悺很正常地走进了汉桓帝的内室，没有引起任何人的怀疑。

是呀，任谁能想象得到，一个没有任何权力的皇帝加上三个宦官就能颠覆统治朝廷二十余年的大将军梁冀呢？

三人进入内室以后，汉桓帝也不和他们绕圈子，直截了当地道："大将军梁冀在朝中专权跋扈，胁迫内外，所有的官员都要按照他的意愿来行事，其所行的职权早就超过了一个臣子应该有的限度。现在，朕想要诛杀此贼，你们二人的意思如何？"

单超道："陛下英明，似梁冀这种国贼早就应该被诛杀，只是我们的力量弱小，还不知道陛下心中到底是怎么想的，所以一直不敢动手罢了。如今，陛下既然表明了态度，那此事必定能成。"

汉桓帝道："你说得有道理，那么这件事就交给你们来处理了，有什么需要朕的，直接说便行。"

单超道："谋划此事并不困难，我们一会儿便会去找具瑗和徐璜商量具体事宜，商量的结果会通过唐衡一个人来禀告陛下，陛下只需要按照我们的计划行事便可。"

就这样，三人离去，找到具瑗和徐璜，五个太监经过了一晚上的商议，共同制定出了一场如同赌博一般的政变。

八月十日夜里，具瑗突然发难，他手持汉桓帝的圣旨，带着自己的属吏，直接突袭了张恽（梁冀手下的忠犬，为其管理监督宫中群狗）的办公之地，当即抽出圣旨，以"擅自入宫住宿，想要图谋不轨"为名将其当场格杀。

当时已是深夜，张恽身边的卫士本来就少，再加上有汉桓帝的圣旨，所以谁都不敢乱动。而张恽一死，整个皇宫的梁冀一派便失去了指挥人物，顿时陷入被动之中。

与此同时，汉桓帝急速派遣宦官前往洛阳那些清流和中立派的家中，将他们全都召集到前殿，并当众宣布道："大将军梁冀把持朝纲，为非作歹，我大汉朝廷在他的祸害下已经岌岌可危，朕今日必诛杀此贼以正朝纲！你们，可有不同意见？"

不同意见？在场这些人都恨不得将梁冀扒皮抽筋，怎么会有不同意见？于是一齐跪在地上高声道："愿从陛下旨意。"

汉桓帝道："尚书令尹勋何在？"

尹勋道："臣在！"

汉桓帝道："命你持朕圣旨带人速速前往尚书台，将调兵虎符抢夺在手！"

（汉朝有制，虎符非皇命不得出宫，所以哪怕梁冀是大将军也不好将这个皇帝的私有物拿到家中。）

尹勋："诺！"

汉桓帝："具瑗！"

具瑗："臣在！"

汉桓帝："你跟着尚书令，待其将虎符拿到手上便以此调动宫中卫士去大将军府，将此贼就地斩杀！"

具瑗："诺！"

就这样，尹勋和具瑗带着几个官员飞奔往尚书台，因为这时候张恽已死，宫中侍卫没有统一指挥之人，再加上尹勋还是尚书令，手上又有汉桓帝的圣旨，所以没有一个人敢于拦截，调兵虎符就这样被尹勋轻易地拿在手中。

紧接着，具瑗用此虎符迅速调集了一千名宫中卫士，然后浩浩荡荡地杀奔大将军府。

而直到大将军府被具瑗围起来，梁冀才得知这件事。

这么多年来，梁冀造的孽数都数不清，他知道，如果落在具瑗这阉人手中，他必不得好死，与其受辱而死，倒不如自杀来得痛快。

于是，梁冀和孙寿抢在具瑗闯进大将军府以前便上吊自杀了。

这一切都发生在电光火石之间，甚至连汉桓帝都不相信这个高高在上的大将军这么轻易便会被自己逼死。

这之后，汉桓帝收了梁冀的大将军印，彻底将大权掌握在自己的手中。然后将整个梁氏和孙氏中人，无论男女老少统统诛杀。并且之前攀附梁冀的那些大臣也都被汉桓帝罢免，前后罢免的京官竟然有数百人之多。《后汉书》载："故吏、宾客免黜者数百人，朝廷为空。"

汉桓帝还下令收缴了大将军府所有的财产上缴国库（三十多个亿），同时将梁冀的各种园林全部交给那些没有地种的贫苦大众，让他们在此地种地。朝中那些大臣们都高兴得跳了起来，他们认为，经过二十年的黑暗岁月以后，汉朝的光明，终于要来到了。

可第二日清晨，汉桓帝便将这些人的梦想打击得支离破碎。

因为这件事使得汉桓帝知道，身为一个皇帝，在关键时刻能依赖的只有身边的宦官。

所以在次日朝会之上，立完邓猛女为皇后以后，汉桓帝便开始大封特封朝中的那些宦官。

单超、徐璜、具瑗、左悺、唐衡不用多说，全被封为万户侯，其中单超封赏最多，所得食邑竟达两万之数！当时朝中官员和老百姓们见这些人如此权势滔天，便都称其为"五侯"，以表达心中的不满。

其他的小黄门如赵忠、刘普等八名宦官也都被汉桓帝封了侯，并予以大权。所以从这时候开始，东汉之权势皆属宦官，其权力之大，震慑海内。

那么封完了这些宦官，汉桓帝是不是就要大封一下朝中的清流了呢？

没有！

封完宦官以后，汉桓帝又大封邓氏外戚，让他们手中的权力也有了很大的提升，给他们的赏赐甚至要以亿来计算。至于那些清流们，官职大部分原封不动，只象征性地封了几人而已。

有人也劝汉桓帝不要太过于倚重宦官和外戚，但最后的结果便是被汉桓帝削官免职。至于那些被罢免以后空出来的官职，则全由宦官和邓氏外戚以五三比推荐瓜分，留给朝中清流们推荐的名额，只有可怜的两成，并且这两成的位置还都是不怎么重要的。

东汉皇朝，从这时候便开始进入了倒计时状态。

6.7　段疯子

公元159年，汉桓帝临幸长安，祭拜了汉高祖刘邦的祀庙。

十一月，又祭拜了十一位皇帝的陵墓。

同月，汉桓帝任命宦官单超为车骑将军，掌管全国兵马大权。

十二月，西北方面，烧当羌、烧何羌、当煎羌、勒姐羌等八部种羌联合在一起寇掠汉朝边境，被护羌校尉段颎击破。

击破这些羌族人以后，段颎带着得胜之师马不停蹄，继续深入追击，终是在罗亭一带追上了这些溃逃的羌族联军，然后又杀两千多人，俘虏了一万多人，几乎将诸羌联军弄得全军覆没，之后才班师而回。

同月，单超哥哥的儿子单匡靠着叔叔的势力被任命为济阴郡太守，这厮仗着自己叔叔的权力在济阴郡肆无忌惮地贪污受贿，只旬月之间便贪污了五六千万的钱财。

兖州刺史第五种（第五伦曾孙）因此上疏弹劾单匡，希望朝廷能对其依法治罪。

单匡大惧，遂买通刺客，意图刺杀第五种和他的心腹，将所有的证据全部销毁。

可单匡养的狗和梁冀养的一样废物，刺杀未成，反倒是罪上加罪。

按说再次罪证如山的单匡必死无疑，可因为单超在京中做好了汉桓帝的工作，所以汉桓帝非但没有治罪单匡，反倒是治了第五种的罪。因此，第五种被下令放逐朔方。

而当时单超的外孙董援刚刚担任朔方太守，所以第五种的朋友们都知道，第五种一旦到了朔方就必死无疑。所以他们集合在一起，狂追押送第五种的队伍，正好在第五种到达太原的时候将其救了出来。

这之后，第五种的朋友们带着他东躲西藏，在逃亡了好几年以后遇到了赦免，这才保住了他的性命。

话说那汉桓帝自从消灭了梁冀以后，身边的太监们为了能够更加得到汉桓帝的欢心，不断在民间搜罗美女，只要长得好看的便全都送到后宫中去。其后宫中美女的数量按照《后汉书》的说法便是"滥盛"，早就超过了汉朝规定的数量。所以大臣陈蕃上疏汉桓帝，希望他能减少后宫美女的数量，以做天下的表率。

汉桓帝从其言，遂将后宫中不常临幸的五百多个美女遣返回乡。汉桓帝因此特别得意，认为自己是一个千古难得一见的明君，所以便询问侍中爰延："爱卿家，你说说，朕是一个什么样的皇帝呢？"

爰延："臣觉得，陛下在我大汉一众君主中，应该算是一个中等的君主。"

汉桓帝："哦？为什么这么说呢？"

爰延："一个下等君主，他的身边都是外戚和宦官以及一些小人；一个上等的君主，他的身边整天围绕的都是忠臣，至于宦官，只区区一两人而已；而陛下您的身边既有宦官和外戚，也有对国家忠心耿耿的大臣，所以既可能被引导为恶，又可能被引导为善，小臣这才认为陛下您是一个中等的皇帝。"

这意思其实就是让汉桓帝离那些宦官和外戚远一点。汉桓帝好像也听懂了爰延的意思，便很郑重地回道："哎呀，当初朱云曾在朝廷上折断栏杆而强谏成帝，如今你也像他一样指出朕的错误，真的是忠臣啊，朕知道自己哪里错了，你退下吧。"

可话虽这么说了，汉桓帝在之后还是天天与太监和外戚厮混在一起，不见有半点儿改过自新的觉悟。

于是爰延再次找到了汉桓帝直接摆明了要汉桓帝亲近大臣而远离宦官。可汉桓帝呢？这回连听都不听了，直接拂袖而去。

爰延盛怒至极，当天便以有病为由辞去了官职，从此回乡养老，再也没出现在历史的长河中。

公元160年正月，"五侯"中大头子单超病死，天下百姓拍手称快，认为这天下从此以后会安宁一些。

可他们错了。

单超死后，剩下四侯等一众宦官更加嚣张跋扈，他们随意卖官，收受贿赂，谁要是得罪他们更是死无全尸，所以百姓们都盛传着一首歌谣，叫"左回天，具独坐，徐卧虎，唐雨堕"（意思是四侯的权力和罪恶已经达到了空前的高度）。

四侯仗着汉桓帝恩宠，不断修建豪华府宅，追求极致的奢侈，连奴仆都有牛车乘坐，护卫自己的卫队更是骑着高头大马的精悍卫士。

但凡和他们沾亲带故的人，都被任命到了重要的位置，最差的也是一郡之守。这帮人到任以后肆无忌惮地搜刮民脂民膏，和盗贼没有半点儿区别，较之前的单匡有过之而无不及。所以全国各地民不聊生，无数百姓选择做了盗贼。反抗朝廷的小势力更是数不胜数，朝廷虽时常征伐，却灭之不绝。

二月，西羌诸部见东汉朝廷政治昏庸，民间造反势力无数，便再一次入侵了汉朝边境。可遗憾的是，这一次的入侵再次被护羌校尉段颍所击败。

那段颍英勇善战，见羌人入侵以后没用半点儿谋略，而是直接带着部队冲杀上去，和这些羌人进行惨烈的肉搏战。

段颍战前便对所有士兵宣誓，本场战役不准任何一个人退却，要是在战阵之中有一个人临阵而逃，便要将其全家斩杀，并且段颍也以身作则，经常带着自己的精锐骑兵团接连冲杀于羌军的侧翼，哪怕身受重伤也绝不下前线。

基于此，他手下的士兵们奋勇搏杀，如同不要命一般和羌人死斗。

因为汉军的战意旺盛，还因为汉军的军事装备要比这些羌人高出不少，所以这场战役从清晨一直打到黄昏。哪怕是即将入夜之时，汉军也没有一丁点儿的撤退之意，段颍这个浑身是血的怪物依然率领着他们不停地战斗。

直到这时候，诸羌的首领害怕了，这次是真的害怕了，他们实在不敢再和段颍这个疯子战斗了，于是直接下达了撤退的命令。

于是，诸羌部队疯狂向后逃窜，可段颍却不肯放过这些羌人。他不但自己不休息，也不准自己的士兵休息，就这样马不停蹄地狂追羌人，一边战斗一边前进，不杀绝羌人誓不罢休。

就这样，汉军不停地追不停地跑。没有粮食就杀了战马吃肉，没有水源便抓雪来止渴。

终于，当这些羌人逃到积石山以后再也跑不动了（已经连续不停地逃了两千多里），遂下令整顿休息。

可还没等这些羌族士兵把饭做好，段颍的兵团便已经杀到。这些身着红色布衣黑色铠甲的战士们瞪着血红的双眼直奔羌人而去。

羌人这时候已经被汉军的疯狂给吓破了胆，再也不敢有半点儿反抗。于是，全部投降汉军，段颍杀掉了烧当羌和烧何羌的大豪帅以后便押着所有的俘虏凯旋了。

至此，段颎之大名震慑西北，汉家的士兵们都在私下里尊称段颎为战神，而羌人则都畏惧地称呼其为段疯子。

6.8 强悍无敌的皇甫爷爷

公元160年七月，长沙蛮反汉，掠夺汉朝边境而还，州郡不能治。

同月，零陵蛮反汉，州郡不能治。

还是同月，九真一带的百姓起兵反汉，其军队发展非常迅速，没多长时间便有数万人之众，州郡不能治，汉桓帝只能以"怀柔"（给钱、给好政策）的手段将其招安。

九月，泰山、琅邪百姓起义，州郡不能治，汉桓帝再次"怀柔"招安。

十一月，日南两万余百姓起义，州郡不能治，汉桓帝再一次"怀柔"招安。

同月，泰山叔孙无忌反汉，统率两万人的队伍攻打郡县、抢夺财物，州郡不能制，汉桓帝赶紧再次"怀柔"。

可这叔孙无忌是一个有想法的人，他要的并不是汉桓帝给的那点儿钱，而是汉桓帝的天下。

所以，叔孙无忌当即拒绝了汉朝的"好意"，转而继续率兵攻打汉朝郡县。汉桓帝因此大怒，遂遣中郎将宋资率中央野战军前往讨伐。但以往无所不胜的中央野战军这一次却被民兵击败了。由此可见，现在朝廷中央的那些所谓的将军都是一些什么货色。

怎么办？这可怎么办？朝中无大将，而段颎、张奂、李膺等能上得去场的现在还都在边境对抗异族，绝对不能离开驻防地半步。怎么办？汉桓帝的脑子现在已经是一团乱麻，根本就不知道如何是好。

而就在这时候，不知是哪位官员突然给汉桓帝推荐了一个人，并向汉桓帝保证，只要让这个人统率中央野战军前往，叔孙无忌必然会失败。

这个人是谁呢？便是十多年前先被汉顺帝打压，再被梁冀打压的军事天才皇甫规了。

现在的汉朝确实已无将可派，所以汉桓帝只能将现在已经年过五旬的皇甫规招至宫中，让他带兵前往平乱，并任命皇甫规为泰山郡太守。

这次平乱的详细过程史料并没有记载，不过《资治通鉴》和《后汉书》皆言皇甫规通过种种计谋手段将叔孙无忌玩弄于股掌中，最后竟然没损失多少兵力便将叔孙无忌给打残了，而叔孙无忌的那些手下也全都逃归乡里，从此再也不敢反抗汉朝的统治。皇甫规，这个熬了将近二十年的军事天才，总算可以开始实现自己的抱负了。

公元161年正月到七月之间，汉朝相继发生了四次灾祸，想当初汉安帝的时候，每年的重灾害都要有三四次之多，可汉安帝硬是足足顶了好几年，实在顶不住的时候才稍微地减少了百官的俸禄。

可现在的汉朝呢？只这一年的灾祸汉桓帝就顶不住了，因为国库没有钱了。所以他于本月下令减百官俸禄，并开始公然贩卖官爵。

十月，西北方面再起战乱。先零羌于本月联系了整个西羌诸种，组成了一支十多万人的部队共同向并、凉二州发起进攻，发誓要在这一次的侵袭之中让段疯子尝尝他们的厉害。

护羌校尉段颎听闻此事以后没有半分畏惧，当即组织部队前往迎击。岂料在出发以前，凉州刺史郭闳派出使者面见了段颎，希望段颎在消灭这些羌人以后能将战功分给他一半。

凭什么我的功劳要分给你？暴脾气的段颎想都没想便拒绝了郭闳的要求，并将使者打出了军帐。

然后，段颎的噩梦来了。

本月中旬，当段颎行军到一半的时候，他尴尬地发现，自己的军队竟然快没有粮食了，为什么？因为郭闳扣下了段颎的军粮，不予发放。于是段颎当即停止了进军，并急遣使者往郭闳处，再三要求郭闳迅速派粮。

郭闳嘴上答应得好好的，但就是不予派粮。时间就这样一天天地过去了，而段颎军中更是开始躁动不安。尤其是那些胡人骑兵，他们为什么跟着段颎打仗？表面上因为他们的属国从属于汉朝，可实际上不就是为了吃一口饱饭吗。如今好了，连一口饱饭都吃不上了，谁还跟你干？

于是，这些胡人骑兵在一个夜晚便溃散而逃了。汉军的士气因此跌落至谷底。

见此，段颎也知道，这次的战斗是无论如何都不可能获得胜利了。

于是，愤恨的他只能带着部队狼狈而回。

段颎，从为将领以来一次败仗都没有打过，而如今，竟然连交手都没有便败给了自己人，进而狼狈而回。这让他怎么能够甘心？

所以，段颎立即写了一封奏疏，想要狠狠地参郭闳一把。岂料他的奏书还没上去，朝廷的官吏便来了。

原来，那郭闳料定段颎失败以后必会找自己的麻烦，于是率先动手，在克扣段颎军粮的时候便已经派人前往洛阳去寻找那些宦官了。

结果，等段颎失败以后，这些宦官将责任全都推到了段颎身上，忽悠汉桓帝好好治理一下段颎这个残暴的统帅。

而汉桓帝呢？对宦官言听计从，根本不管段颎曾经的功绩，也不去调查事情的真相，就这么免去了他的官职，将他扔到了左校营罚做苦役。

这之后，汉桓帝再用胡闳为护羌校尉，让他前往平叛，可胡闳本就是个通过贿赂上来的角色，既没有尊严也没有才能，连手下的士兵都管不好，拿什么去和羌人作战？

果然，胡闳上任以后，诸羌的气焰更加嚣张，不断攻击汉朝西北边境，祸患从此越发严重。

汉桓帝因此大急，但又不能在这时候把段颎给放出来，不然他天子的威严往哪里放？

可就在汉桓帝无人可用之时，泰山太守皇甫规突然致信汉桓帝毛遂自荐："臣，泰山太守皇甫规请奏陛下。现在泰山一带的盗贼已经被臣清除殆尽，听说西北一带的羌人嚣张，起兵反叛我大汉天威。臣从小生长在西北，熟悉那边的地形，熟悉那边的羌人，更知道这些羌人为什么会联合在一起反叛我汉朝。臣觉得，这些羌人并不是一定要反叛我们，主要的原因还是因为西北的那些官员不懂得安抚百姓和羌人，以至于叛乱无穷无尽。所以与其求勇猛的将领，倒不如实行清平的政治；与其寻找精通《孙子兵法》的良将，倒不如让郡太守奉公守法。如果陛下能用卑微的老臣去平定西北叛乱，臣必定会马到功成，还请陛下能够三思。"

三思？这封信来得正是时候，如同雪中送炭，汉桓帝这回连想都没想便答应了皇甫规的请求，当即任命其为中郎将，代表汉桓帝都督函谷关以西的所有军队。

那皇甫规的大名早在多少年前就响彻西北大地，所以诸羌大人听说皇甫规来了以后都很害怕，便开始积极准备作战。

可哪怕是有了准备，他们也没想到皇甫规会来得这么快。

本年十一月，年迈的皇甫规用不到半个月的时间便偷偷赶到了西北，然后率少而精悍的骑兵团突然袭击了先零羌的驻地，将这个带头的种部打得狼狈而逃。

这"大哥"被打败之后，大大地挫了诸羌的士气，而皇甫规还在这个时候集结了所有西北边郡的郡国兵，每天都在边境上示威，这就让诸羌更加害怕。

可这之后，皇甫规并没有再攻诸羌，反而派遣使者往各个羌族的驻地，向他们承诺，只要他们能投降汉朝，汉朝便对他们开通关市，并且皇甫规以自己的人格保证，从此以后再也不会有官员去欺压他们，做那些不平等的交易。

闻言，这些首领聚集在一起商议，最后经过反复商讨，先零羌等十余万羌人决定向皇甫规投降，看看他是不是会遵守自己的承诺。

而皇甫规果然没让这些人失望。

这之后，汉朝对诸西羌部落大开关市之门。两个种族的百姓们相互交换彼此需要的东西，也再没有那些汉朝贪官的横征暴敛，怎一个其乐融融所能形容！

可就在西羌诸种之乱刚刚平定之时，东羌那边又闹出了乱子。

话说当初张奂为安定属国都尉的时候，和东羌诸部也是处得其乐融融，东羌再也没有寇掠过汉朝边境。可自从张奂被调走以后，新上任的属国都尉又开始横征暴敛起来。这些东羌人愤恨不已，终于，在公元162年三月的时候，他们忍不了了，于是组成了一支联军反抗汉朝，并疯狂寇掠安定、张掖、酒泉三郡。

这些郡的太守都是一些花钱买的官，多半是连战场都没见过的人，怎么可能是羌人的对手？

于是，东羌肆无忌惮，各种抢劫寇掠。三郡太守不能制，便紧急求救于皇甫规，希望他能前来救援。

皇甫规当即答应了下来，然后聚集、带领着西羌诸种和汉兵前往前线。

可就在大军行至大半之时，皇甫规军中先零种部突然暴发了可怕的瘟疫，几日之间便死了十之三四的士兵。

那皇甫规不避疾病，竟亲身前往先零羌部慰问和照顾病重的士兵，如当初战国吴起、西汉李广一般。

先零羌大豪帅因此向皇甫规表达了谢意。可皇甫规非但没有接受大豪帅的谢意，反倒向其道歉，称是自己给先零羌造成了麻烦，因为如果不是先零羌出来帮助自己的话，是绝对染不上这些疾病的。

所以，皇甫规向先零羌大豪帅承诺，等凯旋以后一定会赔偿相应的损失。

此举使得诸羌战士大受感动，发誓要为皇甫规卖命。

一时间，皇甫规的汉羌联军士气暴涨，喊着要去给汉朝报仇。这种可怕的凝聚力使得东羌诸部胆寒，可东羌毕竟不过是从西羌中分出来的一支而已，论战斗力他们根本就不是西羌的对手。

于是，东羌诸部联盟派出了一名代表面见皇甫规，表示他们本无意反抗汉朝的统治，只不过因为汉朝的官员实在是太过分，他们迫不得已，这才起兵叛乱。如果汉朝能够像对待西羌那样对待自己的话，他们愿意立即投降皇甫规。

见此，皇甫规二话没说，当即答应了这名东羌代表，不费一兵一卒，皇甫规再次平定了东羌之乱。

6.9 奸宦当道，忠臣末日

公元162年四月，长沙一带的百姓聚众起义，攻打桂阳和苍梧二郡，州郡兵不能制。

五月，这些起义军继续转战南海和交趾。洛阳方面因此派遣御史中丞盛修都督州郡进行讨伐，可结果却是大败而回。汉桓帝只能另外想办法进行安抚。

八月，艾县农民起义，部队迅速发展至一万余人，州郡不能制。汉桓帝立即派遣谒者马睦都督荆州兵马前往讨伐，结果大败，荆州兵因此损失惨重。零陵蛮趁机发兵讨伐，抢夺荆州一带的郡县。

同月，汉桓帝削减虎贲、羽林等卫士的俸禄一半，并不发放过冬衣物，意图用节省下来的钱作为军费来抵抗那无穷无尽的农民起义和南蛮入侵。

十月，武陵蛮相继攻克多座郡县，使得汉朝南部损失惨重。南郡太守李肃不敢继续在郡治待着了，便准备舍弃城池随百姓逃亡。其主簿胡爽直接拦住了他并劝阻道："蛮夷因为州郡没有防备，所以才敢趁着这空隙的时候对我大汉发动攻击。大人您身为国家大臣，管辖的地区有千里之广，如果发出军令，高举大旗，便能在极短的时间内凑足十万大军，怎么能抛弃将士和百姓做那临阵脱逃之人呢？"

话都没错，可李肃现在只想逃命，于是拔出佩刀顶着胡爽的咽喉吼道："我现在很急，没有时间在这听你废话，赶紧给我滚开！不然杀了你！"

面对着李肃如同吃人一般的眼神，胡爽并没有害怕，而是坚定地站在李肃面前，没有半点儿退开的意思。

结果，那把冰冷的首环刀插进了胡爽的咽喉，一个忠臣就这样死于一个靠着贿赂上来的小人之手。

李肃逃走以后，整个荆州的指挥失灵，起义军和那些南蛮更是趁此时机疯狂进攻。汉桓帝因此大急，向朝中百官询问应该派谁去平定叛乱。

尚书朱穆向汉桓帝进言道："陛下莫慌，右校令度尚为人正直，精通政务，可任命为荆州刺史。太常冯绲通晓军事，可任命为统帅前往平乱。"

汉桓帝知道朱穆的厉害，断定他推荐的人绝对错不了，于是任命度尚为新任荆州刺史，冯绲为车骑将军，率中央野战军及荆州郡国兵共十多万人前往平定叛乱。

为了凑集军费，汉桓帝再次削减百官俸禄，并向各个诸侯王借粮，这才凑出了本次大军团出征所需要的粮食和军费。

在此之前，朝廷派往平叛的很多将帅都因为没有贿赂宦官而被宦官陷害，以致有功不赏、有过必死。

冯绲为了避免这种情况发生，便请求汉桓帝派一名中常侍前去监督军队的财务开支。冯绲的想法只有一个，那就是能好好地打仗，不被后方干扰，仅此而已。

可他这么做却使得朝中的清流大怒，其推荐人朱穆更是在汉桓帝面前大参冯绲，要求换人。

但汉桓帝并没有这么做，一个既有军事才能又有眼力、能与宦官和平共处的人，汉桓帝当然不会换掉了。

于是，冯绲就这样顺利地带着军队前往讨伐荆州一带的农民和蛮族。

过程史料没有什么详细的记载，总之冯绲很顺利便将整个荆州的农民和蛮族全都讨伐干净了。但因为这一次得罪了满朝的清流，所以不想遭人诟病的冯绲便上疏汉桓帝，请求告老还乡，自己真的不想再在朝廷这个左右不是人的大漩涡里待下去了。

可汉桓帝并没有批准，依然留冯绲在洛阳这个天下的政治中心，终是害死了这个想要隐退保命的中庸之臣，不过这是后话，留待以后再说吧。我们还是先来看看皇甫规那边，因为他新一轮的危机又来了。

自皇甫规被任命为北中郎将，并平定了叛乱以后，便在西北地方督率军政。皇甫规这人从来不收受半点儿贿赂，并且对本地的那些贪官污吏大加惩罚，意图在西北整顿吏治，让西北的战斗力以最快的速度蹿升起来。

可那些被皇甫规弄下去的人全都是通过宫中的宦官上来的，所以皇甫规此举大大地得罪了那些朝中的宦官们。

于是，宫中的这些宦官通过自己的人脉来诬陷皇甫规，说他收受贿赂、违法乱纪，西北在他的祸害下已经是残破不堪。

而汉桓帝对于这些宦官是非常信任的，于是派遣了一名使者往西北大大地痛斥了皇甫规一遍。

皇甫规马上上疏回奏汉桓帝，反讽现在的局势，并声称贪污腐败一日不绝，国家便永无宁日。

汉桓帝因此大怒，将皇甫规召回了京中，本来汉桓帝怜惜皇甫规的才能，也没想将他怎么样，只想收拾他一段时间再行任用，毕竟人家的才能摆在那里，就这么放弃了实在可惜。

可朝中的那些宦官们却不这么想，现在双方已经陷入了不死不休的关系，他们绝对不允许皇甫规再次崛起。

于是，左悺、徐璜等宦官再次带着一众帮凶以种种手段诬陷皇甫规，不将他除掉誓不罢休。

汉桓帝顶不住压力，只能将皇甫规所有的官爵全都免除，然后罚到左校营去做苦工。

此消息一出，京城中的太学生们大为愤慨。要知道，现在的汉朝除了皇甫规、张奂、段颎等有限几人外，那些所谓的武将几乎没有能拿得出手的，如果再将这几个会打仗的也一个个弄死，那汉朝还有明天吗？

于是，京城太学生三百余人联合在一起上书汉桓帝，希望他能放过皇甫规，哪怕不封他的官，也起码给汉朝留一条后路。甚至连三公也隐晦地表达了这个意思。

汉桓帝本就不想弄死皇甫规，这回有了台阶，自然就坡下驴，将皇甫规给遣返回家了。

虽然官职丢了，但至少性命是保住了。而只要人活着，就一定还能有机会。

公元163年五月，北方鲜卑寇掠辽东属国，州县不能治。

七月，诸羌又开始寇掠汉朝西北边境，除了新任陇西太守孙羌（一说孙羌为孙坚之长兄）打退了来犯羌人以外，其他地方的太守皆被羌人疯狂寇掠而不能制。

汉桓帝因此大急，赶紧重新起用了皇甫规，并任命其为度辽将军，让他防备那些可恶的辽东鲜卑。

皇甫规在上任的第一天便推荐了张奂，并声称张奂的才能胜过自己千百倍，希望朝廷能用他为度辽将军，至于自己，只要一个闲职便可以了（至于到底怎么想的相信只有皇甫规自己知道了）。

而汉桓帝也知道张奂杰出的军事才能，所以答应了皇甫规，并于本月任命皇甫规为护匈奴中郎将，张奂为度辽将军，还重新起用了同在左校营罚做苦工的段颎为护羌校尉。

如此，才使得种种边患稍微转弱。

可就在三位忠于汉室的武将终于被重新起用，朝中清流都为汉桓帝点一个赞的时候，几乎是朝廷清流中的头子，朱穆又被活活气死了。

本年十二月，因为现在的汉朝实在是太过污浊，朱穆真的看不过去了，便找到了汉桓帝，正式和其摊牌："陛下，按照我大汉王朝的传统制度，中常侍并非全都是宦官，而应该是朝中的士人担任。可自光武帝开始，这些人都变成了宦官。这本不是什么大不了的事情，但随着时间的推移，这些宦官的地位却一天比一天高、一天比一天尊贵。他们的帽子上镶着金边，他们的貂皮大衣深深垂地，凡朝廷中的重大事情都要通过他们才可以施行，三公就是摆设。他们的亲信尊贵无比，甚至连子弟和亲戚都担任着决定一方生死的重要职务。而这些人却处处不为国家着想，只是肆意妄为、骄纵跋扈，谁都无法驾驭。因此，天下至穷，小民枯竭，我大汉朝廷现在甚至连平一次天灾都要伤筋动骨，这样能行吗？因此，臣建议陛下重新改变京城之中的官职制度，将所有的宦官全部罢黜，将和他们有关的人也全部免除官职。这样的话，我大汉还有重新崛起的机会！还请陛下三思啊。"

汉桓帝道："……你说这些朕不知道，朕只知道，都是人，士人能够干得好，宦官未必干不好。而朕之所以有今天的地位，不是因为你们，而是因为这些宦官！"

朱穆道："陛下！您是一个皇帝！不是一个平民！报恩，赏赐便可以了，怎么可以不顾国家利益，就这么将整个一个国家的大权交给这些宦官呢？他们和士人根本就不是一个层次的人啊！他们……"

汉桓帝盛怒打断："别说了！给朕出去！"

朱穆哐当一下跪在地上，痛心疾首地道："陛下！如果再这样下去，我大汉……"

汉桓帝暴怒吼道："朕让你滚，难道你没有听清楚？"

话毕，现场一片寂静，朱穆又跪在地上沉默了好一段时间，这才默默离去。

次日，朱穆没有再上朝，而是整日在自家的院子里看着天发呆。

数日以后，朱穆抑郁成疾，紧接着身生毒疮，就这样离开了人世。

6.10 小聪明

公元164年十月，之前南方诸多叛乱已经都被汉军血腥镇压，于是，汉桓帝觉得有必要去南方视察一圈了。于是便携公卿贵胄共同前往，车骑以万计算。

各个地方的官员为了显示自己的政绩，将那些穷苦百姓全都肃清，不允许汉桓帝路过的当天出现，以免污染了汉桓帝那双龙目。

这一番动作后，朝廷所消耗的金钱又要以亿来计算。

十二月，原五侯中唐衡、徐璜病死，天下却无多少人拍手称快，因为现在的汉朝不管多少个宦官死掉，都有无数个宦官顶上来。而汉桓帝只放心将权柄交到宦官手里。因为他知道，在自己的身边，只有宦官才不会背叛自己，且对自己百依百顺。

公元165年正月，渤海王刘悝意图趁着天下百姓都憎恨汉桓帝和诸多太监的时候起兵造反，可消息提前泄露，未等造反成功便被平灭。朝中大臣建议汉桓帝将其诛杀，但汉桓帝不愿担残杀皇室宗亲的恶名，所以没将其杀死，而是贬至他方，只给一县之地而已。

同月，此时的汉桓帝后宫女子已多至六千，这些女子整日穿金戴银，耗费国家钱财不计其数。

邓猛女自从为皇后以后更是仗着自己的尊贵地位肆无忌惮。可不知具体是什么时间，独宠自己的汉桓帝却开始宠爱上一个姓郭的贵人。

邓皇后怎能服气？于是开始收拾郭贵人，岂料这郭贵人也不是省油的灯，运用自己的关系和手段开始反击邓皇后。于是后宫被二女弄得乌烟瘴气。

最终，这两个人谁都没赢，几乎同归于尽。

邓猛女被废掉了皇后之位，并幽禁于冷宫之中，不久便忧郁而死。至于郭贵人，最后结果不得而知，却再也没出现在史料之中，结局成谜。

三月，李膺弹劾大贪官，北海郡太守羊元群，希望汉桓帝能将羊元群依法治罪，可羊元群背后却是宦官群体，再加上李膺这等极致清流又是这些宦官的政敌，所以他们联合在一起于汉桓帝前指控李膺，以各种理由诬陷他，让汉桓帝治他的罪。

李膺是一辈子都没有什么污点的人，说他以权谋私贪污受贿，相信整个天下都没有谁会信的。汉桓帝却连调查都没有便将李膺治罪，并将其罚至左校营去做苦工。

数日以后，大宦官单超的弟弟单迁又因为贪污受贿的事情被抓至廷尉署接受调查，冯绲依照汉朝律令对其进行严刑拷问。可这单迁窝囊到极点，竟然在拷问中被活活吓死。于是单超大怒，勾结朝中群宦集体参奏冯绲。

结果，冯绲也和李膺同一下场，被免去官职扔到左校营去做了苦工。

汉朝的清流，到现在还剩下几个？大概没有几个人了吧。

五月，荆州士兵朱盖和桂阳胡兰同时起兵造反。两军好像经过商量一般，非常默契，没几天便集合在一起，然后突袭了桂阳城。

　　桂阳太守任胤交战都不敢便弃城而走，于是起义军迅速地占据了桂阳城，兵力在几日之内便发展到了数万人。

　　这之后，起义军转攻零陵，意图攻下此地后分兵略地，占据整个荆州，之后以荆州为基石夺取天下。

　　但零陵太守陈球却不是任胤那样的废物，起义军虽然阵容庞大，但陈球并没有半点儿畏惧，反而不断誓师，要和起义军一决生死。

　　但零陵地势很低，气候潮湿，所谓的城墙还都是用木头建成的，所以城中的民众惶恐不安，陈球手下的官吏们更是怕得要死，请求将城中官员的家属们都送到安全的地方避难。

　　可陈球却严令禁止，并张贴告示对全城官民发誓，城在人在，城毁，连他在内，一家子都不会活。

　　这就摆明了是要和零陵城内的百姓们同生共死，所以零陵虽然不适合防守，但城内的官民士气却空前高涨。

　　可光是士气高涨还是不行，当初光武帝取消了西汉的郡国兵制度，所以全国没有郡国兵，虽然最后因为实在扛不住异族的打击，这才在边界增加了郡国兵，但南边境的郡国兵始终要比北方的郡国兵差很多，所以双方的人数相差非常悬殊，甚至连装备都无法和北方郡国兵相提并论。

　　为了弥补这个差距，陈球下令手下士兵自制弓箭和箭矢，还动员全城百姓和其一起坚守零陵。

　　因为陈球从任零陵太守以后便对平民百姓非常好，从来没做过任何一件对不起百姓的事，所以零陵的百姓也投桃报李，跟随陈球一起抵抗起义军的进攻。

　　本以为这个零陵也和桂阳一样，是一个一攻就破的"纸城"，但当起义军连攻三天以后，朱盖和胡兰都傻了，因为在他们如同潮水的猛攻之下，零陵非但没有半点儿陷落的趋势，反倒是越发坚固。

　　两位统帅不想因为一个零陵被牵制在原地，于是运用了最惨无人道的办法攻城，那便是堵塞河流，引水灌城。

　　可陈球却对此法毫不在意。他顺着零陵独有的地势，带着百姓又挖了一条大渠，竟然将那些灌进零陵的洪水反引到起义军的大营，给起义军造成了很大的伤亡。

朱盖和胡兰因此大怒，遂对零陵发动了更加凶猛的进攻。

可一连十余日，零陵依然牢不可破。

而此时，起义军攻击零陵的消息也传到了汉桓帝耳中。汉桓帝立刻命度尚为中郎将，率两万步骑前往救援零陵。

又是十数日过去了，零陵依然纹丝不动，而这时候的起义军已经被陈球防得士气全失，临近崩溃的边缘。

就在他们将要彻底崩溃的时候，度尚的援军又杀过来了。结果自是不必多说，起义军狼狈逃窜，度尚几乎是捡了一场大胜。

这还不算，度尚还向洛阳谎称自己已经将所有的叛军全部消灭，甚至连朱盖和胡兰都死于乱军之中。

汉桓帝不疑有他，便再次任命度尚为荆州刺史（曾经当过一次），主管荆州军政大权。

再说朱盖和胡兰。这二人失败以后，料想荆州再无发展，遂率残部逃往交趾苍梧，可却被交趾刺史张磐像打狗一样给打跑了。无奈之下，朱盖和胡兰只能带着残部再次返回到荆州境内。

度尚害怕自己谎报军情之事被揭发，于是上疏朝廷，谎称这些盗贼都是苍梧郡流窜到荆州来的。汉桓帝偏听偏信，便将张磐抓到了洛阳，以治理地方不善为名将其打入了监狱。

可又不知是什么原因，汉桓帝又在此时向天下发布大赦令，张磐因此免罪释放，可愤怒的张磐却死活不肯出狱，反倒是将自己的刑具钉得更加牢固。

狱吏疑惑地问张磐："皇恩浩荡，陛下已经赦免了你的罪名，为什么还不出来呢？"

张磐："我身为一州刺史，自问从来没对不起过国家，如今却被度尚那厮诬告而投入监狱，备受刑罚，我怎能甘心？事情，总应该分个真假对错，如果我因为度尚的人脉就忍气吞声的话，我活着便是一个恶吏，死了也是一个恶鬼，这和我本心不符，所以不可能！我不求别的，只求当今圣上能传度尚往京中对峙，不然我就是饿死、被打死，也绝对不会走出牢房半步！"

此狱吏见张磐如此硬气，也没有再多说什么，而是将此事禀告给了廷尉，廷尉又将此事汇报给了汉桓帝。

大概是这度尚后面并没有官中巨宦吧，总之就是没人替他求情，无奈，度尚只能硬着头皮前往洛阳和张磐对峙。

结果，度尚在朝堂之上完全被张磐说得没有半点儿反驳的余地。

汉桓帝因此罢去了他荆州刺史的职位。

本来欺君之罪是要被斩杀的，但念及度尚之前的功劳，汉桓帝便没有杀他，只是贬为庶民了事。

而几乎是在张磐沉冤得雪的同时，身在西北的段颎又打了一场翻身仗。

6.11 所谓朋党

话说自从段颎重新回到西北以后，这些羌人畏惧其威名，倒是老实过一段时间，可段颎对于羌族人的态度相当强硬，又不开放关市，又纵容那些贪官污吏们欺压羌人（段颎实在是不想再重复昨天的故事了，因为宦官的势力实在是太强大了，所以段颎服了，开始纵容宦官），所以这些羌人也不怵段颎段疯子的称号，便再次联合在一起对汉朝西北边境展开连番寇掠。

而段颎呢？和往常一样，从来都是主张以绝对武力对抗异族的他再次领兵硬撼羌族人。

他带领士兵转战整个大西北，从春季直到秋季，没有一天不在搏杀之中度过，虽然偶有险境，但没有一次不被段颎翻盘取胜。

直到本年六月，这些羌族人终于扛不住段疯子的攻击了，便开始全线溃退。

不过段颎很明显不会放过这些羌族人，他不但对这些溃逃之兵展开疯狂追杀，还在再次大胜以后杀入了羌族内部一顿"三光"。

据《后汉书》记载，在这大半年的时间里，段颎前后共斩杀了两万三千多羌人，俘虏数万之多，至于反击羌族地界所抢夺过来的牛羊更是多达八百多万头，几乎将羌人的活路断尽。

段颎，这个疯狂的战鬼，在汉朝末期三大名将之中已经隐隐有成为魁首的趋势（段颎、张奂、皇甫规）。

同年八月，因为国库空虚，汉桓帝再下政令，宣布整个汉朝只要是有田的人，每亩田都要多增十个钱的赋税，计亩敛钱由此而始。

话说自从邓皇后和郭贵人"同归于尽"以后，汉桓帝又重新宠爱上一个叫田圣的妃子，这田圣并没有什么背景，但长相确实倾国倾城，汉桓帝对其极为宠爱，便想在本年十月立其为皇后。

可司隶校尉应奉和太尉陈蕃却因此事劝说汉桓帝，说田圣没有背景，身份低微，如果强将其立为皇后的话，那么等汉桓帝百年之后，田圣就很有可能重蹈当初赵飞燕和赵婕好的悲惨覆辙。

汉桓帝深觉有理，便没有立田圣为皇后，而是立窦融之后，现身为贵人的窦妙为皇后。

不过自此，汉桓帝对田圣的宠爱更甚，根本不怎么去宠爱窦皇后。

同月，平民盖登在渤海起义，几乎在瞬时之间就被官府所灭。那么为什么这次官府的行动如此迅速呢？

因为这不知死活的盖登竟然自称为太上皇帝。

十一月，太尉陈蕃多次请求汉桓帝，希望能将遭到宦官陷害，至今还在左校营罚做苦工的李膺、冯绲、刘祐等释放出来并委以重任，但汉桓帝因为这些人都得罪过自己的心腹，所以一直没有同意。

直到应奉前来请求，汉桓帝经过再三思考以后，这才将三人释放，并封人望极高的李膺为司隶校尉，以此来提升自己在朝中清流以及百姓心中的地位。

本以为在左校营待了这么长时间，李膺怎么也该学会乖乖做人了，岂料这李膺非但没有学会做人，反倒"变本加厉"。

当时，汉桓帝身边的红人，小黄门张让的弟弟张朔担任野王县的县令，他利用手中的职权和自己哥哥的势力肆无忌惮，肆意贪污受贿欺压贫民。但当他听说李膺当上司隶校尉以后，竟吓得屁滚尿流，还弃掉了官印，躲藏在张让的家中不敢出来了。

李膺听到这个消息以后竟然直接带人冲进了张让的家中，将张朔直接提了出来。而且，为怕夜长梦多，李膺竟然亲自审理此案，将张朔贪污受贿等暴虐事件审得证据确凿以后便将其斩杀了。

张让得知此事以后又怒又悲，直接向汉桓帝哭诉，请求汉桓帝为其做主。

汉桓帝因此大为光火，便将李膺召至宣德殿，痛批他不经请示便随便杀人。

可李膺没有半点儿畏惧，当即反驳："过去，孔丘担任鲁国的大司寇，只用七天便将少正处决！而今，我李膺到任已经十天，生怕拖延得太久而遭到责备，这才以最快的速度将张朔斩杀，可没想反倒因为杀死奸邪太快而犯罪。啊，我深知自己的罪孽深重，大概死亡已近在眼前了吧，不过我请求陛下再让我留在任上五天，等将那些奸邪赶尽杀绝以后，哪怕陛下您把我烹了我也不会有半句怨言。"

汉桓帝沉默良久，然后和李膺道："你可有张朔犯罪的证据？"

李膺嗤笑一声，然后将一大摞本子放在汉桓帝面前，里面记载的全都是张朔这些年来犯罪的证据。

这回，汉桓帝一句话都不说了，而是转过身来和张让道："这都是你弟弟自找的，和司隶校尉没有半点儿关系，你也不要再说什么了。"

话毕转身便走。

这可是汉桓帝第一次在太监面前袒护臣子，难道汉桓帝终于觉醒了？

不是，是因为李膺之前的话说得太有水平，汉桓帝要是这样还治李膺的罪的话，那他这个皇帝可真是能比桀、纣了。

而自从此事以后，整个皇城之中的太监都好像转了性一样。他们恭敬谨慎，不敢贪污受贿，不敢大声呼吸，走路都是低着头，甚至连节假日都不敢出官，全都堆在皇宫之中老老实实地工作。

汉桓帝非常奇怪，就问这些人为什么要这样小心谨慎。这些太监统一口径，几乎所有的人全都是这么回答的："我们害怕司隶校尉李膺。"

要知道，现在的李膺可还没杀死一个宦官呢，怎么就会将这些宦官吓到这种程度？难道李膺真的有这么大的威慑力吗？答案当然是否定的。这些太监之所以这样子，只是想让汉桓帝看看，他最亲近的一群人已经被李膺欺负到了一种什么样的程度，也好为接下来的图谋铺上一条路，仅此而已。

可那些饱读诗书的太学士及清流们却看不出，他们还喜滋滋地将李膺捧上了天，"配合"着这些宦官烹杀了李膺。

公元166年七月，此时的京城风云大变。因为之前李膺胜过了张让这个宦官中权力极大的头子，为汉朝的清流们争了一口气，所以京城三万太学生都标榜李膺、郭泰、贾彪、陈蕃、王畅等一干清流。

这等数量几乎是当时所有的太学生了，那是一股多么大的舆论力量啊。在这种庞大的舆论力量引导下，朝廷内外竟风气大变，争相以品评当时朝政善恶为时尚，上至三公下至朝中大臣，但凡有点儿身份的无不怕被这种舆论谴责和非议，都争先恐后地和这些清流结交。

太尉陈蕃更是趁着这种势头请汉桓帝释放那些曾经因为得罪宦官而被关押起来的清流人士。

按说，这种态势本来是好的，毕竟现在的汉朝不经历一场大的革新是绝对不会再有转机了。可这种极好的事情，到最后在这些宦官的眼里却变成了一个机会，一个彻底将这些清流全部拿下的机会。因为他们犯了一个致命的错误，那就是这种舆论的力量现在已经过于强大了，强大到能够威胁到汉桓帝的地步。

本月下旬，随着汉桓帝的脸色一天比一天阴沉，朝中的这些宦官知道，属于他们的机会来了。

一天，朝中占卜官张成（张让等巨宦身边的走狗）突然找到了汉桓帝，声称李膺等所谓的清流专门圈养太学生为他们相互标榜，以此结成朋党，上诽谤朝廷、控制君王，下迷惑百姓、遥控众生。如果这种朋党的态势不赶紧镇压的话，汉朝距离灭亡的日子便不远了。

而张让那些宦官也在此时煽风点火，各种诬陷那些清流，声称他们甚至有要再立新君的打算。

汉桓帝因此盛怒，下令京兆地区以及全国各个地方的官府，凡是在这些所谓朋党范围内的官员，全部抓到监狱里面去。

可公文经过三公府的时候，却一个都没有通过，太尉陈蕃直接拿着诏书交还给了汉桓帝，并说道："陛下这次搜捕的，全都是海内有名的贤者，忧国忧民的大臣，哪怕是他们真的犯了什么过错，陛下您也应该饶恕他们，更别提他们什么过错都没有犯过了。"

话毕，对汉桓帝深深一拜，这陈蕃竟然转头就走了。

此举使得汉桓帝更加恼火。并且，在恼火的同时，一股深深的恐惧亦在汉桓帝心中不断蹿升。

于是，汉桓帝也不通过三公了，而是命令宦官带领着自己的直属卫队，将李膺等清流中的代表人物抓到了监狱，然后再以宦官的力量下令各个地方，命令那些县令将所有"朋党"全部抓获，前前后后共抓获了数百人之多。

要知道，这些人几乎是现在天下所有的清流了。如果真的不放出来，那整个汉朝真就再也没救了。

因此，陈蕃再次找到了汉桓帝，其言辞极为激烈，简直就有要和汉桓帝同归于尽的架势。汉桓帝这回没再给陈蕃留颜面，而是将其直接罢官了事。

可以说，此次"党锢之乱"以后，汉朝再无清流。当时身在北方的皇甫规听闻此事以后，气得心脏病差点儿犯了。

同时，因为被抓的全都是天下知名的贤才忠臣，而这里面却没有他皇甫规，于是皇甫规更是感觉受到了奇耻大辱，便马上写了一个折子上呈给了汉桓帝：

"老臣曾经也推荐过大司农张奂，是阿附党人。并且，老臣过去被判往左校营罚做苦工，太学生们也曾为老臣辩护，是为党人所依附，所以不管从哪个角度来说，老臣我都绝对是党人，不能被放过，陛下您把我也抓到监狱里去吧。"

这话说得很可爱、很气愤，也是向汉桓帝表达自己的不满，更有对现在汉朝深深的无奈，可汉桓帝根本连搭理都没再搭理皇甫规。

就这样，几乎整个天下所有的清流都在这个月被汉桓帝关进了大狱。

6.12　第一次党锢之乱的终结

公元166年八月，汉桓帝大规模清除天下清流的事情传到了塞外，不管是北方的鲜卑人、匈奴人，抑或南方的蛮、夷，他们都为汉桓帝自毁长城的举动拍手称快。

于是，鲜卑、匈奴、乌桓人在本月联合在一起侵攻汉朝北边境。

一时间，汉北九郡全部遭殃，无数的骑兵不断游走寇掠，给汉朝造成了相当大的祸患。

与此同时，西方的羌族、南方的蛮族、西南方的夷族也在这段时间对汉朝进行了小规模的寇掠活动。

要不是段颎、张奂、皇甫规等边疆大将率兵拼死力战，汉朝真不知还要被折腾到什么程度。

十二月，鲜卑族在雄主檀石槐的领导下越发强大，于是在本月将鲜卑分为三部，如同西汉初期的匈奴三部（中央王庭、左贤王部、右贤王部）。

公元167年正月，当煎羌再一次反叛汉朝，其首领率四千余人前往攻击汉朝边境。

段颎听闻消息后第一时间率军出发，不到一个月便将当煎羌屠杀得一干二净，四千人没有一个活着回到自己的领地。再加上之前的战绩，西羌诸种现在已全部镇服在段颎的疯狂之下，没有一个部众再敢挑战段颎。

可西羌镇服于段颎的军威，东羌却没有。在先零羌的带领下，这些东羌人依然动不动便骚扰汉朝边境，给汉朝西北边境造成了不小的损失。

之前段颎的攻击重心大部分都放在了西羌的身上，没空搭理东羌。如今，西羌解决了，段颎下一个要屠杀的目标便是东羌了。

而正巧在这个时候，汉桓帝来了信。

原来，汉桓帝见段颎手段如此狠辣，并没用多长时间便将西羌大患打得服服帖帖，便动了一举扫平东羌的念头，也想创造如同武帝的丰功伟绩，于是致信段颎，询问他有没有什么好的办法能一举荡平东羌。

段颎于是大喜，立即回信汉桓帝："如果末将是鞭子的话，那么皇甫将军便是糖。之前，皇甫将军以怀柔的手段使得东羌五万部落投降两万有余。这样，剩下的三万余部落就可以用末将这把鞭子来将他们屠杀殆尽。毕竟，剩下这三万多部落如果不尝尝血腥就绝对不会投降。末将粗略地估算了一下，永初年间，羌族背叛，我们和羌族之间相互搏杀了十四年，其间消耗了二百四十多个亿的钱财。永和末年，我们又和羌族经历了七年的战争，总共花费了八十多个亿的钱财。花费了这么多时间、这么多钱财，结果却依然没将这些羌族人打服、打怕。说实话，末将真心费解，这简直就是不可能的事情。末将现如今可以在陛下面前立下军令状，只要陛下给我五十四个亿的军费、三年的时间、五千五校精骑、一万五校步兵、三千精锐战车，末将就能将铁枪插进这些东羌人的胸膛之中，让他们再也没有胆量入侵我汉朝边境。"

汉桓帝见此信以后极为振奋，当即便答应了段颎的要求，并将五校精骑只多不少地分配给段颎，让他随意调度。

那么段颎究竟能不能将这些羌族人打服呢？我们到时候再说。现在先将视线转回到洛阳吧。

自从那所谓的党锢之乱以后，几乎天下所有的清流都被抓进了监狱之中，文武大臣极为震恐，没有一个人敢于替这些人求情。眼见大汉朝一点一点地腐败下去，那些可恶的宦官又开始在朝中张牙舞爪。

窦氏一族的窦武（皇后窦妙的父亲）再也忍不住了，哪怕是明知必死，他也一定要和汉桓帝摊牌了。

于是，他上疏汉桓帝，把一切都说开了："臣，窦武，请奏陛下，自陛下继位以来，从来没听说过您施行过任何的仁政，而您身边的常侍、黄门等宦官却奸诈百出，竞相谋取爵位。追溯西京长安时代，阿谀奉承的官员掌握了大权，最终致使大汉失去了天下，差一点儿便断了传承。光武帝、明帝、章帝等先帝，没有一个人不将此教训放在心中。而如今的陛下您呢？不但不以当初的失败而忧虑，反倒要使车辆翻滚在本来正常的轨道中。我恐怕秦朝二世覆灭的灾难将要再次降临到我们汉朝身上了。类似于赵高一类的政变也早晚会发生。之前，那些奸佞捏造了所谓的党锢之乱，捉拿了数百人之多，这些都是什么人？这些都是伊尹、吕尚等能够辅佐君主的大臣，如今却是遭受栽赃陷害，以致被关到监狱之中。陛下，您这种做法已经让天下寒心，海内失望，您难道不知道吗？臣听说，您常常因为身边没有能臣辅佐而苦恼，但恕我直言，朝中朱寓、荀绲、刘祐、刘矩、尹勋、张陵、苑康、杨乔、边韶、戴恢等都是忠贞为国，大有能力的贤能之士。他们的能力，足以辅助陛下匡扶汉朝，使汉朝走向文宣的道路。可陛下您呢？您用这些人吗？您整日只知道依靠那些奸佞的小人，让他们在外主管州郡，在内作为心腹控制大臣。您这样做，可对得起列祖列宗打下来的大汉江山？如果您心中还有那么半点儿为汉朝着想的考虑，那么臣请求您废掉那些可恶的宦官，放掉那些被您冤屈的清流并加以重用，这样，汉朝还有那么点儿希望。"

如此大逆不道，难道他窦武不想活了吗？

窦武确实不想活了。在将这封信交给汉桓帝以后，窦武强制辞职，从此以后大门不出二门不迈，就等着汉桓帝把他弄死了。

可出乎意料的是，这一次汉桓帝并没有动窦武，反倒是将那些关押起来的清流全都给放了。他可不想被万世唾弃。

可放掉这些清流以后，汉桓帝却将他们的名字记了下来，并下令终生不得再次录用。

6.13 威猛段颎，逢义山大捷

公元167年十二月，汉桓帝，这个汉朝的昏君，终于在毫无征兆的情况下病死在了德阳前殿。

汉桓帝死后，窦皇后在还未找到继承人的情况下便自封为皇太后（汉桓帝没有子女），并直接收了汉桓帝的玉玺和虎符，然后斩杀了田圣，临朝称制。

当将一切权柄都拿在手中以后，她才召集众臣一起商讨到底立谁为新任皇帝。

现在，汉桓帝已经死了，窦太后成为朝中的一把手。忠臣窦武的身价水涨船高。

那么这个所谓的忠臣下一步是不是就要选出一个圣明的刘氏宗亲来带领汉朝走向辉煌了呢？

数个时辰后，经过精挑细选，窦武等一众大臣终于选出了一个他们认为很贤能的皇帝，这便是历史上臭名昭著、素有四百年汉朝第一昏君之称的东汉第十一任皇帝，汉灵帝刘宏了。

而此时的刘宏，年仅十二岁。他继位以后非常乖巧，当即命窦武为大将军，陈蕃为太傅，与司徒胡广一齐参录尚书事，所用臣子皆为人们所称赞的清流。

宦官们也再没有当初汉桓帝时候的嚣张。他们开始变得低调，开始对朝中的大臣们低眉顺目，拼了命地伺候汉灵帝，让他开心、让他满意。

这天下的清流们都认为，汉朝的春天，终于要来了。

二月，已经将士兵聚集完毕的段颎开始向东羌进军。他放弃了辎重队伍，率领一万多精锐，只带了十五天的风干食品，意图以当初霍去病之法，以雷霆手段突袭东羌人。

可这些东羌人已经不是赵充国年代的羌人了。那时候的他们不懂兵法，更不懂情报的重要性。可现在，通过和汉朝多年的战争，这些东羌人早已今非昔比，其情报部队纵横边境，汉朝那边有一点儿风吹草动他们皆能提前知晓。

所以，那边段颎一动，这边的东羌就已经得知了。

于是，东羌诸种联合在一起，组成了一支数万人的部队，占据了段颎的必由之路——逢义山（今宁夏回族自治区固原市），打算用以逸待劳的战术彻底消灭这个疯子。

段颎手下的那些士兵因此畏惧，士气大打折扣。可段颎却没有半分害怕，反而在决战以前将士兵集中在一起誓师："将士们！我们现在距离自己的老家已经有几千里的距离了。羌人，基本上全都是骑兵，哪怕你们逃了，最后也绝对逃不过对方的马蹄！会全部送命！可是一旦你们随着我往前冲，便会大功告成，无限的荣华富贵都在等着你们去享受，你们，想当懦夫吗？"

士兵道："不想！"

段颎道："我段颎自从出道以来，带领大汉雄师和这些异族人前后共打了一百多仗！其间无一败绩！并且每次我在出征以前会对我的将士们说，你们不用管别的，只需要跟着我的背影向前冲！只要你们看到我撤退了，那你们就在后面一枪捅死我！而我段颎，如今还站在这里！还在带着你们打仗！你们知道这说明什么吗？说明我段颎从来没退过！不管对方有多强大，我段颎也从来没怕过！有我一个将军和你们同归于尽，你们还有什么不平衡的？"

话毕，场下士兵哈哈大笑，那紧张的情绪被冲淡了不少。于是段颎大声嘶吼着："所以我再问你们一次，你们想当懦夫吗？"

话毕，轰隆隆的兵器声不断敲打大地，每名士兵都双眼赤红地吼道："不想！"

段颎道："你们想要荣华富贵吗？"

士兵道："想！"

段颎道："那就跟我去宰杀那帮该死的羌人！"

一众士兵齐声怒吼："谨遵将军之命！"

段颎道："大军出发！"

次日，东羌某地，数万的羌人在北面严阵以待。这些异族人，这一次也是抱着必死的决心前来迎战的，毕竟段疯子之名实在太盛。

不一会儿，轰隆隆如同地震一般的声响传到了他们的耳中。紧接着，一个从来没见过的怪异阵形映入了他们的眼帘。

只见对面汉军最前排是一个奇形怪状的车子（改良型武刚车），这车子全身铁皮，前身插满明晃晃的尖枪，一堆这样的武刚车连接在一起，简直就是一片可以移动的长枪堡垒。

见状，东羌诸种统帅不敢冲锋，遂命前部数千人缓缓向其移动，先以弓箭作试探性攻击。

武刚车是远程作战的神器，只要躲在车里面顺着箭眼射就可以了，根本不用去管其他的事情。所以东羌诸种所谓的试探性进攻没有一点儿作用。

而因为地形的限制，诸羌首领还不能运用兵力的优势将其包围，因为他们现在已经处于高地之上，只能以从上到下的方式进行攻击。

眼看汉军已经距离自己越来越近，再拖下去他们就将全无阻碍地冲上逢义山。

无奈之下，东羌联盟的首领只能命大军从上往下向汉军进行突击。

可他们又如何能突破汉军如钢枪堡垒一般的防御？一时间，整个战场鲜血横流。无数的东羌士兵死在了武刚车前的钢枪之下，汉朝的武刚车前到处挂着已经被穿透的东羌人的尸体。

可就是这样，这些羌人依旧死战不退。可那又能怎么样？哪怕是惨烈到如此程度，哪怕地形对东羌部队再有优势，他们依然无法突破汉军如铜墙铁壁一般的推进。

眼见死了无数人都没有半点儿进展，这些东羌人害怕了。他们的眼神中开始流露出了惧色，他们进行搏杀时的力量也开始减弱。眼见敌军的士气已经出现严重下滑，段颎一挥手，鼓声大作，武刚车阵最左右两点的武刚车开始向后收缩。然后，两翼骑兵一起从两点杀出。

此时的东羌士兵已疲，再加上全无防备，所以部队侧翼顿时被汉军骑兵撕裂。

段颎见计划已成大半，再次擂响战鼓。中军的武刚车队也在同时加快了进攻的步伐。

这一系列的突然猛攻就发生在电光火石之间，东羌部队着实是扛不住了，便开始出现混乱、溃散的样子。

于是，段颎见缝插针，直接命武刚车大开中门，然后亲率主力配合两翼骑兵对东羌人展开生死搏杀。

一时间，整个逢义山鲜血横流，惨叫声不断。东羌军此时已经临近崩溃边缘，根本防不住段颎的全力一击。

结果自是不必多说，羌军惨败下山，汉军占据高地，然后顺着高地的优势向下穷追猛打。

最终，羌军惨败，被斩杀的士兵不计其数，段颎接着带领汉军攻入了东羌军的领地，一顿"三光"自是不必再表。

此大胜传至宫中，令窦太后大为振奋，遂大赏段颎，并命其再接再厉。

可就在东汉军政都逐渐走上正轨，前景一片大好之时，东京洛阳突然爆发了一场政变，使得这一切都化为泡影，并加速了东汉灭亡的步伐。

6.14　黑暗的政变——宦官天下的开始

如今的东汉皇朝，看起来真可谓是前景大好。

自窦妙主政以来，重用陈蕃、窦武，将朝廷中的大小事务全都交给这二人来办。二人齐心协力辅佐皇室，重新起用那些曾经被定性为朋党的忠臣清流，似李膺、杜密、尹勋、刘瑜等名满天下的清流更是被安排在了要职之上。

于是，天下的臣民们无不翘首期盼太平盛世的到来。

因此，朝中的那些宦官们更加害怕。要知道，他们之前可是将这个天下祸害得一团乱麻、肮脏无比。虽然现在夹起尾巴做人了，却始终没有安全感。

于是，这帮宦官便利用手中的黄白之物和汉灵帝的奶妈赵娆及女尚书们勾结在一起，整日于窦太后身边马屁不断，企图以窦太后这尊大佛来保证自己的安全。

久而久之，窦太后便被这些人给吹上了天，对那些宦官的感官也是一日千里。

公元168年八月，在一次朝会结束以后，陈蕃将窦武请到府中并开门见山地道："曹节、王甫等宦官从先帝在世的时候便操纵国家大权，扰乱天下。如今，他们和太后的关系也是越来越亲近。如果不赶紧将他们斩杀，我恐怕大汉会再次迎来黑暗。"

当时的窦武也正在为这事儿忧虑，所以陈蕃将此事提出以后立即得到了窦武的赞同，于是二人当即约见尚书令尹勋等人，共同商议消灭宦官的办法。

八月下旬，汉朝发生日食，陈蕃觉得时机已到，便找到窦武兴奋地和其道："窦大人，如今发生日食，正是剿灭宦官的好机会，我们就这样……"

话毕，窦武跳将起来拍手叫好，然后立即冲向皇宫，对窦太后道："太后，现在天降日食，这可不是个好兆头啊，难道太后就不想解决吗？"

窦太后："我也正在为此事担忧，但不知有何办法，父亲您有什么建议吗？女儿一定听从。"

窦武："要臣来说，这一切的源头，都在朝中的那些宦官身上！"

一听这话，窦太后明显是一惊，然后以怀疑的口气道："何以见得呢？"

窦武："按照我大汉的制度，黄门、常侍等官员只能在宫内任职，负责管理门户、保管宫廷财产等内事。可现在呢？这些宦官们不但参与朝廷政事，还掌握重要的权力，他们的家人子弟更是遍布天下，各种贪污暴虐层出不穷。所以天下民怨沸腾，以致老天降下警告，希望太后能将他们全部诛杀！这样，苍天一定会再次降下福瑞，以庇护我们汉朝百年兴旺。"

本以为自己的女儿会立即答应自己的要求，可出乎窦武意料的是，窦太后听闻此事以后连连摆手，根本不批准窦武的奏请。不为其他，就是因为这一段时间这些宦官们太低调，并把窦太后伺候得太好了，所以让她忘记了宦官的可怕。

于是，此事便拖了下来，无法得到解决。

见窦武迟迟无法说通窦太后，已经年近八十的陈蕃急了。他找到了窦太后大肆说明宦官的危害，还列举了赵高等巨宦的例子来警告窦太后。可结果却依然令陈蕃大失所望，窦太后还是没能批准他们动这些宦官。

八月末的一天晚上，精于天文的刘瑜夜观天象，见金星侵犯了房宿上将星，深入了太微星座，便在次日火急火燎地找到了窦太后，以天象为参，警告了窦太后，声称如果再不解决宦官便要大难临头。

可窦太后依然不为所动，坚决不动宦官。

刘瑜因此大急，立即拜访了陈蕃和窦武，说现在星辰错乱，从天象来看京城这是要发生大的动乱，并且对大臣们极为不利，让二人早做准备。

于是窦武和陈蕃任朱寓为司隶校尉，刘祐为河南尹，虞祁为洛阳令。

同时，窦武还将黄门令魏彪免去了官职，任命自己亲信的小黄门山冰接替，做好了他们能做到的最大防备措施。

这之后，窦武还让山冰逮捕了宦官的走狗——长乐尚书郑飒，并审问他这些年来都为哪些宦官做了什么伤天害理的事情，意图在证据确凿以后上报窦太后，请杀一众宦官。

可当陈蕃听闻此事以后却急了。他好像疯了一样找到了窦武，劈头盖脸便是一顿狂训："窦武，你怎能如此糊涂？"

窦武："陈大人你这是何意？"

陈蕃："你将郑飒抓起来以后哪里还用审判？直接以其为口实将朝中那些宦官快刀斩乱麻地全部诛杀才是正理！这事儿如果再磨叽下去，大事必败啊！"

窦武："不可，国家有法度，哪怕是对那些宦官，也不能没有道理地诬陷残杀，这样做我们和他们还有什么分别？"

陈蕃："糊涂，迂腐，你，你真气死老夫了！"

就这样，窦武没能听从陈蕃的建议，而是通过严格审问，拥有了好多宦官犯罪的证据以后，这才打算将这些证据送到窦太后那边去审理。

九月七日，忙活了好几天的窦武终于完成了审理郑飒的工作，将曹节、王甫等宦官贪污受贿的证据交给了刘瑜，让他上呈窦太后。

至于自己，几天都没睡过一次安稳觉，他太累了，便回到家中休息去了。

而刘瑜呢？也没有将奏折亲自交给窦太后，只如往常一般将其放在大臣递交奏折的部门便走了。

可他不知道的是，当他前脚迈出大门以后，后脚主管奏章的一个宦官便偷偷将他的奏折给打开了。

看到奏折以后，这个宦官大惊，急忙将此事汇报给了长乐五官史朱瑀（长乐五官史：五官中郎将麾下，掌长乐宫一部分的宿卫，能力很大）。而朱瑀听说他的名字也在窦武要斩杀的范围以后气得大吼："窦武那厮是不是没事儿闲的！那些宦官们放任犯罪，自然可以诛杀，可这关老子什么事？为什么要连带我也进行诛杀？还要灭掉老子全族？好，很好，既然你窦武不仁，那就休怪我朱瑀不义了！来人！"

属下："在！"

朱瑀："马上派人去给我找那些宦官，让他们赶紧到我这边来，告诉他们，如果想被满门诛杀可以不用过来。"

曹节等一众宦官何其敏锐，早就开始防备窦武和陈蕃等人了，可无奈力量不足，这才一直忍而不发。如今见朱瑀叫他们过去，言语还如此激烈，哪里还不知道发生了天大的事情，于是皆往朱瑀处共商谋略。

大概一个时辰以后，众人密谋的屋子里面突然传出了一声惊天怒吼："陈蕃、窦武奏请窦太后废掉当今圣上，大逆不道，理应诛杀！"

紧接着，无数的宦官也从这个屋子里面冲了出来，四处宣扬同样的话。

这一下宫中可乱了套，众人四处奔走相告，使得整个皇宫大乱异常。

见效果已经差不多了，巨宦曹节又从屋中走了出来，然后直奔汉灵帝寝宫，以极为慌张的表情和汉灵帝道："陛陛陛下大事不好了！窦武、陈蕃联合窦太后想要废掉陛下，如此下去就怕陛下性命不保了。"

一听这话，汉灵帝吓得大恐，他哆哆嗦嗦地道："怎么会这样？怎么会这样？朕没有做什么对不起他们的事啊。"

曹节道："陛下不必惊慌，有老奴在，保证陛下化险为夷。"

汉灵帝道："怎、怎么做？还请曹老教我。"

曹节道："贼人虽然猖狂，但陛下的合法身份摆在这里，所以皇宫内外的人还是听陛下的。这样，现在老奴便和陛下登上德阳前殿，陛下您只需要拔出宝剑，做出欢欣鼓舞的样子，我大汉侍卫必然会为陛下诛杀叛逆！"

汉灵帝，当时还只是一个年仅十二三岁的孩子，哪里有分清真假的能力。于是，汉灵帝信以为真，当即跟随曹节走上了德阳前殿，站在高处抽出腰中宝剑一顿"表演"。

宫中卫士见此，纷纷聚集到汉灵帝下方，以保护汉灵帝不被"奸邪"所害。

曹节感觉时机已到，便对王甫使了一个眼色。王甫见状，直接对一众卫士吼道："陛下已经下令，各位随我一齐诛杀叛逆！"

见汉灵帝没有拒绝，还拿着宝剑"表演"，这些卫士信以为真，便和王甫狂奔而去。

不一会儿，所有宫门皆被紧闭，皇宫和外界彻底断了联系。

然后，王甫带着这些卫士冲进尚书台，用刀子威胁那些在尚书台值班的官员书写诏书，盖上大印，之后持此诏令前去逮捕尹勋和山冰。

虽然诏书已有，但二人不相信这是真的，所以拒不奉诏。王甫现在大兵在手，哪里还会和此二人废话，快刀斩乱麻地将二人诛杀。

之后，王甫放出了郑飒，众人一起闯进了后宫。哐当一声巨响，只见那王甫一脚踹开了窦太后寝室的大门。窦太后见来人是他平时比较亲信的宦官，顿时大怒："王甫！是谁给你的……"

没等窦太后说完，王甫直接冲了上去，一脚将窦太后踹翻，然后拽着她的头发，用尖刀顶在窦太后的咽喉处凶狠地道："我没时间和你废话，告诉我，玉玺和虎符在哪儿？敢再废话，我现在就送你去见先帝。"

窦太后哪里见过这等凶人，当时便尿了，哆哆嗦嗦地道："就、就在那边的几案里。"

话毕，王甫放开了窦太后，找到玉玺和虎符以后猖狂大笑，并指着窦太后和手下道："你们几个，给我看好她，没有我的命令，绝对不能放她出来！"

众人道："是！"

王甫道："郑飒！"

郑飒道："在！"

王甫道："你现在立即带着卫士以及侍御史和谒者前往窦武的府中，将他擒拿至宫中。这老鳖府中能征惯战之士众多，如果反抗的话切不可硬刚，赶紧跑回来向我汇报，我好进行下一步布置。"

郑飒道："是！"

就这样，郑飒带着数十名卫士及侍御史、谒者前往大将军府捉拿窦武。

而结果还真没出王甫所料，那窦武拒不奉诏，还凶相毕露。郑飒见势不妙便率众奔逃。

这时候，窦武的侄子，步兵校尉窦绍走上来对窦武道："叔叔，这些人怎么处理？"

窦武眼神轻蔑，阴狠地道："杀！"

话毕，窦绍狠狠地一点头，带着手下心腹便骑马而上，瞬间便追上了郑飒一行人，将其全部诛杀。

之后，窦武带着窦绍一行心腹飞奔至北军五校尉营，仓促召集数千北军直奔皇宫而去。如果他够快的话，相信还是有机会力挽狂澜的。

与此同时，身在府中的陈蕃也惊闻皇宫变动，便带领着自己的学生和心腹大概八十多人冲向皇宫，正好碰到了来回巡视的王甫。

王甫也真是够猛，直接便带领一行人挥刀冲向了陈蕃。但这些文弱书生哪里是宫中侍卫的对手，三两下就被人家给生擒了。王甫甚至看都懒得看陈蕃一眼，直接交给手下宦官扔到了监狱之中。

那宦官恨极了陈蕃，进入监狱以后便是一顿暴打，一边打还一边骂："老东西，你现在还如何嚣张？"

那陈蕃年事已高，怎能受得了如此折磨，所以没过一会儿便被活活打死了。

再看王甫方面，他久久不见郑飒前来回报，料想郑飒已经失败，便集合了现在宫中所能用到的所有力量，意图靠着这些力量死守皇宫，之后用计谋消灭窦武。

可那张奂早不回来晚不回来，偏偏在这时候奉诏带着兵马回到了洛阳，而因为这时候窦武身在北军，竟然对此毫不知情。

张奂，那是汉朝有名的大将，忠臣，一听他领兵回来了，王甫手下的一众人都非常害怕。可那王甫非但没有害怕，还满脸兴奋。他当即改变了主意，带领一千多南军卫士，带着伪造的诏书飞奔至张奂大营。

而这时候的张奂根本不知道事情的来龙去脉，看那印着玉玺的诏书还真以为窦武等人造反了，便和王甫所部合兵一处，共同向北军大营。

可还未等行军便听窦武已经率军前往了皇宫。王甫听闻此事以后吓得魂飞魄散，遂命大军拼命往皇宫狂奔。因为谁先一步到达皇宫便能控制汉灵帝占据主动；谁后到达皇宫便会处于被动，极难翻盘。

而结果却很遗憾，王甫和张奂的部队先一步到达了皇宫并占据了有利的位置。

而几乎是在王甫和张奂完成布防以后，窦武的数千部队便也杀将过来了。

按说，现在窦武的部队还有不少，如果拼死一战的话并不是没有机会，可接下来王甫只一招便将窦武的部队"打"得分崩离析。

只见窦武刚要对皇宫发动攻击，上千支没有箭头的箭矢便直奔窦武所部飞奔而来。而几乎每一个箭矢都绑着一个纸条，上面写着简明扼要的几个大字："窦武反，跟随者族诛，投降者有赏。"

这一招的效果非常好，只短短的一个时辰，窦武便成了光杆司令。

窦武和窦绍见大事不妙，骑马便要逃脱，可现在四面皆为王甫之兵，他能逃到哪里去？

结果，窦武和窦绍自觉上天无路入地无门，自杀而亡。

这之后，东京洛阳之内再无曹节、王甫之对手，二人一天之内便将窦氏族人、宾客和亲戚全部诛杀。并且上到三公下到地方官员，凡是陈蕃和窦武推荐过的，或是他们的学生的，统统罢免，并宣布从今以后朝廷不得录用。

至于窦太后，直接被这些宦官打入南宫，终日不见阳光，不到半年时间便被活活折磨而死。

当所有的事情都尘埃落定以后，汉灵帝乃升曹节为大长秋兼长乐卫尉，总管皇宫兵权，王甫升任中常侍，兼黄门令。朱瑀赏上亿金钱，封侯。其他参与此次行动的宦官也皆有重赏，并大封官职。

至于张奂，汉灵帝也封其为大司农，并给予相当的封邑。但这时候的张奂已经知道自己被曹节、王甫所欺骗，他内心羞愧难当，所以当即拒绝了朝廷的封赏。

从此以后，东汉皇朝正式进入了宦官掌权的时代。

6.15　血染射虎谷

公元169年四月，距离之前宦官发动政变已经过去了半年。在这半年里，张奂没有一天不受到良心的谴责，他后悔，后悔自己为什么这么轻易就上了这些宦官的当。可后悔又有什么用？自责又有什么用？现在已经无法挽回了。

但张奂依然受不了良心的谴责，依然无法忍受天下那些清流对自己的指指点点。为了挽回自己的清誉，张奂上奏汉灵帝，请求重新起用之前被一众宦官打压的清流。

此举大大得罪了曹节等朝中巨宦，因此，曹节以莫须有的罪名请求汉灵帝治罪张奂。

这时候正是曹节权力最大的时候，汉灵帝一是不敢得罪他，二是也确实喜欢曹节，因为这个老东西将汉灵帝伺候得非常舒服。所以汉灵帝便将张奂关押在监狱之中，虽然没几天就放出来了，但也因此处罚了张奂三个月的俸禄，并且从此以后都没有再对其进行重用。

这对一般人来讲应该算是非常大的灾难了，但张奂从监狱出来以后并没有失望，反倒是开心愉悦到了极点，身心都得到了放松。不为别的，就为了证明自己不是曹节的走狗，仅此而已。

同年七月，经过段颎数年不间断的打击，此时的东羌已经被其打得狼狈不堪，再也没有勇气对段颎进行回击了，于是东羌的首领在这个月派出使者往洛阳请求向汉朝投降。

汉灵帝对于打仗这等事属于新手级别，好在他有自知之明，所以心中虽然想接受投降，但也在决定之前派遣使者往西北询问了段颎的意见。

段颎认为，现在东羌诸部之所以向其投降，其根本原因便是因为东羌诸部被自己打成了弱势群体。如果朝廷准许他们投降，大概暂时一段时间他们是不会入侵汉朝了。可一段时间以后呢？当这些东羌人缓过气来以后呢？他们一定还会攻击汉朝。而与其这样的话，不如用绝对的武力将这些野蛮人彻底赶出现在的聚集地，将他们打服打怕，这样才能保证西北边境长时间的安宁。

汉灵帝觉得段颎之言很有道理，便拒绝了东羌使者的请求，批准段颎继续向东羌发动攻击。

得到汉灵帝的批准以后，段颎没有半点儿耽搁，当即率全军向东羌的聚居地挺进（具体兵力未知）。

七月下旬，段颎所部到达凡亭山四五十里外（凡亭山乃是东羌联军的屯驻地）。见足有两处高山空无一人，段颎大笑道："当初赵充国将军说那些羌族人不会打仗，一开始我还不信，可如今一看，此言果真不虚！"

其部将田晏疑惑道："大人何出此言？"

段颎微笑着道："咱们现在所处之地地势颇高，而左右两山更是易守难攻之地，如果我是东羌联军的统帅的话，必会将防御线向前推至此地。如此，便可不败！而那些愚蠢的东羌人竟然放弃了这大好之地，而将部队全都设防在凡亭山。没错，凡亭山的确要比这两山更加易守难攻，可毕竟只有一座山峰，这就大大降低了他们的机动力。如果给我时间的话，我便能轻易将此山包围，活活饿死他们。而他们要是敢下山，那便可以分而击之，下来一个我杀一个。"

这之后，段颎原地扎营，并命部将田晏、夏育各率五千士卒前往左右两侧高山设防驻守，将自己立于不败之地。

而这时候的东羌联军见段颎如此布置，也看出了自己战略的狭隘。所以，东羌大豪帅赶紧率全军下山，将部队分成两军，分别攻击汉军左右两山。

可这时候的汉军已在左右两山完成了布防，并且防守战还是汉军的拿手好戏，所以东羌联军虽拼命进攻，但依然无法将两山拿下。

大豪帅不敢再攻，因为段颎的主力部队始终在对自己虎视眈眈，如果再继续这样耗费体力，自己很有可能会被彻底抄了后路。

于是，东羌大豪帅当机立断，迅速率大军退往射虎谷，并在此地设防。

而段颎也确实如东羌大豪帅所料一般，本来是想等羌族攻山疲惫之后再对这些羌人发动攻击的，可没想到这大豪帅如此敏感，见短时间内攻不下东西两山，竟率大军撤往更后方的射虎谷了。

射虎谷这个地方段颎知道，那是一个极度易守难攻之地，谷中只有南北两个出口，其地道路狭窄，想要靠如此地势攻入射虎谷简直比登天还难。

同时，射虎谷还是敌军囤积军粮之地，峡谷中心位置面积很大，水源和野兽都非常充裕。这也就是说，段颎就是想将他们饿死也是无法办到的。

所以从表面上来看，这射虎谷根本无法攻略。

可段颎，这个被誉为汉末三大名将之首的人，他从来都不缺办法，反倒会利用射虎谷的地形将这些东羌人全部屠杀在谷内。

没错，射虎谷的入口是只有南北两个。但别忘了，射虎谷东西还有两座高山呢。其中东山较矮，也比较好走，勉强可以从此地突入射虎谷中部地区，但也只能容纳极少数的人通过。

而西山，那根本就过不了，不但海拔极高，道路还曲折难走，根本无法从此地发动进攻。甚至东羌人都不会对此地设防范，因为他们知道，从西山发动攻击只有天上的士兵才能办到。

可他们错了，段颎就是要从这两个地方彻底消灭这些东羌人。

二十一日，段颎在射虎谷南北两个出口安营，并设置重重壁垒，不放东羌人出来，活活饿死他们。

二十三日，段颎召开了一次军事会议，紧接着当日入夜，段颎的司马张恺偷偷率领三千精锐往东山而去，从此便没有了音讯。

二十四日入夜，田晏、夏育又率七千人前往西山。他们到达西山以后，偷偷挖掘通道，然后一点一点地接近射虎谷中部。

由于东羌大豪帅根本没想到段颎敢从西山攻击自己，再加上段颎的主力部队又在南北两口为疑兵，所以东羌联军一点儿没有于西山设防。

八月初，西山汉军挖的通道已经距离东羌大营只有一里了。而直到这时候，这些愚蠢的东羌人才发现汉军已经距离自己如此之近，部队顿时大乱。

大豪帅听闻此事以后更是惊得跳了起来。可经过短暂的惊慌以后大豪帅迅速恢复了冷静，急令全军向西山而去，意图全歼西山汉军。

那段颎见西山通道已经顺利开启，便率数千精锐前往支援。两军就这样在西山展开了惨烈的搏杀。

甚至防守东山的东羌士兵也在这时候前往支援西山。

可就在双方打得难解难分之时，东山突然蹿出三千多名手持钢刀的汉军。

此时的羌军完全放弃了东山的防守，后门大开，所以被这三千汉军打得狼狈逃窜，队伍不到一个时辰便四分五裂。

这些羌人现在根本不管战场如何了，他们只想逃，逃出这个让人绝望的射虎谷。

可当他们逃到了南北出口的时候，迎接他们的却是堵在出口外汉军那无尽的箭矢。

不用说，此时的东羌军已经被关门打狗了。一时间，整个射虎谷哭喊声一片，东羌士兵死的死逃的逃，甚至连大豪帅都惨死于射虎谷之中。

午时，射虎谷内还充斥着惨叫声和哭泣声，可到了黄昏以后，这种声音消失不见了，取而代之的是死一般的寂静及遍地东羌人的尸体。

本次射虎谷之战，段颎所部汉军全歼数万东羌军，无一人得以逃脱。消息很快便传到了东羌诸部，各部大人吓得亡魂皆冒。他们断不敢再和段颎这个魔头作战了，于是所有的部落都放弃了原来所居之地，向更西北的地方迁徙。

同时，各部首领还派遣使者往洛阳，恳求汉灵帝放过他们，他们愿意世世代代奉汉朝为主人，所献贡品每年都不会少。

汉灵帝这次没有拒绝。

至此，汉羌第三阶段战争，也是最后一个阶段的战争结束。段颎只用两年的时间便消灭了东羌诸种（比预定时间提前了半年），其间花费金钱只有四十四亿，比向汉桓帝汇报的预算还少了十个亿。

段颎，不愧是汉末三将中最为杰出的军事统帅。

6.16　一个小小的终节

公元169年十月，毁掉汉朝根基的党锢之乱再一次重现于汉朝。

这一次所牵连的官员要比上一次的党锢之乱更加彻底。那些宦官在这次党锢之乱以后可以说将汉朝这棵大树几乎连根拔起了。

话说在曹节等人发动政变以前，李膺等朝中清流虽然曾遭到了废黜和禁锢，但天下的士人却更加尊重他们，认为他们是汉朝的希望，只有他们能拯救汉朝于危亡之中，都期望能和他们结交，并给他们送上美称。

当时，窦武、陈蕃和刘淑被称为三君（一代宗师）。

李膺、荀昱、杜密、王畅、刘佑、魏朗、赵典、朱㝢被称作八俊（英雄俊杰）。

郭泰、范滂、尹勋、巴肃、宗慈、夏馥、蔡衍、羊陟被称为八顾（道德表率）。

张俭、翟超、岑晊、苑康、刘表、陈翔、孔昱、檀敷被称为八及（一代导师）。

度尚、张邈、王考、刘儒、胡母班、秦周、蕃向、王章被称为八厨（舍己救人的侠士）。

后来陈蕃、窦武掌握了朝中大权，便再次将这些清流重新起用。

可自曹节等人发动政变以后，这些人再度被废除。但是他们在民间的声望却没有半点儿下降，反而越发高涨。

基于此，张让、曹节、侯览等一众巨宦决定废了他们，彻底将这些心腹大患连根拔除。

于是，本年十月，大长秋曹节暗示有关官员上奏汉灵帝，称李膺、杜密、朱寓、荀昱、翟超、刘儒、范滂等所谓的八俊、八顾、八及、八厨都是党人，希望汉灵帝能够处死他们。

当时的汉灵帝只有十四岁，并且和以后的刘禅不同。

那刘禅是假糊涂真聪明，可这个汉灵帝刘宏，他是真糊涂。

就见汉灵帝听完有关官员的奏报以后直接问身边的曹节道："曹老，什么叫党人呢？"

曹节："陛下，党人就是一群人相互勾结在一起的意思。"

汉灵帝："哦，那党人有什么罪恶？为什么一定要诛杀呢？"

曹节："陛下有所不知，这些人相互推荐，结成朋党，准备有不轨的行动。"

汉灵帝："不轨的行动？他们想要干什么呢？"

曹节："打算推翻朝廷，将陛下赶走以后另立新君。"

说到这，汉灵帝很明显一惊，然后赶紧道："哦，既然是这样那确实该杀，应该把他们统统杀掉。"

就这样，第二次"党祸"起，朝中一百余清流统统被诛杀，他们的家眷全都被放逐到边境，天下那些有良好品德并且和八俊、八顾、八及、八厨相交不浅的也统统被这些宦官定为党人，共七百多人遭到残杀、放逐和禁锢。

至此之后，汉朝再无清流，汉朝之树已经被一众宦官连根拔起，这个庞然大物距离灭亡已近在咫尺。

十一月，汉灵帝封曹节为车骑将军，总统天下军事，宦官之权势更盛。

公元170年正月，中原遭遇饥荒，朝廷无力赈灾，这其中河南最甚，这里的老百姓易子而食。孩子吃完了便宰杀妻子吃食，完全就是一番地狱的景象。

三月，段颎被一众宦官征召回洛阳，巩固京城的防守，好像他们也感觉到了什么。

十月，中原农民起义频繁出现，虽然都被朝廷镇压，但火源已起，距离燎原亦是不远矣。

公元171年正月，已经年满十五岁的汉灵帝举行了加冕大典，并在本月大赦天下，释放所有狱中囚犯，只有被命为党人的清流不被赦。

二月，汉朝局部地区发生了地震，黄河不知为何逐渐变清。

公元172年六月，身在冷宫中的窦太后死于无尽的悔恨之中。

七月的一天早晨，突然在朱雀阙多出了几个大字，便是"曹节、王甫致使天下大乱，并幽杀窦太后"。

汉灵帝因此大怒，命段颎为司隶校尉，四处抓人。可当时并无证据，这大半夜偷摸写字的犯人上哪里去抓？所以虽过多日，但案情始终没有突破性进展。

最后，曹节、张让等辈上疏汉灵帝，声称这一定是党人的学生们干的，于是汉灵帝下令段颎，让他将所有曾经支持过党人的太学生都抓起来。

一时间，段颎带人四处捕捉太学生，共有一千余太学生被抓捕归案，段颎一跃从一个民族英雄变成了太学生口诛笔伐的走狗、酷吏。

十月，渤海王刘悝含冤自杀，其妻子儿女也皆随刘悝而去。

想当初刘悝被贬以后，曾请求中常侍王甫游说汉桓帝，并承诺，只要能让他恢复原来的封国，愿赠送五千万钱作为谢礼。王甫当时便答应了刘悝的请求。可最后还没等王甫办事，汉桓帝便驾崩了，并在临死之前遗诏恢复刘悝原来的封国。

刘悝知道，这里面并没有王甫什么事，他根本就没有为自己办事。再加上那时候宦官势弱，完全被陈蕃和窦武压制，所以就没有给王甫这笔钱。

这一下子可是激怒了王甫，于是他就一直在等机会，等一个一击能够弄死刘悝的机会。

终于，在经过了二次"党锢"以后，宦官重新崛起，王甫便趁此天赐良机动用了所有的人力物力诬陷刘悝造反。

和前两个皇帝一模一样，这汉灵帝也没有经过任何调查便派人前往刘悝府中，责令他自杀。

于是，渤海王刘悝死于本年十月。

十一月，会稽许生以图谶之言造反，自称阳明皇帝，其兵力仅仅旬月之间便增加至数万之众。可以见得，现在的汉朝已经不得民心到了一种什么地步。

公元173年，鲜卑开始攻击幽州、并州。

公元174年，吴郡有一个小郡司马率领千人前去攻击拥有数万人的许生，只五个月便将强于自己数十倍的许生所杀，成功平定这个南方大患。

据史料所载，这几个月间，此小郡司马运用种种谋略将许生玩弄于股掌之中，使其还没发力就死于其手，这个小郡司马不是别人，正是以后打遍天下无敌手的孙坚。

公元176年四月，国中百姓不断有起义反汉者，西南夷族、南方蛮族、北方鲜卑、匈奴等异族也不停寇掠汉朝边境。汉朝日益崩坏。

身为中立派的永昌太守曹鸾实在是看不过去了，乃上疏请求汉灵帝释放狱中还活着的"党人"，并任命他们官职，让他们赶紧收拾一下这个已经腐烂到极点的烂摊子。

可诏书还没等送到汉灵帝手中便被曹节等巨宦给截了。这些宦官因此大怒，便上奏汉灵帝，声称曹鸾有不轨之心，应当诛灭九族。

结果自是不必多说，曹鸾以及他的门生、故吏、亲属们皆被斩杀禁锢殆尽。

公元177年四月，鲜卑雄主檀石槐率数万鲜卑骑兵从东北、西北、正北三个方向同时对汉军发动攻击。汉军皆大败，无一胜利，死者十之八九，鲜卑巨掠而去，汉朝北方因此遭受了史无前例的毁灭性打击。

十二月，在民间有一个叫张角的人四处传播信仰，他的信徒越来越多，虽然张角并没有利用这些信徒去干什么"违法乱纪"的事情，但因为人数太多，已经对汉朝造成了相当严重的潜在危机。

司徒杨赐因此上奏汉灵帝请求逮捕张角，将这股潜在的危机消灭于无形。

可汉灵帝并没有太拿张角当回事，这事便不了了之了。

公元178年三月，汉灵帝改年号为光和，并用宦官张凤的弟弟张灏为太尉。

六月，在一个清凉的夏日，突然有黑气降落在温德殿的庭院之中，长十多丈，好像一条黑龙在狂扭一般。这代表着什么呢？我也不知道。

十二月，汉灵帝下诏开设西邸机构，公开卖官鬻爵，明码标价。一石为一万钱。甚至连三公九卿汉灵帝都照样开卖，所卖得的钱财全部进入了汉灵帝的私人库房。

公元179年，已经天下无敌的宦官集团内部开始内讧，其原因主要是段颎投靠了王甫，使得王甫在朝中的势力越发强大。所以曹节便视王甫为眼中钉肉中刺，意图除之而后快。

当时，王甫有一个养子名叫王吉，这畜生在沛国担任国相，极端残暴变态，他唯一的兴趣爱好就是杀人，用各种残忍的手段将人折磨致死。在担任国相的五年之中，他杀的人已经超过了一万。每一次将人砍死，他都会再将这个人剁成好几块放在囚车上，然后将剔除了肉的白骨放在肉堆上游街示众。凡看到的人无不惊恐莫名。

当时担任尚书令的阳球曾经拍着大腿发愤道："如果有一天我阳球担任了司隶校尉，这狗东西我必杀之。"

结果，这一年的十月，阳球果然被任命为司隶校尉，他便趁着入宫谢恩的时候将王甫和他义子以及段颎等人的罪过统统报了上去。

而这个时候王甫正休假在家，曹节则在汉灵帝的身边。这阴狠的巨宦见千载难遇的时机已到，便在一旁煽风点火，助攻阳球。

结果汉灵帝大怒，当天就将段颎、王甫及他的义子和走狗们全都弄到监狱中处死了，可怜段颎，这个战阵之神他不想别的，只想善终而已，这才投靠了王甫，可最后的结果却是不得善终，还为清流所痛骂唾弃。可悲可叹乎。

这之后，汉灵帝任命曹节为尚书令，独掌大权，曹节则在这之后卸磨杀驴，以诬陷的手段弄死了阳球。

从此，曹节在朝中一家独大。

公元180年十二月，汉灵帝因为宠爱何贵人而封其为皇后，并大封其外戚，增加本身的力量。其中何皇后之兄何进最受汉灵帝宠信，被封为了侍中兼河南尹。何氏外戚因此崛起。

公元181年八月，鲜卑铁骑入侵幽州和并州，后大掠而回，州郡不能治。

十月，汉灵帝于后宫之中玩商人的游戏，他自己身穿商人的衣服假扮商人，后宫的众多妃子们则假扮买家，一番讨价还价好不开心。

十一月，大长秋、车骑将军曹节死，汉灵帝以中常侍赵忠代之。

公元183年，张角的信徒已众至数十万之多，于是在本年十月，全国大大小小的州郡都能随处看到"甲子"二字。东汉最大的农民起义——"黄巾之乱"即将全面展开，而雄伟的大汉皇朝也即将在这次大乱以后分崩离析。

同时，汉朝的百姓亦将经历数百年炼狱苦难，还要经历近乎灭种的巨大危机。